北京市2013年专业建设——专业综合改革试点项目
北京第二外国语学院科研种子计划项目

休闲产业经济学（上）

XIUXIAN CHANYE JINGJIXUE

魏小安　厉新建　吕宁　著

旅游教育出版社
·北京·

策　　划：赖春梅
责任编辑：巨瑛梅

图书在版编目(CIP)数据

休闲产业经济学. 上 / 魏小安，厉新建，吕宁著. --北京：旅游教育出版社，2014.9
　ISBN 978-7-5637-2962-3

Ⅰ．①休… Ⅱ．①魏…②厉…③吕… Ⅲ．①旅游经济学—研究 Ⅳ．①F590

中国版本图书馆CIP数据核字(2014)第132710号

休闲产业经济学（上）

魏小安　厉新建　吕宁　著

出版单位	旅游教育出版社
地　　址	北京市朝阳区定福庄南里1号
邮　　编	100024
发行电话	(010)65778403　65728372　65767462（传真）
本社网址	www.tepcb.com
E-mail	tepfx@163.com
印刷单位	北京中科印刷有限公司
经销单位	新华书店
开　　本	710毫米×1000毫米　1/16
印　　张	18
字　　数	263千字
版　　次	2014年9月第1版
印　　次	2014年9月第1次印刷
定　　价	38.00元

（图书如有装订差错请与发行部联系）

前 言

一、从世界杯说开来

每届世界杯足球赛都是豪门盛宴,是足球的豪门,也是全世界的盛宴,全世界的狂欢节。

参与的普遍性

世界杯是全世界四年一次的狂欢节,具有很强的吸引力和普遍的参与性,无论老少都在关注,而且参与的程度还很深。在参与的过程中,大家觉得整整一个月是在看一部娱乐大片,乐在其中。这种参与包括两个方面:一种是现场参与,有机会去现场看球,觉得十分兴奋;另一种是精神参与,没有机会去现场,但通过看电视以及其他各种方式进行参与。无论是哪一种参与方式,每个个体都觉得参与进去了。尽管进入世界杯的门槛非常之高,但参与世界杯的门槛并不高,因此,世界杯作为一个全球的狂欢节,形成了参与的普遍性。

突出的娱乐性

世界杯的娱乐性,首先的表现是悬念强,谁也说不清楚到底谁能赢,尽管能最后成为冠军的也就是那四五个球队,但最终花落谁家不到最后一刻谁也不知道。包括世界杯64场球,每一场球的过程中都具有极强的不确定性。正是这种悬念本身造就了世界杯非常之强的娱乐性。

其次是作为球迷的娱乐。比如,真正的球迷即使在家里,也要全副武装,头上扎上带子,脸上画上彩旗,啤酒要准备好,规规矩矩地坐在那儿,随时准备欢呼。没有人要求他这么做,他之所以要这么做,就是觉得这样很有意思、很好玩,这是一种娱乐。这是借助人家的需求来娱乐自己,它的普遍性非常强,大众都可以娱乐。

第三是世界杯期间，世界杯的话题是最广泛被谈及的话题，甚至在这个过程中形成两军对阵，你是谁的 Fans，他是谁的 Fans，一起来"干仗"。在世界杯期间的一个月内，全世界的劳动生产力会大幅度地下降，学习效率也会大幅度地下降，但社会消费会大幅度地提升。按说世界杯和中国没什么关系，但电视机的销量会上升，啤酒的销量会上升，包括 T 恤衫在内的各种与世界杯相关的商品会大卖，尤其是豪门球队的 T 恤衫更是"一衫难求"。

相应的宗教性

仔细分析世界杯期间的众生相，就会发现这种宗教性。比如，球迷把自己心目中的球星当作偶像，这种偶像甚至达到了近乎神灵的程度。在世界杯的各种仪式上，仪式感都非常强，而仪式是宗教的最重要的要素之一。一般而言，宗教的三要素包括信仰、仪式、组织。球迷可以没有组织，但是有信仰、有仪式，所以宗教感非常突出，也使它具有了相应的宗教性。

将参与的普遍性、突出的娱乐性和相应的宗教性加在一起，在一定程度上体现了休闲的本质，在一定意义上达到了休闲的极致。

"足球寡妇"

世界杯还会形成一个特色形态，即"足球寡妇"的产生。瑞士旅游局到德国去促销，说先生在看球，夫人们当足球"寡妇"不行，到瑞士来吧，瑞士有好山好水好风光，有美酒、美食，还有美男，而且瑞士人对足球的狂热不像德国。这种"足球寡妇"的产生，也是非常具有特色的东西，在一定程度上也产生了独特的休闲旅游消费群体。

总之，世界杯以狂欢节的方式开始，最后达到休闲的极致。仔细研究分析一下，各类休闲活动也都包括了以上几个元素，好的休闲活动一定是参与的普遍性、突出的娱乐性和相应的宗教性。只是这种宗教性在各个国家表现不同，有些我们一时理解不了。

二、研究背景

休闲经济学在国内是个比较新的题目，在国际上有五十年的历史了，世界休闲组织成立五十年，世界休闲大会已经召开了 8 次，2006 年第九次在中国召开，但增加了世界休闲博览会的内容，这在世界休闲组织的发展历史上是空前的。世界休闲组织的主体是各大学的教授，主要是从学术研究的角度来推动行业的发展，但推动了五十年作用不是特别大，主要的影响还限在学术圈子里。

2006年4月22日世界休闲博览会开幕，此前4月21日召开了休闲国际高层论坛，这个论坛原来计划里没有，由于吴仪副总理出席，所以专门组织了论坛。这个论坛也很有意思，吴仪副总理的讲话非常到位；杭州市委书记王国平讲了一下休闲城市怎么发展；世界休闲组织的专家们发言介绍，世界休闲组织在会前两天已经组织了各个国家参加的15位专家，研讨两天半的时间，希望形成一个"世界休闲共识"，结果研讨了两天半，形不成共识，原因是发达国家和发展中国家的差别太大。后来大家研究形不成共识怎么办？索性把讨论的内容在会上介绍一下，因此，四位休闲组织专家在会上作了发言，第一位专家综合概括了讨论的情况，其余三位专家分别讲了三个方面，这四位世界休闲组织的专家讨论的内容没有超出吴仪副总理的讲话范围。

通过这个论坛增强了我们一个信心，发现在休闲这个事情上谁都可以说话，各说各的话，谁说得清楚，谁说得好，大家就接受他。参加完会议之后，萌发了以近年来对休闲业活动关注和参与，以及已经完成的《中国休闲经济》为基础，写一本《休闲经济学》，完善休闲学科建设的想法。

在此之前，笔者已经参加过很多次活动。1999年在杭州开了一个休闲国际论坛，在那次论坛上大家说了很多东西，给笔者印象比较深的，一是世界休闲组织的秘书长说："什么叫休闲？休闲就是人的一种多样化的选择"；二是国内著名的学者于光远先生说："人之初，性本玩"；三是朱厚泽先生说，我现在是个闲人，今天议论闲事，我来说几句闲话。中国自古以来有一句话，叫做玩物丧志，我不赞成这句话，我的观点是在玩物中壮志，在休闲中新生。会议上世界休闲组织的很多专家还提出预测，到2015年全世界进入休闲时代。后来笔者和他们讨论，笔者认为他们所说的这个全世界不全，只是主流世界，或者叫主导世界，是西方发达国家，不能把西方发达国家当全世界，中国至少不包括在内，非洲更不能包括在内。他们认为笔者的话也有道理。因为他们是发达国家，控制全世界，认为谈出的观点就是世界，比如美国的NBA篮球赛，NBA就是世界篮球赛。客观来看NBA的水平绝对是世界级的水平，所以NBA参加世界奥运会，谁得第一不是悬念，悬念是谁得第二。全世界就是这个状况，所以那次讨论使笔者产生了一个感触，觉得休闲这个题目确实需要火，而且恰恰是在1999年国务院发布了新的休假制度，增加了3天公共假日，迅速形成了3个"黄金周"，所以这六年来是中国休闲的一个起步，也是一个翻天覆地的变化。

2000年在北京也开了一个休闲的国际论坛，这次论坛给笔者一个很大的启发，因为这次论坛有一套云南人民出版社出版的"国际休闲译丛"，论坛把5本书的作者请来了。笔者在会上问世界休闲组织的专家，有一个问题笔者不明白，这5本书里为什么没有休闲经济。他们说这个阶段我们已经过去了。笔者不太相信，后来又看了一些文献资料，发现经济学家没有进入这个领域，而不是这个阶段已经过去了。这进一步反映了学者的局限性。

从2000年之后，这几年每年都有这方面的论坛，每年都有这方面的事情，笔者始终都关注了，很多事情都参与了。比如，2006年专门搞了世界休闲创新奖，全世界7个评委，笔者是其中之一。关于休闲创新奖，他们形成了一套构想，构想形成之后，世界休闲组织的主席两个人来北京和笔者谈休闲创新奖的方案。笔者认为这事很好，但他们说没有人响应。这么大的事居然没有人响应，实在无法理解，后来发现他们办事的路数不对，谈完之后笔者给出了一些主意，这个事要到国家旅游局去一下，后来中国旅游协会还专门发了一个文件，号召大家参加休闲创新奖。他们的构想不错，但是操作很差，后来笔者到杭州又说起这个事，觉得这个事要是办不成，实在丢世界休闲组织的面子，一个堂堂的世界休闲组织，折腾一个世界休闲创新奖，居然反应寥寥。当天下午笔者发了六七十个短信，号召大家参与一下，结果有一大批人申报，一大批单位申报，他们很兴奋。而且这件事引发了一个热潮，一说中国已经30个单位申报了，所以全世界各国也调动了一些积极性，结果第二次开评奖会时规则变了，要求也高了，那时世界有60多个单位报名了，报名之后还要审查这个那个的，开了几次审查会。后来笔者发现审查会上基本上都是大学的教授，实际上他们对实际了解得不够。结果最后全世界评了4家，中国只有1家。

这反映了一个问题，中国虽然起步晚，可搞操作方面我们还是行家，所以也让外国的教授们看得目瞪口呆。但反过来说，真正从学术上，从社会观念上，从整个业态的发展上，我们现在比国外还差了一个数量级，甚至不具有可比性。比如，现在国内谈论休闲的问题，大家马上说我们还有多少人吃不饱饭，还有多少下岗职工，还有多少人生活还如何困难，在这时候谈休闲能行吗？这些问题一开始会把人问住，作为一个发展中国家，我们现在面临的最大的问题是发展，你在这儿谈休闲，好像有点逆潮流而动，或者叫反其道而行之。但从发展的角度来说，这恰恰是发展中国家最大的特点，根本在于建立什么样的社会伦理。我们现在研讨的这些问题美国五十年前都讨论过了，也就是说在这个事情上我们和人家差了五十年的距离，更早一百年前就讨论过了，只不过一百年前讨论的问题和现在讨论的问题还不完全相同。

经过这一过程，尤其是近两年笔者一直比较关注休闲的问题，也在做一些实证性的项目，比如正在做千岛湖的发展规划。他们开始提出来要做千岛湖旅游产业发展规划，笔者说这样的题目我们不做，如果我们要做，就做一个浙江省淳安县休闲发展规划，这可以说是全国第一个休闲发展规划，区域性的休闲规划。同时，山西运城有个盐湖，盐湖很有特点，我们也帮助他们策划做休闲项目。之所以操作这几个项目，是想从实证的角度进一步研究中国的休闲到底该怎么搞。

类似的事情汇总到一起，形成了《休闲经济学》总的思路。2005年出了一本书，书名《中国休闲经济》。这本书学术含量不高，主要是近年来接触很多实证性的项目，把这些实证性的项目分析了一下，形成了一本书，但在实践中也感觉到一个问题，休闲说不清楚，基本上我们所有的人对休闲都说不清楚，这就说明现在缺乏理论的指导，也需要理论的指导，由此产生一个想法，写一本《休闲经济学》。学是一个学科的建设，而且可以说是一个新兴的学科的建设，这样难度就很大，想借此把有关的想法、看法、认识系统地梳理一遍，提供一个研究的框架，提供一个学术的空间。

2006年10月16日至20日，第九次世界休闲大会在中国杭州市召开。会议共有注册代表380人，听会代表2700人，提交了360篇论文，举办了90多场会议和活动，会议的志愿者300多人。这可以说是世界休闲研究的一次大交流，也是一次检阅，从中可以看到当前世界休闲研究的热点和今后的方向。而在同年4月22日开幕的首届世界休闲博览会，则是业界的一次总体亮相。作为首届，本身就是一种创新。突破了50多年局限于学者圈子的状况，进入了发展的天地。博览会体现了国际化的特点，由美国人杰拉德先生任首席执行官，全面组织操作。同时体现了市场化的特点。一是政府主导，创造环境，奠定基础，推进发展。二是企业运作，由宋城集团建设休闲博览园，提供相应的平台。三是学者推进，积极参与策划，提供智力支持。最终形成了"官产学民媒"积极共建的格局。

这两个会议的举办，对于世界休闲组织而言，是一个上台阶的过程。对于中国而言，是一个休闲观念根本调整的过程，也是各地全面推动休闲产业发展的开端。对于杭州市而言，是城市形象的集中体现，是空间结构的调整和产业结构的优化。对于百姓而言，则是开阔了眼界，提供了更多的选择机会，是提高生活质量的过程。

随着实践的发展和思考的深入，在高密度大强度调研过程中，笔者深深感到业界关注的中心是发展以至操作，而学界则始终局限于学术，高论和宏论很多，细论和偏论也不少，但实论相应较少。而且，国内学术界关于休闲理论的介绍和研究成果已经产生了一批。为此，对本书的框架和内容进行调整，最后确定为《休闲产业经济学》。

三、研究框架

《休闲产业经济学》（上）研究框架为：

第一章 绪论：理论与方法。按照学术规范，首先对现有的休闲理论进行了搜索，以了解前人研究的程度，有些需要完整的引证，有些需要归纳，在方法上有一些突破。

第二章 休闲与人生。探讨休闲的本质，以及休闲需求因何而产生。

第三章 休闲需求与市场。休闲的发展是市场导向的结果，所以要把休闲市场作为基础来研究。

第四章 闲：时间维度。对于时间问题想得不多，一说休闲对应的概念就是工作时间，应该说工作时间所对应的是空闲时间，而不是休闲时间，这里有本质的区别。空闲是被动的，休闲是主动的，空闲一定意义上也有一点无可奈何，但休闲一定是一种主动的追求，所以对于时间的探讨涉及一系列的问题，这也是休闲的基础。

第五章 休：行为与方式。采取什么样的方式去休闲，各国皆有不同，各年龄亦有其差异，各阶层会有不同需求，所以需要对休闲行为与方式进行探讨。

第六章 场：空间维度。休闲需要一定的空间，这种空间涉及方方面面，也是和休的方式紧密联系在一起的。比如，在家里看电视，这是不是休闲，应该说这是现在很重要的一种休闲方式，它也有一个场，就是家庭休闲。再比如，离开家庭上茶馆，茶馆也叫一个场，一般来说这叫城市的第三空间。所以对于空间的规划探讨，也是多维度的。

第七章 休闲产品：活动与经营。休闲产品不完全局限于活动，但活动体现得最充分。

《休闲产业经济学》（下）研究框架为：

第一章 休闲主体产业：体系与建设。这是一个体系化的发展，休闲产业必定会形成一个产业体系，客观来看这个产业体系已经形成了，但我们的认识还没有完全到位。主体产业包括旅游产业、文化休闲业和体育休闲业三大类。

第二章 休闲延伸产业。从需求逐步发展和产业逐步延伸所形成的新业态，主要包括休闲农业、休闲商业、休闲房地产和邮轮游艇业。

第三章 休闲支撑产业。主要涉及休闲信息业、休闲中介业、交通业和休闲工业。在休闲经济的发展中，产生了一系列新的时机，如何认识和把握，也是本章讨论的内容。

第四章 休闲规划与开发。主要涉及休闲规划的原则、情景规划与项目设计，同时也对休闲的体系化开发与发展作了分析。

第五章 休闲服务与体验。最终休闲的发展本质上是一种服务，而且这种服务是与服务方式的创新、与体验经济等紧密联系在一起的。

第六章 休闲经济与国民经济。探讨发展休闲与国民经济发展之间有哪些密切的关系。

第七章 休闲管理与发展。休闲管理包括休闲的产业政策，休闲的管理体制，休闲的运营机制等相关的问题。

第八章 休闲生活的未来：水平与质量。休闲在创造一种新的生活方式。多年以来，我们只想生活水平的提高，这种生活水平的提高，就像现在追求GDP一样。动辄追求人均GDP、人均收入。但从本质上来说，休闲不仅是一个生活水平问题，更重要的是生活质量的问题。

有人说，法国人看不起美国人，认为虽然美国人挣钱挣得比法国人多，但是他们的生活质量不如法国人强。在欧洲，你会感觉到欧洲的生活质量比美国要高很多，但要看收入水平，美国比欧洲要高很多。所以就要探讨一个问题，是生活水平重要，还是生活质量重要。有些人的看法是多挣钱就行，但你挣了再多的钱，无非是钱的奴隶，当然没有钱，也是钱的奴隶。

如果你有相应的精神追求，有相应的文化追求，虽然钱不是最多，但是你的生活质量有可能达到最好，这就是一个本质的区别。在我们以GDP论成败的年代，探讨生活水平与生活质量的问题，可能是事涉未来发展的非常重要的问题。

党中央已经提出了科学发展观，提出了以人为本的治国理念，这在中国共产党执政史上是一个根本性的转变，这种转变甚至会带来整个国家的一种转型，可以看见，近两年我国的很多问题正在逐步调整过程之中。从这个角度来说，研究休闲经济，进一步把它提升到一个学科去认识，既有非常重要的理论意义，更具非常重要的现实意义。

本书稿获得了"北京市 2013 年专业建设——专业综合改革试点项目"经费的出版资助以及"北京第二外国语学院科研种子计划项目"的研究支持。在书稿的撰写过程中，万文平、许文婧、张芳芳、王圆圆、张飞飞、华云等研究生参与了文稿的整理工作。旅游教育出版社的编辑为书稿的出版付出了很多的努力和辛苦，在此一并表示感谢。

魏小安

目 录

第一章　绪论：理论与方法 ·············· 001

　　第一节　休闲理论的演进 / 002
　　第二节　休闲的概念 / 021
　　第三节　休闲产业 / 024
　　第四节　休闲经济的研究思路 / 026

第二章　休闲与人生 ·············· 035

　　第一节　休闲形态的演进 / 036
　　第二节　休闲追求的本质 / 051
　　第三节　综合分析 / 058

第三章　休闲需求与市场 ·············· 063

　　第一节　后工业化：变化与来临 / 064
　　第二节　消费发展阶段 / 071
　　第三节　休闲的需求分析 / 080

第四章　闲：时间维度 ·············· 099

　　第一节　生命周期 / 100
　　第二节　时间感知 / 109
　　第三节　时间安排 / 113

第五章　休：行为与方式 …… 119

第一节　休闲行为 / 120
第二节　休闲方式 / 127

第六章　场：空间维度 …… 139

第一节　关于空间 / 140
第二节　家庭休闲 / 142
第三节　城市休闲体系 / 147
第四节　环城市休闲游憩带 / 164
第五节　乡村休闲 / 168
第六节　异地休闲 / 188

第七章　休闲产品：活动与经营 …… 221

第一节　产品谱系 / 222
第二节　节事活动 / 233
第三节　民俗休闲产品 / 246
第四节　休闲产品营销 / 257
第五节　新型组织方式 / 273

第一章

绪论:理论与方法

约翰·凯利的《走向自由——休闲社会学新论》，开篇就谈到这样一个问题。他说，"休闲是一个复杂的现象，是一些现象的组合。任何单一的范式、模式、途径、理论或研究方法都不可能尽述其详。我们只有通过探索在不同学科内发展起来的各种理论隐喻，才能全面地提示休闲的性质，从而既能探明其内部构成要素，又能通观其总体轮廓"。

上述这段话是写本书的一个前提，之所以把这番话引出来，是因为这是研究休闲经济的一个前提。休闲是一个非常复杂的现象，休闲经济学的研究不能仅限于经济自身，而且实际上也不可能局限于某个单一的方面。

第一节　休闲理论的演进

一、演进过程

从世界两千多年的发展来看，包括休闲史的发展来看，休闲理论的演进经历了这样一个过程。

1. 起源于哲学

无论是西方还是东方，对休闲的认识都始于哲学。这似乎不太符合一般的认识过程。一般而言，大多是随着产业充分发展起来后，才开始一个由浅入深的认识过程。也就是说，对休闲的认识应该是休闲活动在社会上大量产生之后，大家才开始来认识。但实际上休闲理论演进的起源是哲学，早期对休闲的探讨者都是从哲学的意义上来探讨，实际上是在探讨人生的意义。

早在2500年前，国外学者对休闲的研究就已经纳入了古希腊哲学家理论研究体系。理论界现在公认的休闲理论鼻祖是古希腊的亚里士多德，他认为，休闲就是思想的结晶，是人超越了日常的俗物形成的思想的结晶。他还认为，我们需要崇高的美德去工作，同样需要崇高的美德去休闲，休闲可以使我们有意义地生活。

著名哲学家约瑟夫·皮珀曾经指出，工作就是为了休闲。这是一个根本性的，或者说是一个革命性的休闲的变化。也可以说，是从哲学意义上对休闲的最为深刻的、最为本源性的一个认识。

2. 发展于文化学

在休闲理论的研讨过程中,大家感觉文化越来越重要了,对于文化学的研究又开始发展起来。

作为一本休闲学的经典之作,约瑟夫·皮珀的《闲暇:文化的基础》(1952)不仅从哲学角度解读休闲,也阐释了休闲作为文化基础的价值意义。他在书中指出,休闲是人的一种思想和精神的态度,不是外部因素作用的结果,也不由空闲时间所决定,更不是游手好闲的产物。他在书中提出,休闲是文化的基础,没有休闲就没有文化,他认为"文化的真实存在依赖于休闲"。

3. 兴盛于社会学

现在休闲理论的一些经典性著作,基本上都是社会学的理论。可以说,在社会学方面,休闲的研究相应来说比较适合,在休闲研究的过程中,社会学者投入了更多的精力。

1967年,法国学者杜马兹迪埃在《走向休闲的社会》一书中,以批判现实主义的观点,探讨了休闲与家庭、工作、社会政策及共同体的关系和意义。他认为,在休闲的放松、娱乐和个性发展三个层次中,个性发展是最重要的。

美国宾夕法尼亚州立大学学者杰弗瑞·戈比的《你生命中的休闲》告诉人们,休闲是复杂而非简单的概念和现象,是人的存在过程的一部分;休闲行为不只是寻找快乐,也要寻找生命的意义。

美国学者里斯曼在《孤独的人群》(1950)中,明确提出休闲应该是"大众消费"的新观点,并将休闲问题纳入文化社会学的范围内加以研究。这本书在美国和不少国家都产生了巨大的影响。

美国学者卡普兰的《美国的休闲——社会调查》(1960)一书,代表了20世纪60年代休闲社会学研究的最高水平。其研究涉及美国社会制度的工作、家庭、社会阶层、宗教和世俗的价值观等诸多方面。他认为,如果人们将自己外在的价值观强加给别人,不允许他们积极地发展自己的价值体系,则可能会限制人们的休闲潜力。

美国伊利诺伊大学的约翰·凯利在《走向自由——休闲社会学新论》中,提出了一个重要观点:休闲应被理解为一种"成为人"的过程,是人的一生中一个持久的、重要的发展舞台。书中作者以大胆的理论创新和跨学科的研究方法,以严谨的逻辑推理和翔实的数据,对休闲的本质和现象进行了深入的分析研究。

卡拉·亨德森等的《女性休闲——女性主义的视角》从女性主义的视角对女性休闲问题进行了讨论,以后结构主义的眼光和女性视角对女性休闲进行了研究，希望能通过这些研究来引起人们对女性的休闲体验及对女性自身发展的影响的关注。

从社会学角度对休闲进行研究的，还包括法国社会学家罗杰的《休闲与文化》《休闲社会学》和《生活空间与休闲》，他分别对"侵略性的""有害的"和"野蛮的"三种不正当的休闲方式进行了区分和批判。另外，还有德国学者吕特克也提出了"系统休闲理论"等。

4. 深入于心理学

很多心理学的著作，探讨休闲心理，甚至成为休闲理论中的一种经典。

在休闲的心理学研究中，美国心理学家奇克森特米哈伊的《畅：最佳体验的心理学》（1988），从心理学的角度对休闲体验的性质作了深入的研究，说明休闲从根本上是一种有益于个人健康发展的内心体验。他提出了一个被后来的研究者广泛接受的概念"畅（flow）"。[①] 他认为，很多休闲活动包括攀岩、下棋等，都能给人们带来极大的心理满足，这就是所谓的"畅"。这个"畅"，按我们一般的解释，就是人在工作中或者在休闲过程中，尤其是在休闲过程中达到了一种极致，达到了一种忘我，达到了一种最高的境界。

美国马里兰州立大学的教授依索·赫拉的《休闲与娱乐的社会心理学》（1980），从心理学的角度揭示了休闲本质。他将休闲分为三个层次：必需的非工作活动、自由时间的活动和休闲活动。他认为，真正的休闲活动是具有高度的自由选择和很强的内在动机的活动。他指出，休闲并非消极地无事闲着，而是有着积极的意义，它为人们实现自我、追求高尚的精神生活、获得"畅"或"心醉神迷"的心灵体验提供了机会。

学者马希米尼和卡里（1986）提出，当个人感觉到的挑战和能力超过某一水平时，才会出现"畅"的体验。如果挑战和能力都低于该水平时，即挑战和能力相当，人们也体验不到"畅"的感觉。此后，"畅"这一概念在一定程度上合理地解释了人们为什么愿意从事一些危险性的高难度、高技能的活动。

另外，美国学者纽林格（1981）在《休闲心理学》中，也对休闲体验作了阐述，认为休闲的唯一判断标准就是心灵所能体验的自由感。

---

① 奇克森特米哈伊（Mihalyi Csikszentmihalyi）认为，畅是一种可以在"工作"或者"休闲"时产生的最佳体验。

5. 落实于经济学

20世纪80年代以后，西方学者开始重视休闲经济的研究。德莱弗和席莱尔在1989年发表了《休闲的效益》，强化了效益管理方法，提出了休闲需求预测分析模式。威尔森的《休闲经济学》利用经济学的基本原理，分析了休闲产业的需求和供给、市场结构以及休闲产业对国家经济的影响。

韦克曼在《休闲和娱乐的经济学分析》（1975）中，对娱乐休闲进行了专门的经济学分析。罗伯特在1978年出版的《当代社会和休闲的增长》中，对休闲产业的增长情况进行了研究。西蒙的《休闲服务》（1975），是20世纪70年代研究休闲服务最重要的著作之一。他对休闲和娱乐发展史进行了回顾，并重点讨论了私人娱乐休闲服务、公共娱乐休闲和公园休闲服务及半公共（半私人）娱乐休闲服务的供给和需求。

在休闲消费和休闲资源调查方面，1955年美国进行了"美国的需求和资源"的调查，并获得了一些有关休闲消费的数据；1958年又成立了美国"户外娱乐资源审查委员会"来对美国休闲资源进行广泛调查，并据此出版了《美国户外娱乐》一书，促进了美国娱乐的研究和规划发展。加拿大也开展了"安大略旅游和户外娱乐计划研究""加拿大休闲研究"等项目。这些都极大地推动了休闲服务的研究。

之后，学界对休闲经济的研究越分越细，有些学者开始对休闲消费需求的影响因素进行研究。怀特（1975）的研究显示，职业是影响人们休闲的一个重要因素，收入和受教育水平也会在很大程度上影响人们的休闲选择。科什曼（1986）对影响人们休闲方式选择的主要外部因素进行了研究。1982年布尔顿对政府在公共休闲服务供给中的作用进行了研究。1985年格莱顿和泰勒对运动和娱乐休闲作了经济学分析，对运动和娱乐休闲的经济特性及市场失灵、产品的外部性和公共性等问题进行了研究，并就其供给和需求中存在的问题提出了建议。特赖布（Tribe）对旅游休闲的供给与消费、休闲市场战略及休闲对经济的影响等问题进行了研究，并认为休闲产业的发展对经济增长具有重要的战略意义。

休闲的经济学研究和对休闲产业的研究，是目前一个热门的课题。休闲研究落实于经济学是必然的，只是现在从理论上来说，经济学领域对于休闲理论的研究还是最薄弱的，但从现实上来看，休闲产业的发展又在逐步兴旺，这就形成了非常突出的反差。休闲产业蓬勃发展，休闲经济学的理论最薄弱，比起其他方面差了很多。外国专家所说的休闲经济阶段已经过去了，根本原因还在于经济学领域的研究不足。从进一步的发展来看，尤其是从中国的发展来看，休闲经济研究的需求是最迫切的。

当然，还可以进一步延伸，比如休闲的地理学、休闲的规划学等，进一步往下延伸，延伸到各个学科，就像休闲的范围如此广泛一样，休闲理论的范围也必定是广泛的，也必定涉及各个学科。所以约翰·凯利才说，"任何单一的范式、模式、途径、理论或研究方法都不可能尽述其详"。同样在休闲经济学的研究上，也要充分地借助其他各个学科的研究成果，来构建理论平台。

二、西方思想史中的休闲

《人类思想史中的休闲》基本上是偏重于西方休闲史的，对于东方的休闲的很多理论不了解，也不可能去规划。我们在西方休闲史中寻找规律时，也需要关注一下其具体的演进过程。

1. 城邦制度与公民社会

古希腊的亚里士多德对休闲有很多精彩的表述，这是与他所处的社会制度背景是公民社会与城邦制度有密切关系的。古希腊是城邦制的组合，比如斯巴达、雅典都是独立的城邦制国家。各城邦之间要维持一个平衡关系，不可能由一种思想完全统治一切，因此虽然战争不断，但客观上也形成了思想自由的氛围，营造了自由思想的体制根源。

同时亚里士多德有一个丰富的思想资源库，因为在亚里士多德之前，苏格拉底、柏拉图这些大思想家、大学问家已经提出了一系列的思想，这一系列思想给亚里士多德奠定了思想来源的基础。

公民社会建立的基础是奴隶制，有一批人没有公民身份，只是奴隶身份，这批人奠定希腊城邦制度的经济基础，自然就养了一批"闲人"。在古希腊发展的过程中，思想、文化、体育等，都有着非常灿烂的成就。之所以奥林匹克在古希腊发源，这也不是偶然的。因为社会有这么一个阶层，专门琢磨问题，研究问题，最终构成了极其灿烂的文化时代。实际上，公民社会中的这批闲人，往往是后来自由思想的创造者，当然他们产生对闲暇的追求，对闲暇理论的探讨也不足为奇。

2. 修士阶层与宗教制度

西罗马帝国消亡之后，西方进入了将近900年的中世纪时期（476—1453年）。从政治制度来看，中世纪时期是非常黑暗的，中世纪或中世纪早期被普遍称为"黑暗时代"①。这个时期同时也是宗教统治的年代。当时宗教的统治超过了一切势力。后来西方资产阶级革命之所以提出的第一个口号是政教分离，就是因为当时教和政之间的关系太紧密了。

但是，在宗教制度之下，产生了一批修士、僧侣，也产生了一批闲人。这些修士和僧侣除了修道之外，相应来说也有时间，也有精力来研究，同时也培育了一套休闲文化。

到目前为止，西方的美酒产于修道院，美食也产于修道院。西方的修士分为两种：一种是苦行僧，越苦越好，比如在希腊、罗马等地方，都有一些修道院，修得高高的，凡人根本进不去，修士在那儿过最艰苦的生活，这是一类人；另一类是比较世俗化的修士，这些世俗化的修士到一定程度就过着腐败、糜烂、堕落的生活，但在这个基础上培育了一套休闲文化。那时探讨休闲的学问家一定是神学家，代表人物是阿奎纳。

3. 领主经济与骑士阶层

中世纪后期，随着领主经济的完善，形成了一个骑士阶层。领主经济和地主经济有本质的不同，中国的地主经济本质上是专制经济，是"普天之下，莫非王土"，所以地主都有一种依附感。西方的领主不同，西方的领主是家奴制，有自己的一片领土。因此，在领主经济下，社会有余力培育一个新的阶层，即骑士阶层。骑士阶层到处游荡，宣传一种骑士精神，行侠仗义。客观来看，对于统治者来说，他们对统治不会构成直接的威胁，否则不可能容许骑士阶层的存在。骑士阶层所代表的这种精神和所形成的生活方式，构成了西方的又一波闲暇文化，只是这种闲暇文化表现形式不同罢了。

在西方，有一个说法，叫"三代培养一个贵族"；在中国，有一句相对应的话，叫"三辈子做官，学会吃和穿"。从某种意义上看，这是把闲暇文化推演到一个新的高度，上升到了文化的精致和社会观念的强化层面的表现。

4.《有闲阶级论》：工业化中期

工业化革命开始之后，有一本代表作叫《有闲阶级论》，这是凡勃伦1899年写的。这本书认为，在工业化中期整个社会已经形成了有闲阶级，有闲阶

---

① 研究中世纪的著名学者查理·哈斯金认为，历史的连续性排除了中世纪与文艺复兴这两个紧接着的历史时期之间有巨大差别的可能性。现代研究表明，中世纪不是曾经被认为的那么黑，也不是那么停滞，文艺复兴不是那么亮丽，也不是那么突然。意大利文艺复兴运动之前，有一个类似的运动，即便它不是那么广传。言下之意就是，中世纪不应该被笼统地称之为"黑暗时期"。

级的形成,也代表了社会的高端文化、时尚文化。该书当时引起了整个社会的反感,受到了很多思想家的批判。这本书不是为有闲阶级辩护,而是客观阐述有闲阶级到底是怎么回事。这本书也被称为休闲研究理论的一个转折点,客观来看反映的是工业化中期,整个社会分层的剧烈变化。

中国现在大体上处在工业化中期,产生了一批有钱人,但这与国外工业化中期的有钱人还是有些本质性的区别。因为西方的革命虽然过程很长,比如从17世纪英国革命开始,到18世纪的法国大革命,但是传统的文化一直延续没有中断,很多传统的消费习俗、消费习惯,包括社会的分层也没有中断。虽然有没落的贵族,但贵族阶层一直延续着。英国到现在还是君主立宪制度,欧洲很多国家也都是君主立宪制度。这种君主立宪制度就是社会的文化延续性和社会习惯的延续性非常强的表现,新一代有产者所追求的目标自然是贵族化的。

中国恰恰相反,我们没有贵族,传统的贵族已经消失在社会更替中,新的贵族(在这里指的是生活的品质上,而不是阶级层面上的)还没有来得及形成,或者说还没有来得及形成集体性的新贵族阶层。现在有一批有钱人,不知道自己究竟该学谁,也不知道什么叫贵族,因此更多地表现为一种暴发户的炫耀方式。

5.《闲暇:文化的基础》:社会的转折

社会转折期,也有一本标志性的、堪称经典的著作——《闲暇:文化的基础》。作者写书时,正是德国的战后重建时期,整个社会都围绕着重建拼命地在努力。德国和其他国家不同,战争后期除了个别地方保留下来了外(比如海德堡),德国基本上被炸平了,整个社会处在一个重建的热潮之中,也处在一个恢复的热潮之中,在这个时候,能写出这样一本书,非常了不起。为什么大家赞赏这本书,因为作者提出了一个具有颠覆性的观点。一般总认为休闲是工作的补充,休闲是工作的延伸,或者说休息是为了更好地工作。作者认为,工作是为了休闲,这是一个根本性的,或者说是一个革命性的关于休闲的认识。作者还更进一步提出,闲暇是文化的基础,没有闲暇就没有文化。

6.《丰裕社会》:工业化后期

西方发达国家进入工业化后期,关于休闲方面的代表作是加尔布雷思的《丰裕社会》(1958)。书中提出来需要讨论的问题基本上与现在我们这个社会正在讨论的问题一样。那时美国的国情是中产阶级的年收入大体上在3900美元,人均年收入1000多美元,和中国现在的状况差不多。经过近30年的发展,1986年的时候,美国达到人均2万美元;现在美国达到人均4万美元。看下来，书中讨论的问题恰恰是我们现在关注的问题，说明了一点，中国在这个方面落后了50年。比如书里谈到，时任美国副总统的尼克松，提出一个概念，叫四天工作制。这个概念提出之后，美国大家都在讨论，包括参议院、众议院也都在讨论。2005年杭州宋城集团的老总黄巧灵写了一本书，就叫《四天工作制》。这本书出来之后，大家都嗤之以鼻。他就说了一个观点，10年前我们谈五天工作制时，那时大家能想到吗？可是我们已经实行了，将来四天工作制怎么不可能。这本书反映出来的是工业化后期的做法，严格地说，从社会总体的财富积累和人均收入来说，我们现在还没有达到这一步。如果从制度比较来看，中国现在处于初级转轨变型时期，经济要转轨，从计划经济转向市场经济；社会要变型，进一步向民主社会发展。但从整个收入状况来说，现在差不多是涉及上述问题的讨论阶段了。

7. 系列研究：后工业化的来临

1956年，美国的产业就业人数中，服务业第一次超过了制造业，第三产业的就业人数超过了第一产业和第二产业，被视为从工业化后期逐步向服务社会开始转变的转折。1973年，美国经济学家丹尼尔·贝尔出版《后工业化社会的来临》一书。这本书的出版标志着整个社会转向后工业化社会。随着后工业化社会的来临，在休闲理论研究方面出现了一个蓬勃发展的局面，现在所看到的主流著作基本上是那个时期后产生的。从研究特点上看，大致体现在三个方面：一是研究的范围扩大了，各个学科领域大家都在研究休闲问题；二是地域的范围扩大了，不仅是美国人在研究，欧洲人在研究，日本人也开始研究，地域的研究扩大；三是研究的群体扩大了，在休闲研究领域学者越来越多，加入的人越来越多，群体也在不断地扩大，就形成了一个百花齐放的局面，也形成了各类系列性的研究成果。

三、休闲认识的发展

1. 身份认同

休闲者通过休闲可以形成一种真正的身份认同，这种身份的认同恰恰与后工业化社会来临有关系。

在工业化时期，基本上人是机器，人的工作也是机械性的工作，社会的分工非常精细。这样，人除了自己的工作之外，几乎没有其他的生活内容，充其量下班后大家在一块喝喝酒，这是社会的一个普遍状态。即便是高层贵族化的享受，在工业化时期也不充分。因为人们都处在非常忙碌的状态中，人们都忘了自己是谁了。

随着后工业社会的来临，休闲的范围越来越大，最重要的是人开始有了身份认同的需求，产生了新的体会，开始关注"玩什么"与"和谁玩"的问题。开始人们选择的是玩什么，按照自己的生活条件，能玩什么尽量玩什么，玩的意识逐步压倒了工作的意识，压倒了干的意识。

随着进一步的发展，人们感觉到"和谁玩"比"玩什么"更重要。比较典型的如高尔夫球运动，这是一种身份的象征，在中国还把它视为一种贵族化的运动。而在西方，高尔夫球运动已经是一个比较普遍的活动，美国有2万多家高尔夫球场，高尔夫逐渐成为一项平民运动（在公共球场一场球可能也就六七美元），打球人口已经有3000多万。但同样是打球，参加哪个俱乐部，和谁打球，这就是一个身份的认同。在日本，1980年之后，最贵的一张高尔夫会员证3.5亿日元。他真是要打这一场球吗？不是，手持什么样的会员证，和谁一块打球，就意味着自己属于什么样的阶层，这就是一个身份认同的过程。

2. 身份形成

休闲进一步的作用就是身份形成。在身份形成的这个过程中，个体和群体之间的关系逐步融合，又进一步分解，通过这个过程认知自我。

后工业化社会来临之后，除了特别的奢侈性消费，吃穿用需求并不突出，差异也不大。一般来说，吃的东西差不多，老板可能也是一个汉堡包、一瓶可乐，打工的也吃这些东西；穿也显不出来，尽管也有穿着高档的，但就整个社会来说，区别并不很大。

正因为如此，所以逐步推演到通过休闲消费形成身份差异，即在休闲的过程中形成自己的身份，通过在休闲的过程中和谁玩来形成一个群体，这个群体就是社会的另外一种分解。这个分解的过程对于整个社会的变化起到了很大的作用，休闲社会学家非常关注这个问题。

3. 文化创造

从文化学家的角度来说，正是通过休闲的过程，看到了整个社会变化的过程，看到了一个新的文化形成的过程，进而提出闲暇是文化的基础这样的论断。

休闲的过程，势必是一种文化创造的过程。这种文化的创造首先是文化的流传，在前人流传的基础上，进一步发扬光大，形成一套新的文化。现在的休闲文化已经不是传统的休闲文化，和亚里士多德所说的那一套已经截然不同了。在这种情况下，新的休闲项目不断地产生，新的休闲活动不断地普及，新的休闲文化也在不断地创造。恰恰在这个创造的过程中，整个社会，包括有些个人对这些问题的认识也逐步清楚了。比如 2005 年的超女，围绕着超级女生形成若干阵营，有"玉米"有"凉粉"，尽管张靓颖比李宇春唱得好很多，可是在"玉米"眼里，看着李宇春在台上就是觉得舒服，但也说不清楚为什么喜欢她，这里头没有道理可言，只是一种感觉。可能就是因为对超女共同的关注，一个五六十岁的老头和一个十来岁小女孩能够聊得非常投机。围绕着闲暇，围绕着娱乐，围绕着爱好，一个老头和一个小姑娘能聊起来，而且聊得欢天喜地，这也是一种文化创造。

4. 通过学习获得

休闲过程其实也是一个重要的学习过程，可在国人的观念里，常常关注于休闲的玩乐表象，而忽略了休闲的学习功能。实际上，没有学习的过程，没有锻炼的过程，甚至没有养成的过程，要想真正玩到位是不可能的。

休闲文化也需要一个养成，比如听古典音乐，很多人觉得这是一种高雅的爱好，但音乐会上，也经常可以看到有的人听着听着就打上盹了，这说明休闲文化、休闲素养的形成需要有一个学习的过程。现代的闲暇文化，包括传统的闲暇文化，学习是一个必然的过程，这个过程也是文化养成的过程。

一个真正懂得闲暇的人，一定是有文化的人；一个真正能够体会闲暇的人，一定是有教养的。要想使整个社会文明、有教养，必然需要这个过程。比较起来对传统的闲暇方面的学习，要艰巨得多。《音乐之声》反映的就是有教养的生活，包括人的言谈举止，处处都显出教养。如果说社会能形成这样一个主流文化，有修养、有文化地享受休闲，相信这个社会将会好得多，生活也会美好得多。

5. 哲学思考

西方人在休闲方面的精神追求非常多，表现方式多种多样。随着现在大众休闲的普及化，休闲也更加多样化，方式也更加多元化，但一以贯之的，始终在研究里形成的一条主线是精神追求，体现的最高境界是哲学思考。

四、中国休闲思想的发展过程

1. 先秦：老子、庄子、孔子、"四书五经"

中国在休闲思想上也是非常古老，非常丰富的，可以追溯到先秦时期老子、庄子与孔子的著述中，体现在"四书五经"里。老子《道德经》里的主体思想，如无为而无不为、小国寡民等，影响深远。《道德经》的核心就是一个"道"，无以名之。所以，老子的思想对中国几千年的思想界发生了巨大的作用。"一生二,二生三,三生万物……""吾不知其名,强字之曰道,强为之名曰大。大曰逝,逝曰远,远曰反",这样的一套思想里充满了辩证法,充满了对生活的感悟,也充满了对历史和对社会的感悟。

庄子更不用说,庄子的《逍遥游》,庄子的文章都是美文,怎么看怎么漂亮,那种汪洋恣肆之作,那种超然于物外的思想境界到今天我们仍然感叹,仍然羡慕,仍然觉得达不到那种境界。乘天地之正,御六气之辩,以游无穷,难道不是一种高远的境界和追求吗?

孔子也是如此,孔子是一个非常实用主义的人,讲究的是儒家要入世,但是《论语》里有一段话说得很有意思。孔子问他的弟子,你们有什么志向,其中有一个弟子叫曾点,他说,"莫春者,春服既成,冠者五六人,童子六七人,浴乎沂,风乎舞雩,咏而归"。夫子喟然叹曰:"吾与点也!"这一段话可以说是中国休闲思想的经典概括。

从思想来说,国人始终是出世和入世相间,世道比较好的时候就积极入世,争取能够经世致用,能够帮老百姓办点事;世道不好或者个人机遇不顺时就出世。一定意义上,中国很多官宦采取的是"以入世的精神做事,以出世的精神做人"这样一个方式。这是从先秦传承下来的最重要的思想资源。这种思想资源从休闲的角度来看,可以分成以下几个阶段。

2. 政治:魏晋风度、士大夫休闲

魏晋时期形成了一套独特的东西,那就是培育了士大夫休闲这样一种生活方式、文化体系和思想体系。这个体系影响了中国几千年。

之所以会产生士大夫休闲,其背景其实很简单。魏晋时期,政治极其严酷,很多文人不愿意涉政,但很多时候又逼着他们不得不涉政。因此,文人采取一种独特的方式,通过名士风度的体现,通过休闲生活的感悟来表现自我,最典型的是"弃经典而尚老庄,蔑礼法而崇放达"的竹林七贤。鲁迅先生曾有《魏晋风度及文章与药与酒之关系》一文,论得甚是精彩。那些人放浪形骸之外,看起来什么世俗的东西都不遵守。比如,司马懿找阮籍结亲,阮籍大醉两个月不醒,什么时候看他都是醉醺醺的,实际上他是通过这种方式来逃避,逃避现实政治,包括逃避政治的风险。嵇康在竹林七贤中成就最高,也是很高傲的,但他给儿子写过一篇《家诫》,却是教育自己的儿子要庸碌,告诉儿子做人怎么样小心谨慎,说话要如何,要注意这个,注意那个。比如,《家诫》中有一条告诉自己的儿子,宴饮时候有人争论,你可立刻走开,免得在旁批评,因为两者之间必有对与不对,不批评则不像样,一批评就总要是甲非乙,不免受一方见怪。实际这是一种独特的反映,这种反映是对现实政治的一种折射。客观来看，培育了一套独特的休闲的文化。

那时候还有一个风俗，服五石散（石钟乳、石硫黄、白石英、紫石英、赤石脂）。吃了以后不能休息，非走路不可，只有走路才能发散，不发散人就受不了。吃了散之后，衣服要脱掉，用冷水浇身，吃冷东西，饮热酒。因为皮肉发烧之故，不能穿窄衣。为预防皮肤被衣服擦伤，就非穿宽大的衣服不可。更因皮肤易破，不能穿新的而宜于穿旧的，衣服便不能常洗。因不洗，便多虱。故有"扪虱而谈"之说。这些人都是社会名流，自然就形成了一个社会风气。到东晋以后，作假的人就很多，在街旁睡倒，说是"散发"以示阔气。这和现在追时髦没有什么区别，只是不同的时代有不同的时髦。那个时期对人物的这种品行的赞扬达到历史空前的程度。历史上从来没有这样的事情，一直到现在。魏晋时期人物的个性鲜明，追求的是特立独行，所以对人物的评价也是如此。比如，评价刘伶叫"烈烈如岩下电"，评价真是高。刘伶嗜酒如命，他"常乘鹿车，携一壶酒，使人荷锸而随之，谓曰：'死便埋我'"，这反映的是人的个性的一种张扬。这是一个个性解放的时期。

3. 市场发育：唐、宋、明时期的市民休闲

唐朝、宋朝、明朝，这三个时期是中国市场经济发育的高峰时期。这三个高峰时期产生的现象是文化极其灿烂，生活内容极其丰富，士大夫的休闲和市民的休闲结合到一起。

（1）唐宋时期

唐朝是一个非常开放的时期，因此也是一个文化高峰时期。这是因为那个时期泱泱大国的开放吸收了世界上各国的好的东西。在开放的过程中，国家的财力也很雄厚，有人开始讲究玩，逐步培育了一整套玩的文化，这其中的代表人物就是唐明皇。后来戏曲界梨园行把唐明皇视为梨园行的祖宗。正因为天宝时期是中国历史上经济最发达、文化最灿烂、市场经济发育开始的时期，所以皇上才能够有足够的精力，也有足够的文化基础来研究玩。

宋朝的开端还不太具有休闲特征。宋太祖是个打天下的人物，但是宋太祖有一个非常突出的政治特点，那就是整个国家以文治为主，他担心地方诸侯权力太大会影响中央的集权，就以"杯酒释兵权"的方式，解除了武将的权力。之后制定了一系列的制度制约地方官，尤其是制约地方的武人。宋朝，尤其是北宋后期，文化一直非常兴旺，文人是最有地位的。现在来看，中国文化最高峰的时期，实际上就是宋朝，唐宋八大家，六个都是宋朝的，包括出了一批大诗人、大词人、大文人。比如王安石，他虽是政治上的改革者，但真正在历史上能留下来的是他的文化影响。最极端的代表人物是宋徽宗。

宋徽宗作为皇帝是极不称职的，但是作为一个文化人，他也是中国历史的一个高峰，是诗书画全才，尤其是他培育了一套精致的文化体系，并使之达到了高峰。这种文化体系集中展现在《清明上河图》所描绘的景象中。仔细看看《清明上河图》，就会发现那里所展示的闲暇生活、商业气息、市井文化达到了很高的水平，在中国历史上可以说是空前的。

（2）明朝末年

明朝非常独特，因为从制度上来说，明朝是封建制度里最差的一个时期，但那个时期有一个非常突出的特点，即到了明朝末期，皇帝都"罢工"。黄仁宇的《万历十五年》对这种现象作了非常深刻的剖析。在传统的专制体系下，一切都是礼制，非礼勿动，非礼勿听，非礼勿视，非礼勿行，这种礼制不但制约了老百姓，制约了官宦，同时也制约了皇帝。皇上每天要出早朝，不出不行，不听政也不行。因此造成一个结果，明朝末期的皇帝都不想干这个活，全面怠工。比如，明朝的正德、嘉靖、万历皇帝都有不上朝的经历，万历皇帝更是28年不上朝。到后来形成朝中之官三分之一空缺，没有人任命的情况。按说官本位社会，官位空出来，大家应该削尖了脑袋去当官，居然没有人任命，官干什么事不知道，到底有多少官也不知道，整个行政系统处于半瘫痪的状态。这种半瘫痪的状态产生了一个好处，市场经济开始发育，到明朝末年，市场经济的发育可以说非常完善的，这就是这么多年来所说的资本主义萌芽，其实这只是市场经济发育，并不是资本主义萌芽。

资本主义首先有一套完善的制度体系，核心是要有一套法律体系，这些中国都没有。市场经济发育，在发育的过程中，市井文化、市民的休闲达到了高潮。这种高潮比较典型的是《闲情偶寄》一书。这本书是明朝末年文人李渔写的。书中描述当时人生活的那种精致不可想象。比如养花，什么花怎么养，说得详详细细，花样百出。人没这个闲心，不会做这个闲事，也不会研究这种闲学问，这说明，在那个时期中国的整个经济是比较发达的，培育了这么一个阶层；而且更重要的是，市场经济的发育，培育出了一个市民阶层。这个市民阶层的产生，对闲暇的需求也达到了历史上空前的程度，使得闲暇生活和一些闲暇的娱乐，包括各种戏剧娱乐都达到了空前的程度。在明末，市民的生活很轻松，也有生活乐趣，这些甚至从明末的瓷器制作上体现出来了。明末的瓷器变得非常精细，日本很多瓷器就是学习明末的。这个时期虽然没有产生更多的休闲思想，但产生了不少新的休闲方式、花样，甚至可以说，我们现在玩的花样还不及古人，尤其是玩不过明朝时期的人，顶多玩点新的花样，如网络之类。

4. 全面专制：清朝时的官宦休闲

清朝以来是封建专制最完备的时期，达到了全面的专制时期。这个时期培育了一套官宦的休闲体系，这套官宦的休闲体系很重要的一个因素是八旗制度。满清入关以后，要犒劳这些有功之臣，就形成了八旗制度。这些八旗子弟没别的事，一天到晚就是吃喝玩乐。这种吃喝玩乐也达到了一种极致，有的人生下来就是为了吃喝玩乐，这一辈子比的就是吃喝玩乐；而且那时候玩的细到没有不玩的东西，没有玩不出花样的东西。一些老北京很讲究，即使家徒四壁，早餐只能喝点稀饭，也要摆八个碟子，这个碟子里两根咸菜，那个碟子里一头蒜，就这么摆着，要的是这个谱，这是大爷。这套文化现在基本看不到了，同样的道理，官宦有财力，八旗子弟有时间，也把闲暇文化推到了一种极致。

有些八旗子弟也玩出大家来了，比如王世襄先生那真是大家，不能不服。王先生学贯中西，做了一辈子学问，最出名的就是玩，号称"京城第一玩家"。王先生民国时期在燕京大学国文系读书，从小学开始就不正经读书，一直读到大学还不正经读，上大学的时候提笼架鸟，一般的人家不玩，而是熬鹰、抓獾，玩这些东西玩得兴高采烈。直到大学二年级了，他父亲去世了，突然一下从一个世家子弟，感觉家里没支撑了，才调过头来好好学习。因为他聪明，只要学一学，马上就出类拔萃。他的《锦灰堆》和《锦灰二堆》，专门讲玩的东西，涉及家具、漆器、竹刻、工艺、则例、书画、雕塑、乐舞、忆往、游艺、饮食等诸多方面。书里有一些故事说得很好。第二次世界大战以后王先生到美国去做访问学者，碰到老舍先生，因为他很会做饭，就请老舍先生吃饭。请老舍这样的大学者吃饭要好好准备，就准备了四个菜，准备得非常精致，老舍先生来了，他把菜做好端上了桌，本来想炫耀一下，给老舍先生好好讲一下这菜怎么做的，结果上了桌就聊起了抓獾的事。老舍先生听得十分兴奋，说我听过很多，但是没有碰到抓过獾的人。这一餐饭都在给老舍先生讲怎么抓獾，最后问老舍先生我这菜做得怎么样，老舍先生说都吃什么了，我忘了。

王老先生喜欢做饭，天天骑着自行车穿一身旧衣服在菜市场买菜，买完了回来自己做。他说这是享受，吃别人做的饭不如吃自己做的香。老爷子一辈子即使在"文革"最困难的时候，家都抄了，还是照样。王老先生在圈内被称为"烹调圣手"，为大美食家汪曾祺先生所推崇。王先生还是收藏大家，以明式家具收藏在全世界著名，出了一本《明式家具珍赏》，所有玩家具的人都把这本书当作教科书来读。最后王先生把自己收藏的 79 件家具都捐给了上海博物馆。如果按照市价来说，这 79 件家具值一两个亿。有一次报道王先生拍卖了一把古琴，唐朝的琴500万元。王老先生说，收藏这么多东西没用，就是喜好，玩就是生活，而且越这么玩，觉得生活越有趣味。这样的人高山仰止，你觉得可望可亲，但你永远做不到。

五、中国休闲思想的特点

1. 文人心态、隐喻文化、闲情偶寄

说到底，中国休闲的发展过程和休闲思想的发展过程，是文人的心态、隐喻的文化、闲情偶寄构成，始终在出世和入世之间。出世的时候开玩，就是闲暇，追求这种闲暇文化；入世的时候能干什么就干什么。有两句话：一句话是"因过竹院逢僧话，偷得浮生半日闲"（李涉），这是在入世的时候保留这样一种心态；另一句话是"闲来垂钓碧溪上，忽复乘舟梦日边"（李白），说起来他闲，实际上他老琢磨着当官，这个梦日边不是到太阳边上，而是到了天子的旁边，是一个隐喻。

2. 文人追求、人文现象

在出世与入世之间，构成了中国闲暇文化的一个独特的境界，说到底是一种文人的追求，也是一种人文的现象。如果对应一下西方文化，西方是哲学的思考和精神的追求，中国是人文的追求，人文的现象，这也和中国科举制度的实施有关。因为科举制度就意味着所有的文人终生只有一个目标，那就是当官，当不了官来做文人，当官的时候要偷得浮生半日闲，做不了官时闲来无事碧溪上，基本上是在出世和入世的边缘游荡。

3. 贬义的普遍化

在中国的文化里，尤其是在语言里，闲都是贬义。比如，游手好闲、无事生非、闲言碎语、操闲心、说闲话、办闲事，只要沾上闲字，肯定多是贬义词。这大概也是中国文化二元性的一种表现，这些事可以做，不能说。比如，还有一种独特现象，即从魏晋以来形成的名士现象。名士现象也是这样，当官当不成了，在社会上特立独行。比如，南宋时期，狎妓侑酒，这是正常现象，文人普遍嫖娼，大吃大喝，花天酒地，大家觉得这是名士。可真正落到文化上、落到语言上都是贬义，这是一种非常独特的文化，是文化的剥裂，还是一种文化的二元现象。到现在为止，贬义的普遍化在社会里仍然普遍存在。

六、休闲理论的分析

（一）理论的对应

所谓理论的对应，是指现实状态发展到一个什么程度，需要理论来加以说明。不论是哪个阶段，休闲理论也好，休闲思想也好，还是休闲文化也好，都是现实世界的直接的反映。

1. 余暇的产生：宗教、教育、文化、政治、军事

我们习惯的说法是由于生产力的发展，人类产生了闲暇时间。实际上这个观点是一个似是而非的观点。很多学者对于古代社会的研究发现，古人真正为了生存而花费的时间大体上一天四个小时，而不是我们所说的古代人生产力水平很低下，一天到晚都是为了谋生。比如非洲人。相应来说非洲人活得比较容易，非洲的气候条件在那儿，饿了吃两根香蕉，有面包树砍一砍。没事就是玩，自然在休闲中容易形成文化的创造与积淀。非洲人在唱歌、舞蹈方面真是达到了高峰，而且所有的老百姓都如此。我们经常看到这样的现象，看非洲人的政治游行感觉是狂欢节，载歌载舞地进行政治宣泄。这样的文化传统的产生，很重要的一个原因是余暇的产生，有了余暇就有了休闲方面的东西，而不完全是生产力的问题。

英国历史学家汤因比最重要的著作是《历史研究》。该书一共 12 卷，其核心观点，一是自古以来人类一共产生了 21 种成熟的文明，这 21 种文明现在基本上都消亡了，能够存续下来的，始终具有连续性的，只有中国文明；二是任何一种文明的产生，都是刺激和反应的结果。他分析消亡最快的文明是物质条件最好的文明，真正能够留下来的是温带或者寒温带的文明。如果绝对的寒带，文明无法发育；绝对的热带生活条件太好，文明也无法发育。在寒温带和温带，由于气候变化很多，对于人的这种刺激很大，人类就需要反应，反应就需要一系列的组织、制度，需要一系列文明延续。

余暇的产生也是如此，产生的原因大抵涉及以下几个方面：

一是宗教。这也是从亚里士多德直到《闲暇——文化的基础》的作者约瑟夫·皮珀，始终一以贯之的观点。宗教是文明最重要的因素，是闲暇文化最重要的因素，当然他们的论证很多，就不用多解释。

二是教育。社会发展到一定程度才需要教育，需要教育就需要一批专业的工作者，这些工作者一定要有余暇。从词源学上看，英文里 school（学校），这个词是从古希腊文 shule（闲暇）派生出来的。

第三是文化。闲暇是文化产生的基础，文化又是闲暇的一种推动的力量，两者是互动的关系。

四是政治。专业的政治形成了一批专业的政治家，也形成了一个政治阶层，在这个阶层里培育了一套独特的闲暇文化体系。

五是军事。军人也是这样，不直接从事生产，他们自身有闲暇，因此也培育了闲暇文化。

可以看出来，我们所说的生产力的发展创造了闲暇，产生了闲暇文化，实际上并不是这样。但基础还是生产力的发展。比如，在整个历史发展的过程之中，最没有闲暇的时代是工业化早期和工业化中期，这个时期走的是血汗之路。按说这一时期社会生产力大大地发展起来了，可恰恰在这个时期，整个社会没有闲暇。这一点在恩格斯的《英国工人阶级状况》、马克思的《共产党宣言》等著作中都可以看出来，马克思、恩格斯所处的时代是整个社会压力最大的时代，也是最没有闲暇的时代。如果用马克思主义的语言来说，一个叫经济基础，一个叫上层建筑，闲暇都是从上层建筑产生的，经济基础决定上层建筑，所以在这一点上并不尽然。

2. 个别休闲、有闲阶级、大众休闲

社会的发展从个别休闲，逐步发展成一个有闲阶级。有闲阶级在西方是随着工业化的产生而产生的，在工业化之前西方的有闲阶级很可怜。中国不同，中国的有闲阶级是从魏晋时期开始的，而且社会始终有这么一批以文人为主导的、以官宦为时尚的、以市井文化为依托的有闲阶级，有这样一套闲暇文化。现代发展到大众休闲，大众休闲的发展基本上是从"二战"以后开始的。后来随着工业化中期的结束，社会进入到工业化后期和后工业化时期，大众休闲需求才普遍产生。

3. 有闲阶级：尊贵性、炫耀性

在西方，有闲阶级追求的是尊贵性和炫耀性。用中国的话说就是，劳心者治人，劳力者治于人。劳心者在治人的同时，同样也要提高自己的生活水平，提高自己的生活质量。

西方的尊贵性和炫耀性能够达到的程度，如法国国王路易十五，他的一行一动都必须有专门的仆人搀着，他自己是不能动的，他自己主动动叫失了身份，甚至到比如站起来有一个人搀，走路换另外一个人搀，甚至去马桶也要有人搀着去。这是达到一种极致，为了尊贵和炫耀。

实际上，那时有闲阶级的很多消费都是很麻烦很不舒服的，比如，中世纪的贵族妇女要穿着用鲸鱼骨头撑起来的大裙子。这种大裙子日常状态根本没有办法生活，为什么要自找麻烦，因为这样可以向社会表示自己有闲，而那时候谁有闲无闲是社会地位的一种标志。再比如，高跟鞋流行于意大利，大约在 16 世纪末成为贵族的时尚。高跟鞋也是一种有闲阶级的特殊的消费方式，就是为了突显女性的尊贵和炫耀，炫耀女性的地位。因为穿上高跟鞋后是无法走快的，这就要求穿着者生活舒适安逸，可以有充足的时间富有情趣地轻移缓步，而不会因为某种原因而需匆匆行走。

这种炫耀在中国的表现也有。比如，十几年以前，北京两个大款斗富，喝路易十三，一瓶酒 1.3 万块钱。开始的时候一人喝一瓶，发展到喝一瓶算什么，摔一瓶，最后这人一瓶酒摔在地上，那个人也一瓶酒摔在地上，两个人摔了 7 瓶酒，摔酒摔了十几万元，异曲同工，这就是炫耀性的消费，但已经畸形。

（二）理论的创新

理论的创新是对现实的指导，对未来的前瞻，实际上是对传统思维的一种颠覆，甚至是一种反叛。这样的理论创新，在最近二三十年，在休闲的思想界、理论界体现得非常突出，但从中国来看，现在还远远不足。

1. 生产者伦理、新教伦理

在西方工业化早期和中期，其统治性的理论是生产者伦理，也是新教伦理。这充分体现在马克斯·韦伯《新教伦理与资本主义精神》一书中。该书提倡的是克勤、克俭、清心寡欲、积累财富，谋求进一步的发展。这样的视获取财富为上帝使命的新教精神，就演变成了一个工作至上的伦理。工作伦理是第一位的，是统治性的，休闲伦理好像是不能谈的。这种伦理在西方统治了 200 年，最近 50 年，这一套伦理开始调整、开始打破。现在西方世界（或者称"市场经济发达国家"），这一点已经从根本上颠倒过来了。

2. 工作至上导致集权

从中国来说，现在基本上还是工作伦理至上，休闲伦理依然没有其应有的地位。两者之间如何取舍和权衡实际上反映的是社会价值取向的问题，反映出这个社会到底在追求什么。休闲的地位高低可以反映一个社会的文化价值，可以折射出这个社会是不是在为增长而增长。我们现在批判一切为了 GDP 的增长的做法，但批判归批判，为了增长而增长的现象依然常见。这种增长至上的哲学是一种癌症的哲学、癌细胞的哲学，是对正常轨道的叛变，如同癌细胞是对正常细胞的"叛变"一样。癌细胞就是为增长而增长，没有目的，但它最终把人给毁掉了，把自己赖以生存的载体毁掉了。如果整个社会都是为增长而增长，就意味着这个社会得了癌症。同样作为个人来说，如果只是为工作而工作，为忙而忙，也有问题。实际上，有些人为忙而忙是在体现自己的身份，觉得自己所做的工作非常重要。这是整个社会伦理以工作至上为主导情境下的畸形现象。

3. 工作伦理、休闲伦理、价值伦理

约瑟夫·皮珀有一句非常经典的论断：工作至上导致集权。一个社会的集权体制必须有它的因素，这个因素就是工作至上。当然可以演化出很多东西来，牺牲个人利益，服务集体利益，舍小家为大家，大河不满小河干等，可以演变成很多顺口溜，演变出很多符号，但本质上的伦理都是工作至上伦理。工作至上的伦理必然导致集体至上、国家至上，导致个人没有位势，导致可以藐视个人，可以侵犯个人。这个过程我们已经经历过，在一定意义上现在还在经历。

4. 垂直关系、延伸关系，而非冲突关系

多年形成一个非此即彼的思维习惯，所谓非黑即白，好像就没有一个中间状态。一说休闲就觉得这个人好吃懒做，游手好闲。实际上，工作和休闲所形成的价值不是相互冲突的关系，而是一个垂直的关系、延伸的关系，甚至要超越这种垂直和延伸的关系。比如，我们一个习惯的思路是，除了工作时间就是休闲时间。其实，工作时间以外是空闲时间，主动性的空闲时间才叫休闲时间，自由的闲暇时间才叫真正的休闲。可是在很多理论中，并没有意识不到这一点。因此也就意味着理论的创新并不是一个简单问题，而是一个系统工程，只有一系列环节都进行了创新，最终的理论创新才有可能。

5. 非主流、潜主流

基于传统的观念，常可以观察到以下这些现象：孩子玩一玩家长就不干了，你玩将来怎么上大学呀；上了大学说玩一玩老师不干了，你再玩你将来怎么找工作呀；工作了玩一玩单位领导不干了，你这么玩这工作能干好吗？结果一直到老死也不会玩，甚至觉得玩是一种耻辱，玩是一种不道德。如果说整个社会都是这么一个统一性的观念，那试问，工作的目的到底是为了什么呢。诸如此类的问题说明，整个的社会的心态，包括意识形态，都需要变革和创新，都需要从理论上率先突破。这种理论的创新很大程度上要通过休闲来体现，尽管我们离休闲时代还有很长的路要走，我们还没有达到美国那样的经济发展水平，但关键是看我们怎么处理这些事情，看社会究竟应该形成什么样的价值伦理。

第二节　休闲的概念

一、休闲：无处不在、无时不在

在任何地方都可以谋求一种休闲，而不是只有拿出整块的时间去度假才叫休闲。国外有一个概念叫作分钟假期，比如回到家里，在阳台上看看天，看5分钟，看着很舒服，这5分钟就有一种非常愉悦的状态，这体现了休闲其实可以无处不在、无时不在。

休闲更重要的是一种状态，而不是说必须要专门休假来休闲。休闲应该是一种随意、从容的状态。[①] 现在也有人在探讨工作能不能成为休闲，比如很多自由职业者。自由职业者的工作状态一定意义上也是一种休闲状态，或者说他在休闲的时候可能也有一段时间是工作状态。比如，在电脑旁边想写点东西，可能觉得脑子里空了，空了就不写了，出去走走，走着走着词就蹦出来了，赶紧回去接着写。往往人最好的创造期恰恰是在休闲状态，很多专家研究的突破和转折恰恰是在休闲状态产生的，脑子一直紧绷着，反而不行。

休闲是喜欢做的事，而不是必须做的事。休闲是高兴的，而不是沉重的；是发散的，而不是内敛的；是自由的，而不是被迫的。

二、自由时间、特别活动、特殊体验

自由时间[②] 可分为两种：一是在时间形态里可以剥离出来的自由时间，如

---

① 戈比指出，拥有闲暇是人类最古老的梦想——从无休止的劳作中摆脱出来；随心所欲，以欣然之态做心爱之事；于各种社会境遇随遇而安；独立于自然以及他人的束缚；以优雅的姿态，自由自在地生存。西方社会有一个共同的理想，就是以自己的方式生活，做自己想做的事。毋庸置疑，这也是你个人的愿望。[杰弗瑞·戈比.《你生命中的休闲》. 云南人民出版社2000年，第1页.]

② 凯普兰（Kaplan, 1960）指出，如果把休闲定义为"自由时间"，我们的社会中就存在四种不同形态的自由时间："富有者持久而自愿的闲暇，失业者临时而无奈的空闲，雇员们定期而自愿的休假和伤残者长期的休养，以及老年人自愿的退休。" [杰弗瑞·戈比.《你生命中的休闲》. 云南人民出版社2000年，第5页.]

下班了就有自由了，或者是休假了等；二是在时间里保持自由的精神状态。

休闲总要有一个物化体现，这种体现是特别活动。超越了日常生活才叫休闲，休闲就需要有一些特别的活动，并通过这些特别的活动来形成特殊的体验。这种特殊的体验丰富了生活，丰富了精神，并会对下一步的生活起到更大的作用。

常言道："不会休息就不会工作，为了更好地工作要更好地休息。"这话其实还是没脱离工作至上的伦理。自己想休息休息，还要给自己找一个心理安慰，有这个必要吗？想玩还要找出一个说辞来，还要找一个借口来。自己放个假还需要借口，这是从小受的教育教育出来的。如果不能够摆脱出来，也就意味着在精神上仍处于一种奴化状态，即便在现实生活中可能是一种自由状态。这可以说是一种悲哀。

三、社会流行语言

近些年来，大家谈休闲开始多起来了，休闲甚至变成了一个社会流行语，到哪儿都可见标称休闲的牌子。比如，在机场可以看到休闲中心，内可足浴、按摩、喝茶、喝咖啡。食品中有休闲食品、服装中有休闲服装，甚至街头算命先生也赶了休闲的时髦。比如，四川雅安的上里古镇，有一个算命先生打着"休闲人生预测"的幌子。有个领带生产商觉得休闲这个词很时髦，就想创造一个休闲领带的概念。可是休闲了却还像在职场上在工作时一样戴领带不觉得别扭吗，就像英国媒体嘲笑卸任后的前英国首相布朗在度假时还穿西装一样，有点不协调。但这个领带生产商的举动从一个侧面反映了休闲的广泛流行。

四、休闲概念的泛化和窄化

由于休闲现象的发展，形成了以下两个现象。

一是休闲概念的泛化，一切都和休闲连在一起。这种泛化现象反映出两种情况：第一，休闲的领域非常宽，休闲的现象是一个非常复杂的现象，涉及生活的方方面面。第二，休闲变成了一种时尚，但需要研究为什么休闲变成了一种时尚。客观地来说，中国现在处在工业社会所描述的工业化的中期或早中期，按理在这个时期休闲不应该变成时尚；而之所以会变成时尚的原因主要是因为上层，这个上层不是政治的上层，而是整个生活的上层。奈斯比特在《大趋势》里讲过一句话，"时尚是自上而下的，趋势是自下而上的"，这话说得十分经典。现在一定意义上谁有闲暇时间，谁能够有比较多的休闲的方式，就意味着谁有真正的地位，否则你就是工作的奴隶、房子的奴隶、汽车的奴隶、服装的奴隶等。你是生活的奴隶，而不是生活的主人，也就是说，真正的休闲对现在的社会来说还是短缺的。短缺的东西一定升值。

另一个现象是休闲概念的窄化。现在一说休闲，就会联想到咖啡厅、酒吧、洗脚屋之类的具体项目，就局限于城市休闲的一个小范围，而正如前文所述，休闲是一种体验。比如，比较典型的休闲是一个过程化的体验。在成都的大排档一坐，马上就有人过来给你穿一双拖鞋，把你的鞋拿去；接着又有一个人过来唱小曲，给你一个歌单，有唱的，有演奏的，有吹萨克斯的，有拉小提琴的；然后冰镇啤酒上来，烤肉上来；最绝的是又过来一个人跟你掏耳朵，这一番弄完了觉得确实是享受，觉得这才真是叫休闲。

无论是泛化还是窄化都不准确。实际上这反映了大家缺乏对休闲的真正认识，缺乏对休闲的理论的探索，这才是根本性的问题。比如，大家很习惯说旅游休闲，或休闲旅游。可这么说其实不准确，这个词在理论上是错的。旅游休闲是把休闲说小了，休闲旅游是把休闲和旅游并列了，从概念上都错了。类似的问题还有不少，这就意味着一些基本问题必须要研究，为休闲学科的建设打基础。

五、闲暇时间与对应方式

休闲，一包括闲暇时间，这个闲暇时间是可自由支配的闲暇时间；二包括对应方式，"休"就是对"闲"的消费方式。从民生角度，生产力的发展和社会的进步最终是创造了更多的闲暇时间和多样化的方式。社会在生产大量物质产品的同时，也在生产另外一种特殊的产品，就是闲暇时间，尤其是随着现代工业的发展和现代产业结构的转换，闲暇时间已经比以前有了一个翻天覆地的变化。闲暇时间现在已经形成了一个多样化的对应方式。

六、关于休闲的定义

本书认为，休闲即人们对闲暇时间的多样化安排。当然，不同的人从不同的角度来定义，形成了许多不同的休闲概念。各类书里关于休闲的定义大概有几百种，各有各的道理。这些定义有些采取归纳法、有些采用描述法、有些则采用引申法。这里把"休"和"闲"加在一起，反映了一种社会文明的进步。

在诸多休闲定义中，学界认同度比较高的是杰弗瑞·戈比的定义。他认为，"休闲是从文化环境和物质环境的外在压力中解脱出来的一种相对自由的生活，它使个体能够以自己所喜爱的、本能地感到有价值的方式，在内心之爱的驱动下行动，并为信仰提供一个基础"。① 这不是一个经济学的定义，主要是社会学和文化学角度的定义，尤其定义中提到的"为信仰提供一个基础"在西方的文化里非常重要，因为宗教生活在西方人的生活里是一个不可或缺的要素。

关于休闲的另一个说法是，"以欣然之态，做心爱之事"。但这容易混淆工作与休闲之间的界限。因为休闲涉及的面太宽，从社会学、文化学、哲学、心理学等任何一个角度都能形成相应定义，从而形成休闲的定义域，同时可以辅以描述法来加以定义。

第三节 休闲产业

一、定义

有人将休闲产业界定为"满足人们各种休闲需求的多种业态的集合"。尽管这种定义也没什么不对，方式也对，但它基本上是一个循环定义的方式。循环定义的方式就是用定义来解释名词，再用名词来解释定义，你自己绕在这个套里反而出不来了。所谓休闲产业，是指满足人们对闲暇时间的多样化安排，并促进最佳配置的供给体系。

在这个概念中，包含了休闲的三个核心要素：时间、方式、活动。② 有没有可自由支配的时间、有没有多样化的方式、有没有共参与的多元化的活动

---

① 杰弗瑞·戈比.《你生命中的休闲》.云南人民出版社 2000 年，第 14 页.
② 戈比指出，随着社会组织的变迁，现在"休闲"的概念又有了新的内容，经济学家想要把休闲所花费的时间（free time）、金钱和消费动机纳入一个巨大而又合理的函数之中；同时，各类职业化的"休闲"产业的出现，也对"休闲"的观念构成影响（Meyersohn, 1958）。要是把有关休闲的种种定义归归类，就会发现它们出现在四种基本语境之中，分别是：时间（time）、活动（activity）、存在方式（state of existence）和心态（state of mind）。[杰弗瑞·戈比.《你生命中的休闲》.云南人民出版社 2000 年，第 3-4 页.]

是判断休闲产业的重要标志。如果从休闲的内在追求来说，也包括三个核心要素：心态、体验、自由。第一心态，以什么样的心态去休闲；第二体验，在休闲的活动过程中得到了什么样的体验；第三自由，只有在休闲的过程中感觉到完全的解脱，才是一个自由人，这才是休闲的一个体制。

二、休闲产业的体系框架

（一）主体产业

休闲产业的三个支柱是旅游产业、文化休闲业、体育休闲业。这其中每个产业都可以分解出很多产业来，在这三个产业之外也还有一些子产业。当然，支柱的概念在不同的国家有不同的侧重点，有不同的表现方式。

（二）延伸产业

休闲产业的延伸产业包括休闲农业、休闲商业、邮轮游艇业、休闲房地产业。这四个延伸产业，既是休闲需求的延伸，本身也是直接消费的产品。

（三）支撑产业

休闲产业中的支撑产业大致也包括四个方面。一是休闲信息业。休闲信息业是指为休闲者提供有关休闲信息，进行相关信息咨询和休闲活动策划来服务于休闲消费者的经营性行业，包括广播电视媒体、平面媒体、网络媒体、咨询、科研和教育等相关内容。休闲需求的增加和休闲消费能力的增强必然会引起各种媒体以及咨询服务、科研和教育等对休闲的关注，以经济利益为诉求而将产品与服务延伸到休闲领域来，从而促进休闲信息产业的形成和发展。二是休闲中介业，以传统的旅行社为起步，新兴业态不断产生。三是交通业，其中主体是交通对休闲的支撑，也涉及作为产品的休闲交通。四是休闲工业，是为全面满足休闲需求和中间需求而形成的制造业体系。

三、休闲产业的影响

第一，社会影响。休闲的社会影响就目前来看远远大于它的经济影响，或者说在市场经济发达国家，大家更看重的是休闲的社会影响，这也可以解释一下为什么休闲经济，包括休闲经济学学科建设，在市场经济发达国家并不突出，大家更看重的是社会影响。从政府的角度来说，更看重的是通过休闲提高市民的生活质量，保持社会的安定。

第二，经济影响。现在经济影响越来越突出，即使是对于发达国家来说，现在对于经济影响的看重也更多了。

第三，文化影响。随着经济全球化，休闲也有一个全球化的趋势，只不过这种全球化的趋势表现的是更加多种多样，应该说是差异化。因为这样才更能对应特殊活动、特殊心态、特殊时间。

第四节 休闲经济的研究思路

一、休闲经济的理论框架

休闲经济的研究需要多学科交叉、多维度认识、多方法并用，也需要研究生产什么、生产多少、如何生产等资源配置的问题，需要研究供给与需求的问题，需要研究生产、交换、分配、消费等问题。

从经济学的角度来说，研究的基本问题是生产什么、生产多少、怎样生产。休闲产业同样也涉及这些问题。生产什么样的休闲产品、生产多少休闲产品、怎么样生产休闲产品，这都是必须要研究的问题。只不过，不像工业门类那样有比较清楚的边界，休闲基本上是没有边界的，涉及生活的方方面面。这一点与旅游很相像。多年来大家都觉得研究旅游统计问题是一个难题，而其中重要原因也是因为大家始终没有把旅游的边界问题搞清楚；如果不能确定旅游的边界，那就谈不上旅游统计的科学性问题。

从理论上来说，经济的问题就是总供给等于总需求，需要一个均衡，但在现实中永远不可能均衡，而是一个消长互动的关系。因此，理论上的均衡不等于现实，现实中的不均衡也不等于理论不成立。在休闲经济的研究方面，也需要这样来研究。

首先要研究需求。需求有些东西可以量化，有些东西很难量化，但对应需求一定会形成供给体系。客观地来看，世界的休闲产业体系已经形成，表现为发达国家比较完善，发展中国家正在兴起。中国休闲体系正在形成过程中。不需要政府动员，有需求就会有供给。在十年以前，大体上半年之内全国的洗脚屋都出来了，并不是因为在半年之内中国人的脚都突然值钱了值得重视了，而是那个时候已经是一个日常休闲的需求爆炸性增长的临界点。

从这个角度来看，消长互动是一个必然的过程。有可能有一段时期休闲需求的增长非常迅猛，引发了供给的加速度发展。之后形成供过于求的状况，再进一步需求会自然成长消化相应的供给，从而形成互动过程之中的消长变化。如果我们过于追求理想，想要达到均衡，其结果往往是短缺，多少年来的发展历史就是这样。常常是觉得某个方面过剩了，要严格控制，而严格控制的时候肯定是短缺，就像现在调房价一样。越是压缩房价可能导致房价越涨越高。这种现象也一定会体现在休闲产业上。只不过休闲产业有它自身的特点，比如企业规模都比较小，非常分散。如果我们把特大型的企业叫顶天立地的企业，中小型企业叫铺天盖地的企业。那么，现在休闲产业的发展状况基本上叫做铺天盖地，还没有见到多少顶天立地的，有的正在发育发展过程中。

生产—交换—分配—消费，这是马克思的经典理论。这个经典理论在休闲经济学领域同样使用，这是整个国民经济运行的链条，也是每一个人生活过程中一个经济方面的链条。一方面需要生产闲暇时间，另一方面需要生产满足闲暇时间的产业体系。

供求之间需要对应，这个对应要通过交换来实现，交换的速度越快，交换的信息沟通得越好，交换的效应就越高，交易成本就越低。相反，不能流通的信息就没有效应，就是死信息。

分配既涉及收入的分配问题，又涉及时间的分配问题。现在从分配的角度来说，收入的分配是非常不均衡的。中国现在已经成为世界上贫富差距最大的国家之一。在时间的分配上则存在一个逆向现象，也就是说，富人没有时间花钱，穷人有时间花不起钱。穷人有大把的时间，但大把的时间不是我们所说的休闲的概念。这种时间其实是一种被动的时间，没有主动性，更谈不上自由。说起来有时间，可实际上这点时间一天到晚全花在找工作上了，一点都不闲。或者说老头、老太太退休在家里，按说应该有时间了，但还要带孙子，也不闲。空闲时间不等于休闲时间。在收入分配上的不均衡，在时间分配上也不均衡，这就是现在的状况。

近年来，休闲消费的大众化趋势产生了，尤其是在城市。但总体来看消费还不足，从结构上看，休闲的各个方面都存在消费不足问题。

二、新兴的产业需要新兴的理论支撑

1. 中国研究成果、研究机构、现实对应

从理论上来说，尤其是从经济学理论上来说，我们需要研究一系列的问题。再进一步说，不但要构建理论，更要推动市场的发展。通过市场的发育，推动产业的发展，进一步促进社会的进步。因此，不仅需要理论，也需要实证。从现在来看，实证性的要求更高。这样的理论不是仅仅构建理论，靠理论自身的逻辑来完善自己，来完善这个学科，更重要的是这个理论在实证方面能不能起到作用。

国际上的研究成果对于实践的推动作用已经陆续产生了，中国研究的结果现在也已经产生了一批，但是还不足。近年来，国内的研究成果散见于各种报刊上学术研究论文，成体系的有于光远先生的《论普遍有闲的社会》。这是一本文集。同时出版的一套都是小册子性质的，这套书都不错，但是理论方面空了一些，实证方面研究不足。于光远先生自己也说这套书实证研究不足。

还有一些有关的研究著作，比如东北财经大学出版社出了一本《基础休闲学》，新华出版社出了一本《休闲经济》，2005年中国社会科学文献出版社出了一本《中国休闲经济》。从著作来说，距离实践还有很大的不足。

从研究机构角度看，已经形成了一批研究休闲的机构，中国人民大学成立了休闲经济研究中心；中国社会科学院旅游研究中心原来叫旅游研究室，现在叫旅游休闲研究室；浙江大学专门成立了亚太休闲旅游研究教育中心。相应的学术研究机构也已经建立起来了，但作用还没有完全发挥出来，都是刚刚开始搞。

从实证研究结果来说，主要成果如下：由福特基金会资助的"中国大城市居民休闲生活质量及社会问题研究"项目的研究成果、哈尔滨工业大学王雅林教授主编的《城市休闲——上海、天津、哈尔滨城市居民时间分配的考察》，中国人民大学休闲研究中心王琪延教授的《中国人生活时间分配研究》。

2. 发展的三个阶段

第一阶段，翻译引进阶段。现在已经有了一些良好的开端，有些书正在翻译引进，包括很多国外的学术著作，但是国外学者更多从社会层面、哲学层面展开研究，从休闲经济方面进行的研究并不是很普遍。另外，在国内召开了一系列休闲论坛，基本上每年都有论坛，而且很多还是国际论坛，经常请一些国际的休闲专家与会。从国际交流的角度而言，翻译引进的工作是一项需要长期持续的工作。

第二阶段，跟踪实践阶段。理论源自实践，又反过来指导实践。这几年，国内研究界比较注重对休闲发展实践的跟踪研究，但总体而言，跟踪实践的深度和频度还是有欠缺，对实践的理论提炼也还有所不足。相对而言，笔者对休闲项目的接触还多一些。笔者一年二百多天在外边跑，大概要看四五百个景点，这两年关于休闲方面的项目接触过很多，而且也给一些休闲项目做咨询。这就像当年刚开始搞旅游一样，空白学科、新兴领域，很需要新兴的理论来支撑。

第三阶段，总结提高阶段。应该说，这一步现在还没有来临，但相信随着休闲产业的迅猛发展，这个阶段很快就会来临。

三、理论需要创新和发展

从新世纪的新要求来说，理论需要创新和发展，不仅是实践的需要，就理论自身来说也需要创新和发展。这其中尤以休闲经济的研究最为薄弱，远不及休闲社会学、休闲文化学等方面研究成果来的精彩、充足。

就现在来看，休闲经济学的产生已经具备了以下三个条件：

首先，是发展模式和类型的多样化。

现在国内已经产生大量的休闲项目，有些休闲项目自身的发展很具特色和创新意义，这就给休闲经济研究提供了一个很重要的资源。通过对多种模式和多种类型的归纳总结提高，自身就可以创造出一些理论来。比较典型的是以华侨城为代表的休闲发展模式。进一步将其细分为三种子模式：第一是华侨城模式，可以简称为用地模式，即旅游加地产模式，把土地资源的利用最大化；第二是港中旅的海泉湾模式，可以简称为造地模式，即通过海滨滩涂造地，一步到位，直接建设旅游小镇；第三是西安曲江新区模式，可以简称为提地模式，即通过成片开发，项目运作，提升土地价值。

概括三种模式，可以简言为"A+B+C"模式。其中，A（Attraction）是吸引中心。作为吸引中心，成为发展的亮点，不仅吸引了游客，也吸引了政府。由于这样的项目需要大投入，市场也需要培育，所以有可能在直接经营上形成亏损局面。B（Business）是利润中心。产生利润的来源方式可以多样化，而目前的一般形式是配套房地产建设。C（Culture）是衍生发展。通过市场，聚集了人气；通过政策，聚集了商气；通过创意，聚集了文气，最终聚集了衍生产业的发展，而其核心是文化创意。

仔细分析华侨城的发展历史，可以发现其模式远非"旅游+地产"这么简单。的确，旅游的发展带动环境的改善，环境的改善提升了地产的价值，地产的增值又为旅游上市公司提供了利润。但是作为其中的源头——主题公园为什么能够发展呢？根源在文化！华侨城实际上是依托文化底蕴在办主题公园，以文化表演在活化主题公园。文化表演才是华侨城主题公园保持长久吸引力的重要原因。正是因为有了文化表演，华侨城的主题公园才能够在背景与前景、核心与外围之间进行自如腾挪、调整。现在的主题公园更像是一个文化表演的舞台，成了文化表演活动这个"前景""核心"的"背景""外围"。如果没有文化表演这种形式来活化静态的观赏空间，并且保持文化表演内容的持续创新，华侨城不可能成就今日主题公园之辉煌。

其次，是理论资源和思想资源。

现在理论资源和思想资源越来越丰富了，应该说学术界现在的关注点也越来越高。比如，近些年的《新华文摘》，摘登的关于休闲方面的文章有5篇左右，在历史上从来没有过。甚至还专门有休闲专栏，同时摘登了两篇文章，一篇是休闲美学的，一篇是休闲体育的。但《新华文摘》基本上还是把休闲放在文化类来看待的，还没有看到在经济类栏目中出现休闲的研究文章，但不管怎么说，可以肯定的是，与休闲相关的理论资源和思想资源现在已经越来越多。

最后，是现实的发展迫切需要理论的指导和升华。

休闲经济的发展风起云涌，休闲项目的建设异常迅猛，但没有理论指导的实践探索难免会走更多的弯路。如果学术研究者能够将更多研究的精力放在休闲领域，相信一定会创出广阔的新天地，开辟出研究的新领域。

当然，新兴的理论需要新兴的专家来推动。与经济学等成熟的学科及研究领域名家荟萃不同，对于休闲经济研究来说，没有前辈，现在谁从事了休闲研究、取得了成果，谁就是前辈，就像我国当年研究旅游一样。尽管休闲会涉及建筑、地理、文化等诸多方面，但建筑学的前辈、地理学的前辈并不等同于休闲研究的前辈，因为在休闲研究上大家几乎是同时起步的，产生新兴专家的可能性就更大些。新兴的专家对应新的生活体验、生活感受。比如，从2000年7月第一款网络游戏《万王之王》在中国内地燃起星星之火，到2001年7月盛大网络正式引进韩国网络游戏《传奇》形成燎原之势，中国的网络游戏产业得到迅猛发展。到2012年，我国的网络游戏市场规模已经达到601亿。网络游戏这个大产业毫无疑问也是休闲产业的重要组成部分，同时作为一个新兴的产业，也有利于新兴专家的产生。

四、客观要求

（一）宏观政策要求

自党的"十六大"以来，中央的治国方略发生了根本变化，提出了科学发展观，明确了以人为本的理念，开始着力调整持续多年的物质主义导向战略。更明确地说，就是开始从"国计"到"民生"的转变。目前还是传统的以"国计"为中心的概念，下一步就必然是"国计"与"民生"并重，再下一步则应当转变为"民生"就是"国计"。而休闲产业恰恰就是"民生"的重要组成部分，而且随着人们生活水平的提高，必将有越来越多的人走出家门加入到休闲消费行列中来，休闲产业的兴盛也日益成为社会发展、人民富足的重要象征。加之从重视"国计"向重视"民生"的转变、"国计"就是"民生"等战略思想的树立，休闲产业的地位必然会得到进一步提高，从而国家战略的转型将成为休闲产业发展的根本机遇。

在2006年杭州举办的世界休闲博览会上，时任副总理吴仪在休闲高层论坛上的重要发言可以说是中国休闲产业发展的宣言书，2006年也因此可以称为中国休闲元年。至于究竟应该怎么来更快更好地发展休闲，应该制定什么样的休闲发展政策来推动休闲的发展，各个部门并不清楚。有一种意见说，旅游还没干好，就没有必要再去干休闲；另一种意见则认为，应该往休闲领域发展，一定要跳出旅游发展旅游，一定要往休闲领域去发展，去开拓蓝海。当然，国家对于休闲产业发展的宏观政策需求，还需要转化为明确的政策要求。

（二）部门协调要求

从休闲的多元性角度看，必然会涉及各个部门发展休闲方面的协调问题。比如，未来文化部门发展文化休闲、体育部门发展体育休闲、林业部门发展林业休闲，如此等等，而各个部门各自为政显然不利于我国休闲的整体协调发展。将来在休闲的协调问题上会产生比旅游的协调还要复杂的局面。这就必须要有相应的理论支撑。如果没有相应的理论支撑，协调工作就做不下来，很自然，说不清楚就提不出要求。

（三）技术性要求

休闲的持续健康发展，要求有一系列的技术性规范和引导。比如，现在乡村旅游发展很快，未来一定会往乡村休闲上转型。可是究竟应该怎么发展乡村休闲，这是个问题。即便现在发展乡村旅游，也存在很多弊端，走了很多弯路。再比如，徒步、探险发展迅速，是不是也需要一个标准？通过标准化工作，形成一些技术性规范，推动、引导行业的发展。

（四）地方要求

现在很多地方都在打休闲这张牌，觉得发展旅游已经过时了，但实际上大家是在追一种时髦，多数人对休闲这个事情并没有完全看透，其实旅游依然是休闲非常重要的组成部分，而且是其中的支柱部分。当然也有看得比较清楚的，比如，从观光资源来说，广东绝不是第一流的，所以广东省并没有把发展观光旅游放在首要位置上，而是转而重视休闲的发展，因为广东省的休闲度假资源肯定是第一流的，这个定位就很清楚。广东有600多处温泉，现在已经开发出了60多个温泉度假村，也形成了一个温泉度假村的地方标准。

（五）项目要求

如果简单地用旅游经济理论来套休闲的发展，往往会发现不完全对应。就如同人穿衣服，有的时候觉得这个衣服小了，有的时候觉得这个衣服大了，反正怎么穿着都不合适。对于休闲而言，我们需要的不仅是借用旅游经济学方面的理论，还要创造中国的休闲经济理论。实际上休闲类的项目就是休闲类的项目，度假类的项目就是度假类的项目，旅游类的项目主要是观光类的项目。现在把这些事都掺和在一起说，做项目也都混在一起做，那这个项目肯定做不好，质量也肯定上不去。

五、自身成熟的标志

如果说理论的形成，既是产业成熟的一个标志，也是理论自身成熟的标志，那么这种理论第一是独特性，第二是体系性，第三是普遍适应性，第四是细分性，第五是指导性。

休闲在将来的过程中，会像旅游一样，分出休闲市场学、休闲管理学、休闲规划等细分领域来。这就确实要把握一个学科的独特性。如果说了半天休闲，从基本学术观点、学术基础与框架，和旅游都没什么区别，那显然不能叫休闲经济学。所以，在休闲经济的研究中，从一开始就应构造自身独立的框架，否则很容易受旅游经济学的影响，干扰休闲经济方面的理论创新。在框架引导下，休闲经济理论还要具有普遍适应性和指导性，应能指导项目的运作和发展。如果理论看起来很完美,但却无法指导实践,恐怕也没有任何意义,也很难称其为正确的理论。

六、推动

(一)独立性、开放性、可持续

休闲经济的研究需要从两个方面积极加以推动。一是要形成学科的独立性;二是要形成开放性的学科,毕竟休闲学科还是一个新兴的学科、发展中的学科。休闲经济研究的开放性,一方面是指要向其他的各种理论开放,要及时地吸收他人的理论资源和思想资源来丰富自己;另一方面是指必须向实践开放,通过不断地累积的实证案例、实证项目的分析,甚至亲自操作来丰富理论,最终保持可持续发展。

(二)方式:交流、交锋、交辉

现在休闲经济理论没有形成,看不出休闲经济的形态,也看不出其他学科真正特别体系化的东西。从推动的方式来看,第一是国际和国内两个层面的交流。第二是要有观念和理论的交锋,很多东西要通过交锋的过程才能产生出来,但现在很多研究基本上都是自说自话,讨论都没有基础。第三是交辉,也就是要通过观点与理论的交锋,促进整个休闲研究的发展,让各种相关理论能交相辉映。所以,研究休闲经济学要有一种宽松的、自由的心态,只有这样,才能真正构造、培育出休闲经济学来。

第二章 休闲与人生

第一节 休闲形态的演进

一、休闲形态的比较

（一）三类民族的休闲方式

从各个国家、各个民族来说，各有各的休闲方式，休闲的侧重点也多有不同。这种休闲形态从历史传承到今天，始终在起作用。从大的方面看，这些休闲形态可以从海洋民族、游牧民族与农耕民族等三大类民族角度来划分。

1. 海洋民族

海洋民族的特点是充分借助大海和海滨，海洋在其生产生活中扮演着至关重要的角色。从休闲角度看，海洋民族培育了古希腊的休闲方式，也培育了一整套延续至今的滨海及海洋休闲方式。

这种休闲方式已经在西方经济发达国家占据了比较突出的位置。其中，主流形态是滨海休闲度假，并在这些相关国家产生了一批一流的滨海休闲度假地。若究其根源，这些一流滨海休闲度假地源于地中海，进而形成了地中海休闲度假圈这个全球意义上的滨海休闲主体。由此逐步扩展，形成其他各个大洲具有标志性意义的滨海休闲度假圈。比如，加勒比海休闲度假圈，基本上是以美国市场为主要客源地。美国市场说到根本也是欧洲海洋文化的一种体现。

之后逐步向亚洲扩展，也产生了一批诸如泰国的普吉岛、印度尼西亚的巴厘岛、马尔代夫诸岛等。这一批实际上也是海洋民族所形成的海洋休闲度假的一种演进。泰国的普吉岛形成世界著名的世界休闲度假地，包括泰国帕塔亚的成名也与越南战争时期的美国驻兵大有关系，后来逐渐成了世界知名的海滨度假地，以及一套独特的文化。有人说，泰国的人妖表演本非泰国历史上就有的，严格地说，就是在越战时期才开始形成的，这样一种畸形的表演方式现在反而成了那里的特色。

国际上的远洋邮轮度假也是起源于地中海，后来逐步形成了大西洋航线。大西洋航线是从欧洲到美洲，开始是客轮的往返的航运，主要是解决客运。飞机变成长途运输的主导力量后，就转换成了远洋的邮轮，从地中海到大西洋到加勒比海，近年来进一步扩展到亚洲。远洋邮轮包括很多海上的休闲项目，比如垂钓、潜水、海洋探险等，这些项目也都是从海洋发展起来的，一直扩展到现在，形成了运作规范、产业规模庞大的海洋休闲度假区。

按通常的理解，海洋是连在一起来谈论的，但实际上海是海、洋是洋。如果有机会出海到西沙群岛去，就会发现海是黑色的，只有在划出的波浪中我们才会看到白色的浪花和蓝色的大洋。只有在这时候我们才能知道什么叫洋，感受到那种浩瀚无边以及它对人的那种挑战，才会发现在浩瀚的大洋面前人的渺小。以前常讲的是征服海洋，现在则强调对海洋的深度利用，从认识上更进了一步。

从发展演进来看，首先是海洋民族的近海航运，再后来则扩展到远洋运输，逐步扩展到跨洋的国际贸易。这个发展过程，也恰恰是海洋民族扩张的一个过程。从海到洋的转换过程，其实也是西方资本主义的扩张过程。在这个扩张过程中，西方海洋民族培育出来的休闲文化也逐渐扩展到了世界其他地方。

这种扩张过程和历史，也会折射到休闲方式上来。比如，我们说钓鱼，首先想到的往往是到郊区找一个鱼塘去钓鱼，而且这样的钓鱼方式现在也是我们比较主要的一种休闲方式，但国外的钓鱼很可能是乘坐价值近百万美元的钓鱼船出海钓鱼，船上往往装备了全套的现代装备，比如，GPS定位系统、雷达扫描系统、跟踪系统，一个船上基本上有6个钓位，还有龙门钓。此外还有餐厅、卧房。一般船行6个小时左右之后下钓，而且这其中还形成了一套比较独特的钓鱼文化，专门钓大鱼。比如，一条金枪鱼钓起来上百公斤，需要使用龙门钓车把鱼钓起来，但海钓者站在鱼旁边或者抱着这条鱼照一张相，照完了把这条鱼再放回海里去。一般人可能觉得不可思议，上百公斤的一条金枪鱼那可是价值十几万啊。可是这些海钓者追求的是一种阅历，而不是强调占有。

中国历史悠久，历史上也曾有过很发达的工商业，有过发育比较好的市场经济体系，也的确产生了一些世界领先的技术和创新。比如，世界上最早的钻井技术就出在中国自贡，我们深井钻井技术比美国大约早一千年就打出了1000米的深井，但那时的钻井技术只是解决了三五个省吃盐的问题，对国家和世界发展的作用都很有限，而美国的钻探技术虽然晚了一千年，其石油钻井技术的产生却创造了一个新能源时代。比如，哥伦布1492年发现新大陆，而在之前的1405年郑和就第一次下西洋了，此后到1433年共计七下西洋，最远到达非洲东海岸和红海沿岸。但问题是郑和下西洋并没有带动民间贸易，并没有给中国带来什么经济实惠，对整个世界历史的影响也有限，后来随着明朝国力衰落，下西洋的活动也随之停止了；而哥伦布发现了新大陆，则改变了整个世界的历史，使得新大陆的发现成了真正历史性的发现。相对而言，郑和下西洋的发现大约只是一种自然的发现。

在休闲这方面也是如此，很多时候我们是自己玩自己的，并没有创造出真正的文化。海洋民族工商文化的扩张，以及由此培育出来的一整套海洋休闲度假方式和文化的扩张，这才是重要的。可到现在为止，我们对这些问题仍然没有真正的认识。

2. 游牧民族

游牧民族利用自然的主要方式是轮作制。我国一些少数民族现在依然采取这样的方式，有冬季牧场和夏季牧场，随着季节变化，在不同季节性牧场之间迁移、轮作。在不断的迁徙中，游牧民族形成了自己的特色文化以及独特的游乐方式，并延续传承到现在，有些则变成了现在很主要的娱乐方式。典型的例子是英国。在历史上，英国是一个半农半牧的国家，后来随着资本主义的兴起，产生了一个非常著名的"羊吃人"运动。英国把大片的土地改造为牧地，失去土地的农民进城成了产业工人，培育了工业。当然，在这个过程中，牧业成了很多欧洲国家的主体产业，围绕着牧业的发展，形成了丰富多彩的休闲活动。最典型的是高尔夫球，虽然现在我们称高尔夫球运动为贵族运动、高雅运动，但实际上高尔夫球运动的起源是羊倌扔石头。也就是说，它一开始是一种功能性的行为。比如，羊群前面有头羊，为了让羊群转向，羊倌就扔一块石头以使头羊转向并带领羊群转向。① 逐步地，这种行为演变成了牧人和牧人之间的竞赛，进一步变成了一种游戏，后经贵族参与并改造成了高尔夫球运动，普及到了全世界。

从人的本性上来说，在游牧民族占统治地位的时候，人们也一定会工作之余创造出一系列的游戏，丰富游牧生活。比如，内蒙古地区年年都有那达慕大会，新疆等其他地区每年也有类似的活动。因此，任何一个国家、任何一个民族，在生产的过程中都需要文化的积累，文化的积累一定会有相应的表现形式，这些表现形式越来越丰富，逐步地形成传统，构成休闲生活的重要来源。如果对现在的很多娱乐项目、休闲度假项目，追寻根源都可以找出属于其源头的不同生产方式、生活方式。

---

① 到现在为止，我国西北，陕西、甘肃放羊的人还有使用这种方式的，只不过他们手里拿的是羊铲，用羊铲铲一块石头，几十米、上百米打过去，打过去就打在头羊身上，非常之准。可惜，我们尽管有这样的方式，但并没有创造出高尔夫球运动。

3. 农耕民族

农耕民族的特点之一就是安土重迁。安土重迁是中华民族主导性的文化。安土重迁就意味着和自然的关系往往是对立的。相反,海洋民族则不得不顺从自然,如果不顺从自然,喜怒无常的大海可能瞬间就夺走你的一切;游牧民族也不得不顺从自然,如果他不采取逐水草而居的流动方式,可能无法生存。唯独农耕民族可以守着自己的一亩三分地,如果碰到自然灾害的时候,在没有其他办法的情况下,还可以深度挖掘大自然的赋予。也正因为这样,所以我们可以看到,世界上凡是农耕文化为主的民族,其食物来源都非常丰富。如果碰上风调雨顺,主要的食物来源可以解决这个民族的生存和繁衍,但是碰到灾荒的时候就不行了,只能什么东西都吃。当然,正是因为相对稳定的农耕民族生活方式,也使得农耕民族更易于形成稳定生产之后相对稳定的闲暇时间安排以及基于这些闲暇时间的休闲活动。

(二) 不同方式休闲的依存及现代表现

1. 不同的休闲特点

由于农耕民族的特点,从而产生了与自然敌对的非常独特的方式。海洋民族和游牧民族的娱乐方式基本上是顺势而为的娱乐方式;农耕民族处理闲暇方式的特点,不是亲近自然,而是脱离自然。之所以在中国打麻将如此兴盛,麻将文化如此丰富,这是一个根本性的原因。可以想象,对于多数人而言,一天到晚就是在和大自然做斗争,"锄禾日当午,汗滴禾下土",一旦有了闲暇时间,自然不会再跑到自然里去,而是希望在屋里好好休息休息。

历史上也只有文人才会不断地寄情于山水,"放浪形骸"于山水之中,农民绝不会这样来消费他们的闲暇时间,这就形成了农耕民族以室内休闲为主的休闲娱乐特点。相反,游牧民族则是以户外休闲为主,海洋民族以海洋休闲为主。按理来说,海洋民族对海应该有一种恐惧,可海洋民族实际上对于从海里所得到的存有一种感恩的心态,而农耕民族则对大自然有一种对立甚至歧视的心态,这一点在中国的宗教里也有较充分的体现。

2. 休闲遗存

以农耕民族为例。比如,在墨西哥的历史上曾经灿烂的玛雅文化,大体上就是一种农耕民族的心态。墨西哥的玉米文明,大体上是三千年的文明。再比如埃及,因为靠近尼罗河,埃及形成了尼罗河流域特有的农耕民族传统。因为这种农耕民族主要种植物是小麦,而小麦的收成比较稳定,尼罗河泛滥也有较为稳定的规律性,所以埃及的小麦文明延续了七千年。

在历史上，中华文明以谷子为主，是发乎黄河流域的粟米文明。粟米文明相应来说时间比较早，有五千年文明。虽然粟米的产量比较低，但它的好处是可以储存的时间非常之长，可以抵御灾荒。比如，长江流域的文明最早可以追溯到浙江的河姆渡，有七千年的文明史。但这个文明直到最近三千多年才发源起来，其原因就是因为耕作制度发生了根本的变化，从原来自然撒播改成了插秧。自形成了插秧这种耕作制度后，稻米文明才真正地发育起来。

由上可见，农耕民族一方面依托于大河流域，形成了各自辉煌的古代文明；另一方面则借助于不同的主要种植物，培育了自己的文明。印度的文明也是如此。世界上几大古代文明中，只有古希腊的文明是海洋民族的文明，而且海洋民族的文明创造出了一条新的路，从现在看起来，也几乎是世界上普遍的一条发展道路。

3. 现代表现

对海洋民族、农耕民族和游牧民族的背景的研究，说明了一个问题，那就是不同的生产方式和生活方式，培育了不同的休闲度假文化。这种培育的方式到现在仍然存在。我们现在研究各种各样的娱乐方式，既可以看到他们现代性的表现，也可以看到古代遗存的一面。这样的过程是一个非常有意思的过程。除了网络文明创造出来的一整套新的东西外，其他的基本上都可以在历史上找到它的传承，在当今社会找到它的现代表现。

相比于海洋民族和游牧民族的世界性表现和影响力，农耕民族的娱乐尽管有大量的遗存，但并没有构成世界性的影响力。比如麻将，我国打了这么长时间的麻将，却仍然局限于全民文化层面，尽管麻将有很强的趣味性，也曾为此作出了积极努力，但至今仍没有完全走向世界。

关于麻将的产生，有很多种说法，其中大家认同度比较高的一种说法，是从清朝初年产生的。清朝初年有官仓，守官仓的这些官兵并不是一天到晚都有事做，除了粮食入库出库时比较忙外，剩下的多数时间还是比较空闲的，于是就开始琢磨游戏。当时用粮仓进出时候的竹筹当作游戏工具，现在说的条、筒、万，都是当时的记数工具。后来经过不断演变，花样逐步越来越多，规则越来越完善，形成了现在的麻将文化。①

1998年的时候，国家体委还曾经制定了一套完整的规则，准备搞全国的

---

① 后来日本人也发明了一套麻将的规则，美国还专门有一个麻将学会，专门研究麻将。于光远先生在《论普遍有闲的社会》里，对于麻将作了很精彩的介绍。

麻将大赛，但后来因故未能办成。这种活动虽然夭折了，但并不妨碍麻将在全国的流行。尤其要是到了成都，就会发现，只要有人群的地方，在任何状态下都可以看见大街上打麻将的场面。成都农家乐主要的方式之一就是换个地方打麻将，以至于后来有人提出应该搞一条麻将一条街作为成都建设休闲之都的重要项目。这个方案一经提出，马上在网上引起激烈讨论，很多人认为这会玷污成都人的形象。可实际上麻将的确是成都突出的风景线。天府之国自然条件好，历史上没有大战争，只要一般的情况人就活得下去，没事就玩。四川人玩的方式，第一是泡茶馆，第二是摆龙门阵，第三就是打麻将。这是农耕地区的典型表现形式之一，为什么其他地区也打麻将，但是没有达到成都这种程度，比如内蒙古、甘肃、新疆这些地方打麻将的人就很少，这恐怕与这些地方历史上的游牧文化传统密切相关，农耕民族的休闲娱乐方式未必会被他们所接受。

综合起来，在休闲问题上反映了人和自然界的关系，反映了人和人的关系，反映了人生的一个追求。从休闲形态的比较来看，我们也可以看出这样一个非常突出的特点。

二、休闲风格

总体来看，各个国家在经济、技术、社会、文化等方方面面都各有不同，体现在休闲风格上也各有不同。这种休闲风格有它的历史传承，也有现在的表现，还有在新时代、新时期的一些新的变化。

（一）美国的激烈

美国的休闲风格激烈，这是美国文化的一个非常突出的特点。美国人走路速度很快，干活非常玩命，说话很简单。美国人经常争论，但争论并不影响彼此之间的关系，而是追求争论背后有意义的结果。美国之所以能成为当今世界上唯一的超级大国，这并不是偶然。美国文化的特点下形成的激烈的休闲风格也使得它可以创新形成各种全球最新的玩的花样出来，尤其是对自我挑战程度非常高，追求速度，追求刺激，甚至追求一种狂妄。国家的高度自由化使得其国民从小就形成了突出的个性，这对诸如极限运动在美国的萌芽有很重要的影响。此外，在美国的大学里最受大家尊敬的是体育明星，如果你是校橄榄球队的四分位，那就会受到很多女生的仰慕和尊敬。相反，你如果学习第一未必能获得这种"待遇"，因为到学校来的主要目的就是学习，学习好是应该的，如果能够在学习之外玩出新鲜花样来，那才是 NO.1。

美国文化导致了美国追求创新、追求刺激的休闲风格，体现在休闲方式上往往是花样百出。同样是滨海休闲，中国人的方式是到海滨去泡一泡，然后上来了，下去还不敢游多远。美国人不仅在海上要玩得深入，还要在海滨休闲上玩出新花样，如沙滩摩托车、沙滩越野车以及沙滩滑板这种最新的花样。沙滩滑板需要借助于牵引降落伞，时不时地飞起来，时不时又落下来。这对大多数中国人来说是不可思议的，尤其是现在大多家庭都是独生子女，让他们玩这种休闲运动，一旦出了问题怎么办，风险太大了。

（二）法国的浪漫

法国人的休闲方式具有浪漫的特点，这种浪漫是在深厚的文化积淀之下形成的。最典型的表现形式是在每个大街小巷都可以看到咖啡座，而且所有的位置都向着大街，一排一排的，喝咖啡的人以看街上的行人为景，街上的行人以看喝咖啡的人为景。这些喝咖啡的人所追求的并不在于喝咖啡本身，而是喝咖啡所带来的体验，因此，一杯咖啡喝上个两三个小时也不足为奇。

法国人的休闲生活还体现了对文化的追求。巴黎有好几百个博物馆，而且这些博物馆多数情况下都参观者甚众。有一次，一个下雨天去看罗丹的雕塑，结果发现一百多人排着队，打着伞，安安静静地等着看雕塑。按理说，罗丹的雕塑在法国已经很长时间了，应该比较容易看，更何况那天还下着雨，参观的人应该不会太多。从这个现象，可以在一定程度上反映出法国人文化休闲的特质，反映出法国人对生活的真正追求，对休闲的内在的态度。既然想看罗丹的雕塑，想欣赏艺术，就得有艺术的心态，要有一种艺术的眼光，而且对于文化的追求、对于艺术的追求都是无止境的。很多法国人都把自己的闲暇时间用在了这个方面。这种从容的心态使得法国人虽然在收入上可能不如美国人，但在生活质量上却可以比美国人的生活质量高很多。

（三）英国的绅士

英国人的休闲多具有绅士风格。这种绅士风格不仅体现在上层，同时也体现在下层。英国人彬彬有礼、绅士风度十足的形象，在休闲度假方面体现得非常充分。比如，英格兰的乡村旅游，与中国这种乡村旅游相比天壤之别。那样的乡村自然环境极好，而且努力寻求一种原生态的状态。在这个环境里，有一些古城堡、古庄园、老村落。看到那样的场景，就会让人感觉到这个地方值得待。同样这种绅士的风度所体现出来的优雅，也是需要一个积累的过程。

英国提出《五代宣言》不是偶然的。

有一次，从伦敦去看莎士比亚的故居，在路上看到路边有个建筑看着像个餐厅，这个餐厅后边的背景是小教堂、小村庄，餐馆里一群老人在喝啤酒。这是一个非常令人向往的优雅意境，在这样的环境中吃一餐饭，会有一种非常好的感觉，或许终生难忘。

英国这样一个绅士风格的社会文化，培育出的一套休闲文化就是优雅。之所以保龄球是在英国产生的（历史上叫九柱戏），与生产以及生产之余的游戏有关。高尔夫球等类似的一系列的运动都是在英国产生的。这种产生就意味着绅士的另外一个方面非常讲规则，人家的玩法上来首先要讲规则。不要说大人，就连小孩做游戏，第一句话就是怎么玩。怎么玩就是讲规则，没有规则不可能有游戏。很多规则性的东西，游戏的规则是从英国产生。现在游戏规则已经演变成一个通行的词汇，不仅限于游戏，社会生活各个方面的事情，首先要树立游戏规则。这实际上反映的是社会逐步规范的过程，也正是在这个规则的前提之下，才可能培育出这套绅士文化。

（四）日本的复杂

日本是一个很复杂的国家，尽管存在很多很尖锐的冲突，但在对外问题上大和民族内部却很协调。这种复杂的国民性在休闲方面也有很多表现。尽管初衷是为了就"二战"结束后如何处理日本问题向美国政府提出自己的建议，但美国社会学家鲁思·本尼迪克特于1944年撰写的《菊花与刀》的确可以称得上是反映日本民族性的一本经典著作。本尼迪克特对日本的研究非常透彻，据说他在写该书前并没有去过日本，可他对整个日本民族的剖析令日本人都很服气，其中甚至还涉及是否应该保留天皇制度的问题。

本尼迪克特指出，西方基督教的文化根底是罪恶文化，认为人生来是有罪的，每个人都应该向上帝忏悔、向上帝祈祷。在这一点上，国王和老百姓是相同的。基督教的这种文化根底培育了一个平等的制度根源。日本文化并不是罪恶感文化，而是一种羞耻感文化。日本是一个集体主义的国家，正是由于这种集体主义，使得在集体范围之内的服从特性，并由此形成了天皇制的权威。

本尼迪克特的观点得到了美国政府的认同，并表现为战后美国采取了对日本进行改造而非占领的处理方法。制度可以改造，文化本身却是很难改造过来的，更多的时候，文化只能传承和慢慢地改良。在日本文化里，除了羞耻感文化之外，另外一个方面是感慨人生短暂，感慨人生的瞬息万变。比如，日本国花是樱花，可那么灿烂的樱花只有短暂的几天时间而已；日本是海洋民族，同时还多火山地震，生命在自然灾害面前显得非常无助。正因为这样，日本人性格中潜存着对时间的特别珍惜。

在日本非常复杂的文化组合里，同时派生出了非常复杂、很难为外人理解的休闲文化。比如，下了班之后去喝酒是日本一种典型的休闲现象。一方面，这种休闲选择是体现个人亲和力以及良好的人际关系的结果；另一方面，这也在一定意义上体现了对平等的追求。因为在上班的时候，企业里、单位里有严格的科层制度，下了班之后老板和雇员一起喝酒，局长和部下一起喝酒，这是一种通过休闲来释放工作中的等级制下的压力和不平等的方式。当然，日本人这种复杂的文化也体现在他们到海外观光旅行过程中的其他一些行为上，这些行为往往不被外人苟同，如日本人海外旅行与性之间的关系。当然，平常正常接触时的日本人往往彬彬有礼，日本人也很注意抱团对外，很注意日本人形象，但对某些事情上则从来不注意形象。这些实际上反映了日本文化的一种特质性影响，是日本民族的复杂性导致了这样一种复杂的休闲方式和复杂的休闲风格。

（五）中国的内卷

中国的休闲是一种内卷式的休闲，其主要的休闲方式是室内休闲，而非户外休闲。室内休闲的主要方式是打麻将、打扑克，以及由此派生的一系列活动方式。内卷的方式恰恰是作为主流文化的农耕文化的一种体现。当然，这种特性也随着时代的发展、社会的变化而在渐进地发生着变化。比如，年轻一代逐步成长起来，很多形态变化了，方式也在变化。但传统的内卷式休闲方式依然普遍存在，这就涉及研究休闲的经营、休闲的服务、休闲的管理等一系列的问题。如果对中国人内卷式休闲特性研究不透，显然会影响到经营、服务、管理以及产业发展等方面的判断。

中国人内卷式的风格是长期形成的，从历史上而言，那是文明传承、传统文化影响的结果；从当代中国而言，则与我国的独生子女制度有密切关系，独生子女政策间接地降低了休闲活动时对风险的承受能力。与美国人倡导孩子去冒险、日本人倡导孩子吃苦教育等方式不同，多数中国家庭无论如何都不愿让自己的孩子去冒险、吃苦。①

---

① 前些年有一件很有争论的事情，即中日两国孩子比较，共同参加野营活动，在野营活动过程之中，中日两国孩子在吃苦精神、解决困难等方面表现迥异。当时有关该项活动的报道指出，我们不但输掉了今天，也输掉了下一代。

若干种因素加在一起，中国这种内卷式的风格是一个长期持续的。随着社会的逐步进步，个性的逐步发扬，很多体现个性的休闲行为也会逐步产生，但是还很难成为生活主流。比如，现在也有些人出去冒险去了，但这种冒险还缺乏科学的支撑，还很难内化为文化的体现。

2006年"五一"黄金周出了两个比较典型的事情：一个是在内蒙古的库布齐沙漠，42名北京游客在沙漠里迷路，经过20多小时的联合营救，仍有一个人因脱水死亡；第二个是有43名游客由天山南坡向北坡翻越，欲徒步穿越车师古道，结果碰上大雾和暴风雪，其中31人（包括5个孩子，最小者仅6岁）失踪，后经全力营救，所幸后来这些失踪者均告脱险。这两个案子很有典型意义。第一，说明传统的内卷式休闲方式已经不能满足人们的需求；第二，说明追求个性的一代人已经产生，但离成熟还有很长的距离，离探险时代的到来还有距离，类似的现象还会产生，但是很难成为潮流，很难成为社会主流。比如，库布齐沙漠尽管面积很大，但是上例中游客所选目的地的路不是很难走，只要这些"沙漠探险者"有一些最基本的准备（包括物质准备、精神准备和技能准备），就不会出这样的事。

三、殊途同归：工商社会

不论是海洋民族、游牧民族，还是农耕民族，现在都已进入了工商社会，从而产生了一系列相同的东西。随着经济全球化，休闲也会全球化，休闲的现象、休闲的方式会全球化，但对休闲的感受未必能够达到全球化，毕竟民族的这种延续，文化的传承各个国家有所不同。

（一）休闲行为、现象与思想

从休闲行为上来看，作为工商社会的休闲行为是普遍化的，产生的休闲现象也可以说是无孔不入、无时不在、无处不在。从休闲思想来说，这些思想慢慢地调整，使大家逐步把休闲当作正当的事情来看。休闲在各个国家还不完全是主流性的，尚属非主流，但属于潜在的主流，在未来将成为主流。即使在美国这么发达的国家，也还有很多人认为休闲是一种罪恶，是不值得提倡的，认为休闲会带来一系列的弊端。比如，认为休闲会使民族懒惰，使民族丧失奋斗的精神，使人进步进程放慢，使整个社会的竞争力下降等。虽然休闲行为已经变成一种普遍性的行为，但就整个社会而言，仍然难成主流。这种情况在中国表现得尤为突出。

（二）大众休闲的消费结构

从现在来看，大众休闲已经普遍化，作为现代的工商社会来说，这是毫无疑问的。也有很多国家现在还没有进入工业化阶段，其所形成休闲行为还是一种自发的、非社会化的行为。大众休闲的产生带动了消费结构的变化，其中既包括金钱的消费结构，也有时间的消费结构，消费结构的具体变化在各个国家的体现有所不同。比如，根据美国有关休闲组织的研究，美国休闲在整个的消费结构里已经占到了30%，在就业结构里休闲也大体上占到了30%。在中国，由于没有做相应的统计，无法确定最终的比例状况，但从一些调查报告中可以发现，城市居民在休闲方面的进展非常快，休闲时间增长迅速，相对于工作时间的比例关系开始发生了重大变化。这里所说的休闲时间是可自由支配的空闲时间，不包括家庭劳动、上下班的时间等。这是一个历史性的进步，也是消费结构的重大变化。

（三）四个鸿沟

对应大众休闲，产生了各类具体的休闲形态和产品，休闲产业也在逐步发育过程之中。不过，与发达国家相比，中国的发展还存在不少差距，这些差距主要表现在认识、情感等诸多方面。尽管这些差距会随着社会的发展而缩小，但不能否认它们的存在。

1. 认识鸿沟

认识鸿沟在西方社会经历了一百多年的时间，尽管这种鸿沟正在逐步缩小，但依然存在。在发展中国家，这种认识鸿沟则普遍存在，在有的国家的表现还很突出，甚至因此产生了一些比较剧烈的冲突。比如，贫富之间的鸿沟，在休闲行为上也有突出的表现。进一步就会形成认识的鸿沟，最终甚至会导致一些社会冲突。这些社会冲突不是短期能够改变的，在当今中国也是如此。大家对休闲普遍没有认识，有一部分人对休闲持一种比较激烈的反对态度，这其中既包括官员、学者，也包括老百姓；而有些人则积极地倡导休闲，觉得这是老百姓生活质量提高的表现，只要是能让老百姓过上好日子的事情都值得提倡和鼓励。

2. 情感鸿沟

这涉及对休闲的情感，也涉及休闲的技能。如果有比较强的技能，就会发现它对你的吸引力非常之大；如果缺乏这方面的技能和条件，就不会产生这样的情感。对于休闲生活的态度、情感，是各类不同人群的文野之分；从社会层面上看，则是不同社会的高下之分。当然，对休闲生活的态度和情感改变需要一个学习的过程。每个人都有休闲的愿望，采取什么样的方式来休闲，或者进一步说有没有这个能力来体验这样的休闲，这实际上也是一种区分。

3. 性别鸿沟

男女之间的差别，既涉及社会分工，也涉及家庭分工。从性别角度来看，女性的休闲时间普遍少于男性的休闲时间。在历史上，休闲基本上是男人的专利，不论是古希腊时期，还是工业化的早期阶段都是如此。因为基于当时社会的性别角色分工，女性必须承担繁重的家务劳动，男人下了班则可以去喝酒。这种状况现在已经发生了很大的转变，性别的鸿沟在逐步缩小。当然，这种变化与现在的经济发展、科技进步有着很大的关系。原来洗衣服是一项繁重的劳动，现在则可以使用全自动洗衣机，使洗衣这项工作大大地简单化了。原来做饭也是项复杂的劳动，要花费很多的时间，现在相应来说也简单多了。

性别的鸿沟在现实中逐步地减小，但是在理论上看这种鸿沟仍然很突出。有些女性女本身就觉得自己不应该抛头露面，自己的任务就是在家里。有一个非常有趣的现象：一家三口，孩子、孩子的爸爸和妈妈，孩子和他的爸爸提议给孩子的妈妈过母亲节。结果，母亲节的前一天晚上，孩子的妈妈就开始各种准备，第二天母亲节当天早晨出去野餐，到了野餐地点还是孩子的妈妈在张罗，等野餐完了，孩子的妈妈又要收拾。这实际上就是性别鸿沟的反映。

4. 数字鸿沟

随着进入数字化生活时代，互联网可谓是一网打尽。在这种情况之下能不能接受这些数字的东西，把数字技术当作一个生活内容，这已经变得越来越突出了。比如，看到五十多岁的人会玩电脑，大家会赞叹其不容易；但对于现在的孩子们来说，不会用电脑简直无法生活。这就是在短短的十年之内中国发生的巨大变化，也是世界发生的巨大变化。

1995年互联网正式进入中国，在很大程度上影响了中国社会变革。因为互联网的开放其实就是社会的根本开放，就意味着信息的自由畅通，就意味着加快了这个国家与世界一体化的步伐。不过另一方面，我们还是需要正视在现实生活中普遍存在的数字鸿沟，其中主要体现在网络游戏和互联网作为工具的运用上。与年轻人使用互联网不同，对多数年长者而言，互联网的作用主要就是收发一下邮件、看看新闻，他们缺乏通过互联网来娱乐的能力。严格地说，这就是一种数字鸿沟，数字鸿沟就产生了代际冲突。比如，老一代人不理解年轻的一代，年轻的一代觉得老一代太死板了，除了打麻将不会别的休闲活动，老年人则批评年轻人沉湎于网络游戏。

（四）等成本线与等效益线

1. 等成本线

每个人在休闲的过程中都要付出成本，一方面是时间上的成本，一方面是金钱上的成本，还有就是情感上的成本。比如，拿时间和金钱来休闲，就意味着可能牺牲其他方面的机会。因此，这其中的本质其实就是怎么来看待休闲的问题。很多人认为休闲是一种浪费，有一些人则认为休闲是一种促进。我们应该看到，如果人们只是忙于工作，工作效率不会高，工作的紧张程度越高，工作所花费的时间越长，就意味着工作效率在不断地下降，这是毫无疑问的。在这种情况下，如果转换一种方式，如果多花一些时间去休闲，反过来会提高工作效率。

为什么叫等成本线？总体来说是不相等的。不同的人在时间和金钱上面用于休闲是不相等的，如果把它抽象出来，从相对数来说实际上是等同的。各个国家等成本线有所不同，这只是一个感觉，因为还没有足够的数字来分析，但是就一个国家总体来说，大体上是相同的，尤其是相对数量是相同的。比如，富翁打一场高尔夫球要花1000块钱，从他的支出比例来说并不高。有的人没有钱打高尔夫球，可以选择打一场网球，如果连网球也打不起，那还可以选择在自家门口打一会羽毛球，这基本上是相同的。

2. 等效益线

通过休闲我们得到的效益主要有两个：一是体验，通过休闲得到了不同的体验、差异化的体验、深入的体验；二是畅快，一定意义上看，畅快只可意会不可言传。人若达到畅快阶段，就会觉得自己得到了一种升华，甚至忘记了自我，在这个时候感觉是最好的，只是这种感觉在日常的生活里很难得到。比如，工作做得不错，领导表扬了或者怎么样，大家有评价，你只是一种成就感，而不是一种畅快。反过来说，比如爬山，爬到了山顶上云海苍茫，一览众山小，那时候的感觉截然不同，有一种物我两忘的感觉。这是眼耳鼻舌身心神全面的投入，是因为付出了，甚至很艰难的付出，最后得到了畅快。比如，坐飞机看到的云海可以说是爬到山顶时看不到的，坐飞机看到的云海变化形态丰富之极，可是那个时候人们会觉得自己好像是在看电影，人们爬到山顶上看云海的景观效果肯定不如在飞机上，可是在山顶可以体验到的畅快却无法出现在飞机上看云海的过程中，这是因为登山看云海中人们是全面地付出、全面地投入，获得的自然也是全面的感受。

（五）不同方式的结合

即使在工商社会，在等成本下和等效益下，也需要研究多方式的结合。

1. 动静结合

动静结合的休闲方式不仅适用于中国人，对于西方人的休闲而言也是适用的。比如，美国人很好动，还产生了很多冒险性的休闲方式，但同时他们也要抽点时间喝酒闲坐、读书静思。现在读诗甚至变成了美国的一种休闲时尚。这种时尚不仅体现在老年人身上，同时体现在年轻人身上，相同的爱好者围绕某一位诗人，组织专门的诗歌会，共同探讨交流心得等。诗是人生境界的一种升华，通过读诗可以感觉自己在升华。在工商社会还有心境来读诗、体会诗，的确很难得，可谓休闲动静结合的典型之一。

2. 无为而无不为

按中国人的说法，闲暇无为而无不为，有时沉思默想可能是一种最好的闲暇方式。或者就是简单地发呆，之所以发呆，是因为想闲着，闲本身变成了一个目的。工业化的思潮下，人们总是习惯于把什么事情都当作一种工具，而不是目的。闲暇本身就是目的，不是手段，而是一种境界，发呆也是一种很好的方式。有时候就是这种感觉。比如，看看山，想起李白的"相看两不厌，只有敬亭山"，看着山本身就够了。再比如，看海，坐在海边，什么也不干，什么也不想，就是单纯地看着海的变化，感受着时间的流逝，自有一番别样体验。工商社会大众休闲的产生，蕴含着一系列的矛盾，存在着一系列的鸿沟，但是在这个填平鸿沟的过程中，又会产生一系列新的追求。

四、现代中国的嬗变

（一）新中国：奇特的休假制度

1949年中华人民共和国成立之前，由于深处战争之中，我们没有更多的休闲可言。其间比较突出的一点就是1923年中国旅行社的成立（当时称为中国银行旅游部）。茅盾的小说《子夜》里有一个情节，主人公在商战中失败了，一开始想自杀，最后又不想自杀了，就找中国旅行社预订去庐山休假。当然，这是中国近代少数人的休闲表现。

中华人民共和国成立以后，情况就不同了。在若干年完成经济恢复之后，就开始形成了我国的休假制度，但这是一个非常奇特的休假制度。奇特之处在于它不是惠及于大众，但又涉及于大众。这个休假制度基本上是一种精英式的休假制度，一类是干部，第二类是劳动模范，第三类是属于特殊人群。比如，很多煤矿工人的休假就属于各级工会组织的休假制度。可是劳动模范也休假，特殊人群也休假，这不是惠及于大众，只是在理念上惠及于大众；对于多数人来讲，休假是不存在的，在本质上大众并没有享受到休假。从导向上看，这种休假制度是对的，只是由于当时中国正从农业社会向工业社会转型，缺乏足够的条件，所以不可能让大众普遍享有休闲的权利。

（二）改革开放：工业化下的集体观光

改革开放以后，中国正式步入了工业社会时期，在休闲消费上则产生了初期的集体观光的现象。也就是说，当时的休闲消费主体方式是以观光旅游为主要内容，以团队方式为主要形式。集体观光的起步恰恰对应了中国工业化的发展。工业化的发展一切都是集体的，表现在休闲上，则是集体性的观光，而且还成了休闲的主要形态之一。以国内旅游为例。从1984年国内旅游开始发展以来，现在则已经形成蓬勃的发展趋势，形成了一个20亿人次左右的国内旅游市场。

（三）黄金周：大众休闲的发端

1999年开始，黄金周的兴起，大众休闲开始受到了关注。这几年休闲之所以迅速地变成了社会的一种需求，黄金周的兴起是其根本性的原因。一个休假制度的改变，实际上只是延长了三天时间，增加了三天公众假日，但迅速形成了三个黄金周。最重要的是这三个黄金周，改变整个社会的观念，也改变了中国人对休闲的观念，改变了很多休闲消费的方式。原来大家认为去旅游就是参加旅行团，可是现在已经出现了自驾车旅游、农家乐等多种多样的休闲方式，形成了大众休闲发展的新局面。

（四）主流意识形态：劳模文化

从本质上来说，中国的主流意识形态还是一种劳模文化。只不过是现在的宣传对象变了。比如，原来宣传的都是工人、农民，之后开始宣传知识分子、科学家，一些知识分子、科学家到北戴河是一种政治待遇。近些年也开始宣传一些官员劳模。这种劳模文化在社会的上升期是需要倡导的，但是到了社会的转型期，这种劳模文化作为主流意识形态就未必合理。或者说，在主流意识形态中，倡导牺牲自我、忘我工作，未必是我们这个社会健康发展所需要的。过劳死已经成为一个突出的社会问题。这提醒我们，应该培养一种健康的休闲文化，培养一种健康的休闲心态，不能用过于功利性的视角来看待这些事情。会玩者才会工作。大众休闲的兴起，是人们逐步提高生活水平和生活质量的必然要求。

第二节　休闲追求的本质

追求休闲到底为了什么，通过休闲到底得到了什么，或者说在休闲的过程中需要感受什么，要想回答这些问题，就要研究休闲需求的本质。

一、成为人

这里所说的"成为"并不是一般日常用语中的"成为"，而是一个存在主义的概念，仔细研究休闲的发生、发展，其实就是这样一个过程。可以问一个最基本的问题，"我是谁？"你可以回答说"我是我"，也可以问"作为人，你为什么存在？"这些看似简单的问题实际上都是在探讨一个终极性的问题。这种终极性的问题探讨自古以来就存在，所有的民族，所有的文化，所有的人，都在不断地探讨这些问题。

（一）存在的人

客观地来看，人首先是一种存在，只不过这种存在超越了自然的存在，而进入了社会的存在。在社会存在的过程中，一方面作为生物性的人，会有很多生物性的感受和生物性的需求；另一方面作为社会的人，会有一些社会性的感受和社会性的追求。在一定意义上，社会性的追求超过了生理性的追求。作为人的存在本身，从存在主义的角度来说，经历了非常痛苦的过程。存在主义大师萨特曾说过，"他人即是地狱"。

（二）生存的意义

存在的人进一步就会有意无意地思索生存的意义，不论是什么样的人都在思索生存的意义。在这个思索的过程中，自然而然形成了对生活的追求。上万年的人类文明史，几千年的人类文化史，大家都在思索这个共同的问题，但要想弄清楚生存的意义并不是一件容易的事。因为存在、生存、一定意义上是通过一个过程体现出来的，在这个过程之中才能感知到生存的意义，这不是完全靠沉思冥想能够想出来的。而休闲，正如亚里士多德所说，是"不需要考虑生存问题的心无羁绊"。①

（三）异化的表现

在现实中，我们感受到的是异化，以及这种异化的表现对生存意义的冲击。所谓异化，就是人所创造出来的对立物，又转过来统治了人本身。比如，机器是人创造出来的，可是如果人反过来成了机器的奴隶，那就是人本身的异化。尽管类似的异化可以说是无处不在，但在这个异化的过程中，我们仍然要追求生存的真正意义。要体现自己作为人的存在，在正常的环境里往往很难体现，自然而然就转向一种休闲的追求，这可以说是休闲的一种本质。

比如，有人学习不好，但是有专长，在当前的学校环境中，可能难以体现自己的价值，可是在休闲过程中可能恰恰能发挥专长，从而找到一种生存的意义。在单位也是如此，尽管可能在工作方面不是很出色，但桥牌打得很棒，常代表单位出赛，还总能拿名次，通过这种休闲娱乐的方式，获得了另外一种生命价值的提升。

再比如，票友是一种很普遍的现象，有些票友最终还会下海，转变成职业性的。职业性的和票友是两个完全不同的概念，票友的时候他成就感最高，觉得生存的意义最强。京剧票友中有些人也是一流的人物，甚至和那些大师级的人物平起平坐，号曰"名票"，也经常是哪个大师唱一场戏，要有几个名票帮衬一下，相得益彰。可一旦转化成职业的，他反而觉得没意思。很多事情都是在票友状态和在职业状态是两种完全不同的感觉。

这样一种过程严格地说，就是休闲的一种追求。甚至有的人玩虫子玩得最棒，玩到后来成了职业玩家，在我们所谓的雕虫小技中感受到了生命的意义。只不过在主流意识形态之下，总是以玩物丧志来反对这些休闲。玩物丧志更多的是对政治家而言的。宋徽宗玩物丧志、南唐李后主玩物丧志、明朝

---

① 戈比指出，如果把休闲定义为一种生存状态（state of existence），那它就如亚里士多德所言，是一种"不需要考虑生存问题的心无羁绊（absence of the necessity of being occupied）"的状态（De Grazia, 1961）。这种状态也被认为是"冥想的状态（a mood of contemplation）"（Mead, 1958）。于是，休闲（leisure）常被用作形容词，表达人们从容、宁静、忘却时光流逝的状态。[杰弗瑞·戈比.《你生命中的休闲》.云南人民出版社 2000 年，第 6 页.]

正德皇帝玩物丧志。正德皇帝最喜欢的是当木匠，他在后宫里装备了大量的木工器具和作坊，大有天下第一木匠之势。再比如，法国国王路易十六最喜欢玩的就是锁，喜欢搜集全世界的锁，不断地改良锁具，后来觉得玩锁不过瘾，就专门设计了断头台，结果自己被送上了断头台。这样的玩就被异化了。

（四）休闲的追求

总体来看，休闲的追求实际上就是对于异化的反叛，是在追求生存的意义，最终休闲的过程就是成为人的过程。这个成为人的过程，不仅是把休闲只是当作手段来看，更不是简单地把它当作直接的目的来看，而它在人的生活过程中具有升华的意义。

在这个过程中才体会到自己是真正意义上的人，在这个过程中才觉得自己逐步地成为人。从国外的教育来说，他们非常注重对孩子就这方面进行教育。比如野营。美国有一个童子军制度，让孩子们离开自己的家庭、学校，到大自然中过一种团队生活，体验一种新的生活方式。这个过程对美国孩子非常起作用，培养了他们的团队精神，培养了自立能力，更重要的是培育了对大自然的感受，孩子们在这样的过程中更快地成长起来了。

像这样一个成为人的过程，其实不分年龄，人人都会经历。孩子有一个成为人的过程，大人也同样有一个成为人的过程，甚至老年人都如此。很多老年人觉得自己一辈子都是在辛苦地工作，退休之后就想着通过外出旅游来享受人生，尽管这种旅游还是工业化时期的奔波式、走马观花式的旅游。但即便是这样，人们还是很有知足的感觉，觉得自己是在经历重新成为人的过程。因此，退休并不是一生的终结，只是一生工作的终结，从生活角度来说，退休是一生生活的真正开始。很多老人退休了就觉得无所适从，觉得对社会没有价值了，对社会没有意义了（我国有一句非常不合适的话，即"老而不死视为贼"，这完全没有看到消费社会中老年人的价值）。其实完全不是这样，退休应该是自己重新寻找生活意义的开始，更何况通过休闲的追求来完成了一个成为人的过程是不分年龄、不分地位、不分阶层的，而且这个过程既复杂也充满趣味，是一个让人兴奋的过程。很多老同志退了休后从绘画、书法中发现自己的潜能，做起来越做越有兴味，实际上这就提高了生活质量、生命质量。

（五）本质的体现

通过对休闲的追求，使人真正成为完整意义的人，实际上是人的一种本质性体现。这种本质性的体现，没有经历过这个休闲过程很难体会到。因为我国经济发展还处于一个相对初级的阶段，这个阶段中更加强调的是努力工作、艰苦奋斗，追求的是在对社会的贡献中获得所谓的人生意义，在对社会贡献过程中不断增长自己的收入、改善自己的物质生活。可是，我们究竟是为了获取更多的物质财富还是为了达成更美好的生活呢？如果人们忙着挣钱，连花钱的时间都没有了，身体也搞垮了，那挣钱的意义何在？难道只是为了给自己的子女留下更多的财富？如果自己的子女拥有了社会化生存能力，即便不给他留下财富，他们自己也可以去创造；如果自己的子女不具备社会化生存能力，即便给他再多的财富，又能管他们多久呢？在社会不断发展的情况下，我们的财富观是否应该来场新财富革命？我们是否应该重新审视休闲在我们生活中的价值和意义？有很多大收藏家玩了一辈子古董，到最后会选择把古董都捐出去，或者专门搞一个专题博物馆，这其实是在玩的过程中逐步生发出来的主动行为。因为他们深刻理解财富的意义，深刻地知道自己收藏的东西未必符合子女的兴趣偏好，深刻地理解最有可能流传的是成体系的收藏，深刻地理解了个人财富积累与社会休闲之间的密切关系。

当然，在这个本质的体现过程中，需要相应环境的创造。我们首先需要创造良好的自然环境，但并不限于自然环境。除了自然环境外，还要有一个好的人际环境和心态环境，很多时候"和谁玩"比"玩什么"来得更重要，用什么样的心态去玩同样比玩什么更重要。要是有了好的心态，即便没有通常意义上的玩的行为，但还是可以体会到畅爽的境界，体会到无为而无不为的感觉，体会到休闲的人之所以成其为人的核心本质。

二、自我实现

（一）休闲是自我实现的重要选择

对于个人来说，休闲是自我实现的重要选择。因为不论承认不承认，人们总有这么一块生活，通过别样的方式达到自我选择、自我实现。当然，要通过休闲达到自我实现，与诸如选择什么样的休闲方式、选择什么样的休闲活动、营造什么样的休闲心态等问题都有直接关系。

我国大官大款有他们的自我实现方式，比如社会地位很高、拥有大量的物质财富。可是我国官员尤其是高层官员往往很难像国外的官员一样真正放松地去休假，我国的企业家们也很难真正任其内心所想去过他们的生活，所以对社会地位、物质财富的追求未必是真正意义的自我实现，一定意义上，这些追求反而使自己异化为了工作的机器、挣钱的机器，而不是作为完整的人的一种成为。

可是在休闲的过程中感受就会不同，对于普通老百姓而言，很难像大官大款那样消费，但是完全可以在数量众多、类型多样的休闲方式中找到符合自己的选择。在这个过程中，只要投入了精力、时间和适当的金钱，完全可以得到一种愉悦和畅快的体验，感受到自我实现的价值。从这个意义上说，休闲也是我们自我实现的重要条件，是自我生活的升华，在休闲消费的过程中，可以不断提升自己的境界和生活质量，体悟到生命的价值与意义。

（二）休闲是构建和谐家庭、和谐社会、和谐世界的重要方式

从社会方面来看，休闲是家庭和谐的重要方式，这一点将会显得越来越重要，并成为一个社会潮流。随着社会的进步，家庭式休闲已经变成了越来越重要的休闲形式，并对于家庭的和谐发挥着越来越重要的作用。很多人都有这种感受，一天到晚地忙工作，或许工作上很有成绩，可是工作挤压了休闲在生活本应有的空间，过多地将精力放在工作上也导致对家庭的冷落进而失去了自己的家庭。而解决这个问题的很好的方式之一，就是一家人一起出去玩。这里的玩不仅仅是我们常说的旅游，逛逛公园也是其中很好的一个方式。在一家人出去玩的过程中，人的精神可以完全松弛下来，也会显著改善家庭生活质量。

合家休闲在中国尚未完全成为社会潮流和风气，但相信在将来一定是一个必然的结果。这种合家休闲出游的形式未必需要多大的财富基础，关键是看人们在意识中是否有这样的理念和想法。比如，在西藏经常可以看到这样一种现象，只要哪天天气好一点，就可以看到一家子一家子的人走向大自然，在地上铺一张毯子，一家人在一块又唱又跳、吃吃喝喝，非常愉快地度过了一天。乍看来，在家吃饭也是吃，在饭馆吃饭也是吃，在公园里在野外吃饭也是吃，但这三种不同环境中吃饭有着本质性的区别。在家里吃饭，基本的目的是生存，填饱肚子；在饭馆里吃饭，基本是社交，建立人际关系；而这种野外休闲式的就餐，则是促进家庭和谐的方式，在这个方式之中，我们能感觉到一家人感情上的沟通。在当今社会，之所以会出现这样或那样的家庭，一个很重要的原因就是我们在日常生活中没有想办法进行这样的沟通，正是由于缺乏了这样的沟通、缺乏了这样的心境、缺乏了这样的环境，家庭的生活质量才会出现问题。

由家庭推广到社会，我们可以发现，在休闲发展的过程中，当休闲变成一种普遍的社会形态，整个社会心态就会趋于缓和，整个社会的气氛就会趋

于缓和、趋于从容、趋于宽松。同时，围绕着休闲产业的发展，对整个社会的经济、文化等各个方面都会产生促进作用，从另外一个层面促进社会的和谐发展，休闲就成了社会和谐的重要推动力量。

由单一社会推广到我们整个世界，也是同样的道理，休闲将成为大同世界的终极形式。自古以来人类都在幻想着营造一个理想社会，营造一个最早出现在《礼记》篇里的"大道之行，天下为公"的大同世界。空想社会主义先驱托马斯·莫尔在《乌托邦》描述的也是这样一种理想社会。他认为，在理想社会里，人的工作时间不应该超过6个小时，剩下的应该是享受的时间，更通俗一点讲，6小时工作时间之外的就应该是休闲时间。意大利思想家康帕内拉一生都在思考改造社会的计划，幻想着建立一个理想的幸福社会，在其1601年下半年于狱中写就的《太阳城》一书所构想的理想社会中，人一天的工作时间也不超过4个小时。

实际上，围绕着社会的进步，文明的发展，工作时间越来越短是必然的趋势，休闲时间越来越长，生活质量越来越高，也是必然的过程和结果。共产主义的理想是各尽所能和按需分配。这种信仰其实还是可以进一步向前推进的，共产主义理想中的"各尽所能、按需分配"预示着物质财富充分涌流，但这依然是一种工业化的追求，而不是后工业化的追求，更不是我们终极的追求。即便就"按需分配"而言，除了对物质的需求之外，还有对时间的需求问题，最终则演变为对生活质量的综合需求。因此，不论我们如何畅想，人类的发展都会殊途同归，归结到一点，那就是将来休闲必然会成为大同世界的一种终极形式。这种终极形式才能在一定意义上最终解决信仰问题，因为只有这样的终极形式才能最终解决人的终极问题，才能最终解决人类的终极需求。

西方休闲思想之所以把宗教的因素看得非常之重，是有其内在原因的，是与终极信仰有密切关系的，否则很难理解为什么现代科学这么发达，还会有这么多人要信宗教（宗教与迷信是完全不同的概念）。人们的终极需求在现实社会中的表现之一应该就是休闲，相信未来的大同世界，休闲也必然会成为一种终极形式。

三、走向自由

（一）摆脱工作、摆脱世俗、摆脱自我

休闲的根本、休闲的核心，最终是人追求自由、走向自由。在休闲的过程中，

首先要摆脱工作。休闲必然要摆脱工作，那种一边打麻将一边聊工作的状态其实还只是工作的延伸，还只是工作向休闲过渡的一种状态，还没有完全摆脱工作，还不是真正的休闲。其次是要摆脱世俗。这其中包括摆脱日常刻板的生活，摆脱世俗的干扰，使自己得以宁神静气地来追求摆脱所带来的这种享受。第三是摆脱自我。在休闲达到最佳状态的时候，可以达到忘我的境界。这样一个人生境界的形成，在一定意义上就是达到了自由的状态。休闲本身就是一种自由的形式，是一种自由的行为，同时更重要的是在不断地塑造自由的心灵，在这种自由心灵的塑造中完成境界的升华。

（二）浪漫的心态和创造的状态

休闲生活超越于日常生活，就意味着有一定的浪漫状态。浪漫的状态未必就是卿卿我我，也可以表现为人和人之间心灵的交流、思想的交流、情感的交流。在休闲这样一种浪漫状态中，人们可以体会到异质的生活，体会到了一种境界的升华，而且往往是在浪漫的心态之下，人更容易进入到创造的状态之中，这种休闲状态下的创造力是可遇而不可求的。人往往苦思冥想而不可得，却常常在休闲之中发现很多问题都可以迎刃而解。不带功利性目的地去休闲，不是为休闲而去休闲，可能恰恰是进入创造力爆发阶段的好方式。

回首看一看世界科学史、文学史、文化史，我们都可以发现这样的规律。很多影响深远的发现、流传千古的巅峰之作，往往是在休闲的状态下产生的。比如，草书大家张旭和怀素被称为"张颠素狂"或"颠张素醉"，两个人常在醉意朦胧中写出传世佳作，甚至醉意消退后自己都会惊异于眼前的作品。其实，这时他们已经超然，进入了完全放松、无我的境界，进入无我而有书的超然状态。很多诗人的传世名句也是这样天然偶成的，而不是坐在桌子前创作出来的。憋是憋不出好东西来的，人只有在最松弛的情况之下，才能形成最好的有创造性的东西。在最紧张的时候形成的往往是技术性的成果、刻板性的作品，很难获得身处大自然之中时所能产生的充满灵性的创造。

（三）深入的体验和全面的和谐

休闲需要适意、随意、快意、诗意。第一是适意。如果在某个地方感觉非常舒服、轻松、宽松，那就会有适宜的感觉。第二是随意。也就是休闲基本上可以随心所欲，只是这种随心所欲是有框架、有规则的，是在框架和规则之内的随心所欲。第三是快意。如果能够达到创造的状态，就会有快意。第四是诗意。休闲其实也是一种诗意的生活，诗意地栖息在大地上也应该是我们的追求。诗意其实就是一种意境，就是一种境界，最终是一种升华。

在休闲的过程中，如果能够做到以上四个"意"，那就真正感觉到是走向了自由。或者说，如果能够做到以上四个"意"，那就是转换了一种生活方式，转换了一种生活状态，将使人获得深入的体验。只是现在尚处初级休闲阶段还难以感受到这种体验。比如，常见的旅游方式是，导游的小旗子一挥游客们就下车，看着这个地方挺好就大家排着队照相，导游旗子一挥游客们就上车。至于说照相的这个地方怎么样，只能看照片。这就把自己的体验转换成了照片的体验，这不能算是体验，而只是留下了一点痕迹而已，并没有转化为生活的升华和心灵的净化，更枉论达到全面的和谐了。因为全面和谐不仅是走向自由的过程，也是社会和谐、家庭和谐、心灵的和谐。

第三节　综合分析

一、理论旋梯

约翰·凯利在《走向自由——休闲社会学新论》中提供了一个研究的框架，也提供了整个这本书的一个逻辑过程。

```
论题              否定
创造性——人本主义——虚假意识
自由  ——  政治  ——  控制
角色  ——  建制  ——  一致
联系  ——  互动  ——  操纵
成为  ——  认同  ——  风险
真实  ——  发展  ——  扭曲
选择  ——存在主义——  局限
参与  ——直接体验——  变化
```

图 2-1　休闲理论旋梯[1]

---

[1] 约翰·凯利.《走向自由——休闲社会学新论》.云南人民出版社 2000 年，第 16 页.

图 2-1 中，从纵向看，左列为论题，中间一行是论题引发出来的一些理论，右列是否定，就是对论题的一种否定，也可以说是现实社会的很多不同意见的一种否定，由此构成了休闲理论的前提。之所以叫作前提，就是它是一个螺旋上升的过程。

1. 创造性

创造性的根本是人本主义，但是否定的意见认为，休闲是一个享受的过程，不存在创造性，所以这是一种虚假意识。

2. 通过休闲走向自由

自由的中间环节叫做政治，自由是在一定的政治框架之内，所以政治框架对人们的休闲必然要有个控制，这样的话这个自由也不是所描述的自由。

3. 角色

在休闲过程中你必然成为一个角色，这个角色又是在一个建制的体制之下。比如，家庭是一个建制，单位是一个建制，社会是一个建制，总是在一个有组织的社会之下，但是有组织的社会追求的是一致性，这种一致性对角色本身就是一种否定。

4. 联系

通过休闲强化了人与人的交流，强化了人与人之间的联系，所以它的一个作用是形成一个互动，但是否定性的一面是有可能形成人对人的操纵，人对人的控制。

5. 成为

休闲的过程是人的一个成长的过程，是一个成为人的过程。在这个过程中，人和人之间达到了一种认同，同时人在这个过程中也形成自己的身份认同，也形成了自己的身份的体验。提出的否定是有相应的风险，这种风险很可能把成为过程转化成一个异化的过程。比如，现在休闲过于商业化，从休闲产业的培育来说，这是社会所欢迎的，但是从个人来说，过于商业化的休闲实际上扭曲了成为过程。

6. 真实

在休闲的过程中，要体验真实的生活，同时要成为真实的自我。它所对应的是一个发展，涉及方方面面的发展，但是同样也有一种扭曲，尤其是在商业化的过程中，很多东西都是扭曲的。

7. 选择

休闲的选择是一种存在主义的选择方式，在这个选择的过程中存在着大量的局限，这种局限影响了你的选择，也影响了作为人的存在的一种根本性的追求。

8. 参与

参与可以说是休闲过程中的一个非常重要的追求，通过参与得到了一种直接的体验，但是得到直接体验之后，又会产生一些变化，这些变化同样也有可能否定了参与。

如果从纵向来看，每一类彼此之间又有一个相关关系，通过创造性得到了自由，通过自由形成了自己的角色，通过自己的角色强化了相互之间的联系，最后是使自己成为人，通过成为人的过程达到了自己的真实性，进一步明确了自己的选择，增强了参与性。这也是一个逻辑关系，每一列都有一个逻辑关系的问题。

这里的休闲理论衔接得非常好，虽然它很深，后边还有大套的论述，基本上《走向自由》这本书就是围绕着这张图来展开的，各有各的论述。从社会学角度能够构建出这么一套休闲理论的根基来，这确实说明休闲社会学现在已经进入了一个比较成熟的阶段。但是，休闲经济学还没有看到这样的体系，但这是需要追求的一个目标。

二、创造新生活

通过休闲创造新生活，这才是休闲追求的本质。这种新生活可以从以下四个方面来概括：

（一）自然自然大自然

与大自然相对的，不仅是小自然，还包括伪自然。我们看的园林，其实就是人工的山水，这是伪自然，我们看到的小山小水则是小自然。这里所说的大自然不仅是山水的宏大，更重要的是提供了一个休闲的环境，这种环境使我们得到激发、得以提升。到很多地方，总是或景点或景区，都有一定的局限性。即便漂亮如九寨沟，总还是觉得有局限性；可是到了西藏，觉得会有一种震撼感扑面而来，一下子被大自然的伟大所感动，又觉得人是多么渺小，觉得人生是如此短暂，使自己对人生有了另一种体会。

（二）生态生态深生态

现在各个方面都在强化生态的概念，在多数情况下，所谓的生态指的都是自然，生态休闲指的则是回归自然。实际上，对于生态的理解，还需要进一步深入，需要从浅生态过渡到深生态。所谓浅生态学是人类中心主义的，关注的是人类从自然生态中所获得的利益，关注的是如何通过改良人类社会的现有价值观和社会制度，从而减少对自然生态的压力；而深生态学则是非人类中心主义和整体主义的，关心的是整个自然界的福祉，强调的人虽是万物之灵，但不是万物之长，人应该成为自然整体中的一个有机部分，追问的是造成环境危机的社会、文化和人性方面的根源。在深生态理论看来，人和任何的动物、植物在大自然的环境下都是平等的，人没有特权。我们对自然应该怀着感恩之心，而不应该是一种剥夺之力。如果只是把强调生态理解为不破坏自然，留下的只有脚印，带走的只有照片，还是理解得不足。这种深生态的核心是自然的和谐，是怎么处理好人和自然的关系，这是核心的问题。现在已经产生了深生态运动，形成了深生态的旅游，下一步会进一步产生深生态的休闲。只不过，深生态的休闲不仅是指原生态自然，也应包括原生态的文化。

（三）文化文化活文化

文化遗产的概念已经在在我们的社会形成了广泛影响，我国各地都非常关注申报各个类别、各个层级的文化遗产荣誉，从国家层面也已经确定了文化遗产日，这是好现象，对文化遗产的保护有非常重要的意义。但这同样也折射出一个问题，那就是：过于注重死文化，而忽略了活文化。所幸这个问题已经开始得到关注和重视，联合国教科文组织在世界自然和文化遗产的基础上，又推出了非物质与口述遗产项目，实际上这就是强调对活文化的保护。

我们在生活中也有这样的感受，到了一个地方，最终留下的印象未必是这个地方山水如何好，而是当地的民俗、当地的民风。比如，在丽江，觉得最有意思的恐怕是丽江世居的那些依然穿着民族服装的老太太，以及当地的悠闲的生活，晚上有洞经古乐、白沙细乐等，这些印象远远胜过丽江本身。这就是一种活文化，这种活文化既是历史上的一种文化积淀，也是现在一种文化的延续，同时也是迫切需要保护的。活文化不同于文物，如果是文物，无论是放在国家的文物馆，还是在私人收藏家手中，文物都客观存在着。但是，我们的很多传统工艺现在已经没有传人了，没有了传人，这种活文化离消亡也就不远了，这是必然的。很多传统戏剧、民间故事也都面临着这样的问题。

从休闲的角度来看，活文化才是真正的文化，是休闲的重要"原材料"，需要大力加以保护传承；从另一个方面看，我们还应看到在休闲生活中创造的活文化。每一个休闲者都不仅是一个旁观者，同时还是一个体验者、参与者，在参与的过程中创造了活文化，这是更为宝贵的。

(四)生活生活真生活

在现在这个异化的社会里,在异化的生活之中,我们所体会的生活很多都是虚假的东西,是伪生活,而不是真正的生活;而在休闲的过程中才能够体会到真正的生活,才能看到真正的生活,才能感受到真正的生活。虽然有些真正的生活你可能觉得不太好接受,可是你要仔细想一想,就不同了。

比如,在西南地区的某些民族村寨,当地老乡盛情地端上来招待贵客的饭菜,结果可能发现上面满是苍蝇,这种生活一开始一定会觉得不好接受,因为这和城市之间的生活反差太大了。但是,如果能够静下心来,看看这种物质生活背后的精神生活、文化生活,感触就会不同,就会真切地感悟到什么才是真生活。

有时候生活会带给我们很强的震撼力。比如,在西藏常可以看到磕长头的信众,那种场景给人带来的震撼简直是无以复加。有一次在离拉萨60公里的一个地方,看到一队磕长头的队伍,十几个人,胸前戴着皮围裙,两只手上戴的都是木头掌,趴在地上,起来把这一步走完,再趴在地上,一直就这么走下来,用自己的身体走完到圣地的漫漫长途。这个队伍来自青海,已经走了11个月,同行的两个则永远地留在了朝拜的路上,剩下的人依然坚持、坚定地走向他们终身的目标——到拉萨朝拜。沿途的老百姓都很尊重磕长头的信众,尊重这种精神,尊重这种性情,这也是一种真生活。

第三章 休闲需求与市场

研究休闲经济学，就意味着必然是市场主导型的，必须从需求出发。只有把这个基础问题研究透彻了，对其他的休闲问题才能有更好的理解、更深入的研究。

第一节 后工业化：变化与来临

所谓的变化主要是指发达国家的后工业化的变化，所谓来临则是指发展中国家后工业化的来临。

一、发达国家：变化

以丹尼尔·贝尔1973年撰写的《后工业社会的来临》一书为标志，发达国家进入了后工业化社会，到现在已经三四十年的时间了。在这段时间里，发达国家的后工业化社会已经发生了很多翻天覆地的变化，其中最重要的一个变化就是互联网。

（一）后工业化的经济发展

1. 产业结构的根本变化

从经济角度来看，后工业化的经济发展产业结构已经从根本上调整为"三二一"的产业结构。比如，在美国，第一产业所占比重大约在5%，第二产业大体上占30%，第三产业占比则高达60%～70%。这种产业结构的根本变化适应了社会发展的趋势，有助于在服务性社会中提升国家的竞争力和影响力。这和很多传统的看法截然不同。传统观点认为，一个国家要强大必须拥有强大的工业，现在看来，在进入到后工业化时期后，情况未必是这样的。

2. 多元发展优势

第一，发达国家的发展优势首先表现在金融的垄断上，尤其是美国。由于美国发达的金融体系，对全球的经济发挥着巨大的影响，美元仍是世界主导货币，美元的升值和贬值不仅影响着美国自身，同时更深刻地影响着世界。在一定意义上可以说，是全世界人民在供养着美国人民，美国人的生活水平很大程度上得益于其金融垄断优势。美国之所以对中国人民币汇率问题紧抓不放，实际上是怕人民币影响美国的金融垄断，尽管人民币低汇率对美国的老百姓生活水平提高很有意义；欧洲之所以下大力气打造欧元区体系，实际上也是在追求后工业化社会中的金融垄断。

第二，信息产业的发展，尤其是互联网的发展，是后工业化社会变化的一种根本状况。伴随着新的流通工具、服务工具、生活工具的产生，以及这些创新工具全面进入人们生活，最终带来的是人们生活的全面改变。在信息方面，发达国家同样具有垄断优势。比如，中国的电脑制造在全球范围内都具有绝对的市场份额优势，但中国制造电脑所需的芯片还要用国外那些跨国公司的，这直接导致了中国生产电脑的利润偏低。这种信息产业方面的优势还体现在休闲旅游服务等方面，正是由于发达国家在信息产业发展的雄厚实力，也促成了发达国家在在线旅游服务方面遥遥领先于发展中国家。当然，信息产业的优势也可以体现在现代战争上，现代信息战实际上是互相看不到对方的战争。

第三，科技的发展，尤其是专利保护制度的完善，促成了后工业化社会强大的竞争力。科技发展有赖于大量的研发投入，研发投入最终需要来源于企业的销售利润，而创新产品能否为研发企业带来创新利润，不仅取决于产品是否符合市场需求，同时还有赖于对创新产品的专利保护。正因为这样，世界各国才会对中国的专利问题高度重视。尽管我们认为，发达国家应该向发展中国家转移新技术，但客观而言，专利保护制度的确是现代社会发展的最根本的制度之一，没有专利保护制度就没有科技的进步，没有科技进步就不可能有强大的竞争力。因此专利保护实际上也是一种制度竞争力。

第四，服务的发展。金融、信息、科技都在大的服务领域之内，但是除了这几个关键性的领域之外，其他的社会服务也在大规模地产生。服务的快速发育、成长也构成了后工业社会的根本的竞争优势。在中国加入世界贸易组织的谈判中，服务贸易方面的谈判非常艰难，只是没有引起大家足够的重视。我们以往坚持的是制造业领域，而忽略了服务领域，而忽略的这些领域恰恰是将来我们吃亏最大的领域。

3. 产出数量持续增长

虽然产业结构发生了根本性的变化，但总的数量并没有减少。比如，美国农业只占其GDP的5%左右，但美国仍然是农产品出口的第一大国，美国仍然是世界农业强国。在这些方面美国有很强的资源优势、规模优势。因此，强调休闲并不意味着大家都不干活，而是在后工业化社会中，以更少的投入（也包括时间上的投入）换得持续增长的产出，更重要的是产出附加值的持续增长。同样是生产手表，中国现在已经算是世界手表生产大国了，品种花样也不少，但是 1 万块表可能也比不上 1 块诸如江诗丹顿、百达翡丽等世界名表的利润。当然，也正是由于发达国家在经济方面的快速发展，才为其休闲的发展打开了巨大的空间。

（二）后工业化的社会变化

1. 法制体系的建设

发达国家在制度竞争力方面最突出的一点就是有非常完善的法制，而且法律制度往往能够得到坚定的执行。在这一点上，我们的体会可能不深，但 2006 年发生的麻省理工学院"日本版画事件"或许可以作为一个注解。

美国麻省理工学院（MIT）在其网站上介绍该学院道尔教授和日裔美籍的川茂教授主持的"视觉文化"课题，课题成果中涉及一部分描绘甲午战争中日军屠杀中国军民的木版画。为此，该校中国学生对这项充满歧视和血腥的图片堂而皇之登上学校网站首页表示不解和愤怒，抗议"这些图片没有附加解释，或提供相关的历史背景"①，华裔学生则利用电子邮件陆续向网页管理部门、专案负责人和校方抗议，并有人在网络上呼吁华生发起抗议游行。

后来，道尔教授、川茂教授和麻省理工首席执行官克雷先生与中国学生举行了一个沟通的会议。在会上，两位教授在表示深深歉意②的基础上，解释了他们学术研究和公布历史资料的意义。首席执行官克雷先生则指出，"大学要兼容并包，如果这些材料在 MIT 都不能讲授的话，世界上就没有别的地方可以讲授了"。后来克雷先生发表正式声明，就日本版画"对中国朋友们造成的伤害表达深切的歉意"，引起争议的日本版画从学院网站删除。不过，事件最后，麻省理工学院校长苏珊·霍克菲尔德（Susan Hockfield）发表声明，表

---

① 其实，对那幅最典型的有争议图画《清兵斩首之图》，道尔教授针对图上的日文解释，分析说："这个题材，和地上被砍下的人头，形成了一幅极为可怕的景象……即使在一个多世纪后的今天，这种辱蔑仍然令人震惊。哪怕仅仅从种族偏见这个角度看，它对中国人的鄙视程度也不在当时欧美的反亚种族主义的任何材料之下——对日本人来说，这简直像是西化的必要一步：采用白人的意象，但把自己排除在外。这个毒种在 1894—1895 年间的暴行里就已种下，当 40 年后天皇的士兵和航手再次对中国发动战争时，它将爆发为全面暴行。"
② 林达先生在《值得反思的麻省理工版画事件》（《南方周末》.2006-5-25）中指出，美国人道歉可以分为两种：一种是为自己的错误道歉，一种是为他人感受的痛苦而道歉。而对于道歉原因的理解，中美之间是有差异的，我们往往只把道歉理解为这里所说的第一种形式。

示坚定支持两位教授的学术工作，拒绝外界对该校学术自由的干扰。随后，麻省理工网站的"视觉文化"专题全面恢复，并对这些图片加了中英日三种语言的说明。

作为学校，应该保障学术研究的自由和学术思想的独立。尽管校方可能不同意本校学者的研究成果，但于制度而言，校方没有权利因此而不保障学者的研究自由和思想独立。而我们则总是用所谓的民族感情来对待和处理这些事情，这在一定程度上反映了我们对于法制体系理解的偏差，也反映了我们处理问题的方式并不能很好地融于世界潮流，而一种廉价的民族感情的满足，最多只能是一种非常低层次的满足。也正是因为满足于脆弱的情感需求，使得我们这些进入麻省理工的最优秀的中国学生，失去了对问题的判断力。

2. 中产阶级发达

中产阶级的普遍发育推动了整个社会扁平化结构的形成。这与中国现状并不同。比如，就贫富差距而言，中国尽管是发展中国家，但贫富之间的差距是很大的，而日本虽然是世界上最发达的经济体之一，但其贫富差距在全世界可能是最小的之一。一般人理解，日本有那么多财阀、富商，怎么可能贫富差距没有中国大呢。实际上，日本的富商尽管社会地位很高，但未必就富有。比如，一般认为，连公司的名字都叫松下了，这个公司不就是松下本人的了。可实际上松下幸之助本人在松下公司的股份只有5%左右。日本社会的一个特点是财团法人对社会的垄断，这使得整个社会的中产阶级发育普遍，从而有助于缩小贫富差距。

近些年，由于互联网富翁和金融寡头的产生，差距也有拉大的趋势，但这是一个变化过程，或者说是一个发展阶段，而总体的趋势应该是逐渐缩小差距的，更何况发达国家还有一系列的制度在控制着贫富差距的拉大。比如，巨额遗产需要征收巨额的遗产税，完善的慈善制度也有助于缓解贫富差距（由于做慈善是可以列入成本的，这就意味着政府可能少收税）。

3. 价值伦理普及

在发达国家，整个社会的价值伦理已经不是工作至上。比如，如果七八月份想到欧洲做生意、谈公事，碰到闭门羹是很正常的，因为这段时间往往是当地人的休假周期。在国外，包括在国内的外资企业尤其是欧美的外资企业中，休假制度也能得到很好的落实，公司并不鼓励加班，即便加了班，也鼓励通过休假而不是加班工资的方式来兑现。

这就是当前发达国家的工作伦理，在他们的价值体系中，休息是每个人的基本人权。在1948年12月10日联合国全体大会上通过的《世界人权宣言》

中,特别是第24条规定,"人人有权休息和娱乐",包括"合理地限制工时和定期带薪休假"。在1966年12月16日联合国全体大会通过的《国际经济、社会和文化权利公约》中,提请各国确保人人都能"休息、娱乐,合理限制工时和定期带薪休假,以及公共假日期间照常发薪"。在国际公约中,休假的权利、旅行的权利都是作为人权,不需讨论。可是我们现在很多时候明明该休假的却不敢休,这对于整个社会的和谐发展未必是好事情。

(三)后工业化的休闲

后工业化的休闲大概可以概括为以下四个方面的特点:一是制度稳定,即休假制度是非常稳定的;二是需求普遍,不论穷人富人,不论大人孩子都有普遍的需求且能得到休闲供给保障;三是方式多样,普遍的休闲需求通过多样化的方式得以实现;四是生活要求,休闲在后工业化社会已经成了人们生活的基本要求之一。

任何一个现代的文明国度,都会努力保障公民的休息休假权利。比如,荷兰有着世界上最吸引人的休假制度,只要是企业的全职雇员,每年都可以享受至少24个工作假日的带薪假期,有些公司的假期甚至长达27～28天。从1998年起,荷兰就通过律法规定每个企业都必须聘请医疗顾问,规定详细到员工不可以在电脑前连续工作6小时以上,甚至还规定由于工作压力过大引起的忧郁、抑郁、忧虑、失眠等心理疾病都算工伤。

再比如,美国对出勤与休假的规定极为细致严格,在《美国法典·宪法行政法卷》里,对出勤与休假的规定就长达16页,其中涉及休假部分有11页;而著名的《美国宪法》大概只有10页,篇幅比休假部分还少。美国人的带薪假期甚至可以按小时使用,有些效益好的美国企业则还会给员工1～4天的带薪病假。由此可见,休闲在美国人生活中的地位。相比之下,我国《劳动法》尽管也规定了劳动者享有休息休假的权利,也颁布了《职工带薪年休假条例》,但总体而言,尚显粗略,缺乏应有的强制性和严格的约束力。

二、新兴工业化国家:进入

(一)经济与社会的变化

新兴工业化经济体开始进入到休闲较快发展的阶段。这主要是经济与社会方面都已经发生了很大变化。从经济角度而言,新兴工业化经济体通过多年的转型,已经完成了制造业的转型;在经济发展过程中,尽管制造业仍然占着比较重要的位置，但总体的产业结构在逐步转化；有些经济体的产业结构优化还出现了一些新特点，如以韩国为代表的创意产业，以印度为代表的是软件产业的兴起。

从社会角度看，新兴工业化经济体的重大变化是中产阶级的兴起。我国也非常重视中产阶级的培育，包括中央研究分配制度，研究扩大中等收入人群问题，实际上就是要培育社会的中产阶级，使社会结构尽可能往扁平化方向发展。其二则是工作伦理的变化正在产生，这种变化虽然还没有普及，但大家不再认为只有工作是第一位的。当然，这种工作伦理的变化需要一个过程，估计大概要有三五十年才可能普遍地转化过来。

（二）休闲方面的特征

从休闲的角度来看，一是产生了需求普遍的状态，二是花样越来越多，人们休闲消费的选择余地越来越大。不过，新兴工业化经济体的休闲，基本上还处于作为工作的延伸这样一个阶段。有些时候，老板休闲时员工陪着休闲，对老板而言，可能是体恤下情，但从下级角度看，这还是一种工作的延伸；官员休闲时企业老板陪着，比如在打高尔夫球时，常可看到这种情形，对企业老板而言，这时的休闲其实也是一种工作的延伸，是一种表面的休闲。

对于新兴工业化经济体来说，现在休闲的层次体现得还不是很鲜明。虽说不同人有不同人的休闲，但大众休闲主要还是层次比较低的。这是新兴工业化经济体进入后工业化时代的主要表现之一。

三、发展中国家：来临

对于多数发展中国家而言，后工业化社会是努力追求的目标。对于这些国家来说，也有自己相应的特点。

（一）经济特点

1. 在世界分工体系的末端

发展中国家往往以传统制造业为主体，附加值较低，主要靠廉价的劳动力和资源原材料供给来撑起自身经济发展，在世界分工体系里，始终处在垂直分工的末端。在世界经济里，发达国家是水平分工，比如美国生产波音、欧洲生产空客，日本不生产干线飞机，但是波音和空客的很多电子元器件都是日本提供的。日本通过技术的方式，通过零部件的方式介入到世界经济的水平分工体系中。中国主要是生产飞机舱门、飞机尾翼，这其中有中国的技术进步的原因，但更重要的恐怕是中国庞大的飞机采购需求，是以"市场换技术"战略的结果，而且转让的技术多数恐怕都是技术含量比较低的。

2. 二元结构

由于在整个世界分工体系中处于垂直分工的末端，所以多数发展中国家尤其是中国，形成了相应的二元结构社会。这种二元结构社会最突出的表现，就是城市与农村在经济发展水平上的差距。曾有西方外交官对中国发展做过一个比喻，那就是"中国的城市像欧洲，中国的农村像非洲"。这是典型的二元结构表现，这句话也曾被中国多位高官引用过。

（二）社会结构

在二元结构之下，社会形态主要体现法制不健全、贫富差距大等方面。

1. 贫富差距大

与发达国家不同，由于法制不健全，人治现象突出，因此如果不加以控制，发展中国家的贫富差距有越拉越大的趋势。相比较而言，由于存在较为健全的法制，发达国家的贫富差距变化会受到各方力量的制衡。比如，在欧洲、美国历史上都发生过轰轰烈烈的工人运动，通过工会与社会各个方面力量进行博弈，形成大体的平衡，并引导社会的发展。但是如果没有相应的法制规范，贫富差距只能越来越大，这是发展中国家的普遍特点。

2. 社会伦理混乱

这里的社会伦理混乱主要是指，大家不知道到底要干什么，也不知道到底为什么要干。在社会转型过程中，在某些方面甚至到了丧失社会道德底线的程度。这或许是社会转型发展过程中都或多或少会面临的问题。美国作家马克·吐温发表于1873年的《镀金时代》，描写的社会状态与中国现在的社会状态有些地方是很相像的，假公济私、投机取巧、行贿受贿、贪污腐化、中饱私囊现象严重，暴发户心态很重，道德沦丧、风气腐败。这就是整个社会伦理混乱的阶段。

（三）休闲体现

1. 需求旺盛

所谓积极休闲是走向自由的休闲，消极休闲则包括睡懒觉、喝大酒、打麻将。但不能否认，消极休闲仍是现在普遍的休闲，也说明休闲需求是非常旺盛的。

2. 层次分明

发展中国家的休闲层次复杂,既有最高端的休闲,也有最低端的休闲,这两者之间可能是天壤之别,这种差别与贫富差距大是联系在一起的,这也使得休闲在一定意义上变成了身份的象征。

由此看来,几类不同的国家,面对着后工业化社会,有一类是变化,一类是进入,一类是来临,对休闲都会产生重大的影响。中国最大的特点是社会变化快,而且社会的学习能力极强,国际上有什么新的休闲方式马上就被模仿过来,而后又在中国的特定国情之下发扬光大,有时则又会发生异化。比如,中国的城市化发展和对奢侈品消费的疯狂,让很多外国人看了都觉得不可思议。按照中国的人均消费水平,社会消费状况不应该是这样的。因此,我们的社会可以叫做垂直社会,立体感极强。在垂直社会中,既有世界上最时髦、最高端的,也有世界上最低端、最丑陋的。

第二节　消费发展阶段

从国家总体来说,1987 年邓小平同志提出三步走的战略:第一步解决人民的温饱问题;第二步是人民生活达到小康水平;21 世纪中期,人均国民生产总值达到中等发达国家水平。按照这个战略设想,实际上现在已经提前实现了。

一、求温饱时期

求温饱时期主要解决的是吃、穿、用的问题,大体上经过 10 到 15 年的时间。

(一)吃

在温饱时期追求的是要吃饱。前些年海外舆论炒作"谁来养活中国"的问题,其基本观点是,中国人口增长这么快,总量这么大,工业化发展这么快,这样粮食问题势必会成为影响中国发展的最大问题,中国必然会大量地从世界粮食市场进口粮食,甚至世界粮食市场无法养活中国。实际上,中国粮食问题已经得到很好的解决,当前主要的问题是调整结构,也就是说,粮食的主要作物需要在结构方面形成优化，经济作物也要进一步发展，在此基础上也需要调整饮食结构，提高"吃"的质量。

（二）穿

从穿的角度来说，中国的纺织品可以说是世界上最有竞争力的产品，现在发展的瓶颈是市场容量。近几年来，国际上屡次对中国的纺织品提出反倾销，对中国纺织品的影响非常之大（同时对各国消费者的影响也非常大）。如果说在20世纪80年代中国纺织品中还有一些假冒伪劣的产品，那现在的中国纺织品是实实在在的价廉物美，在世界上具有无可替代的地位。中国纺织品需要解决的不是生产能力问题，因为生产能力甚至可以满足全球市场的需求，中国纺织品需要解决的问题主要是尽快形成品牌，要提高纺织品的档次，增加纺织品的附加值。

（三）用

从用的角度来说，中国的家电产品也是物美价廉，现在发愁的也是生产过剩。这些年，很多家电企业也在努力走出去，这其中包括海尔集团、TCL等国内知名家电企业，既有在国外建立产业园的，也有在国外建设研发基地的，同时也有在国外进行企业并购的。尽管这过程中也会有曲折和失败，但中国家电企业已经开始走出坚实的第一步，相信未来的发展会越来越好。

二、小康时期

现在中国已经全面进入小康时期，在这个时期的消费支出重点将是住、行、游。

（一）住

住主要是房地产市场的培育。房地产已经成为我国国民经济的支柱产业，也是这几年社会普遍关注的焦点，国家也曾出台多项有关的政策，旨在解决房价过高的问题。但要治理房价，还是具有相当的难度。房地产市场的发展导向和下一步的发展前景还有很强的不确定性。因为房地产开发商已经形成了一个非常有影响力的利益集团，有的经济学家甚至形容房地产行业现在是在要挟国民经济的成长。

这里有两个方面的原因：一方面是因为高档房地产附加值很高，自然对资本会产生强大的吸引力；另一方面，近些年地方政府摸索出来的经验就是经营城市，而经营城市的本质就是卖地。政府通过卖地来实现经营城市的目标是中国二元结构的一个体现，用比较便宜的价格从农民手里征地，然后政府把地拍卖给房地产商，在两者之间形成了一块巨大的利润空间，基本上构成了各地财政的支柱。房价下不来恐怕也与此不无关系。

客观来看，房地产行业如果能够健康发展，则会继续产生拉动作用；如果出问题的话，很有可能会影响国民经济全面发展。购房消费在很大程度上影响了其他领域的消费能力，大家不得不集中财力来买房，在社会上出现的"房奴"这个名词就反映了这种情况。此外，房地产行业实际上也影响到了其他行业的发展，从而间接地影响了国民经济的总体平衡。

"住"这个市场已经形成，也是小康时期的一个体现。但是不是要做到人人都有自己的房子则未必，"居者有其屋"，这"屋"可以是购买，也可以是租赁，这是一个选择问题。如果所有人都要自己买房子，实际上现在的消费能力恐怕还达不到。

不过，另一方面，我国房地产市场培育中有一块重要的内容，即休闲房地产的内容。这本身就是休闲发展的一个组成部分，只不过它是双刃剑，抑制了一部分休闲的需求，但是通过休闲房地产的培育也拉动了一部分休闲的需求。

（二）行

行是小康时期的又一重要体现。行主要是交通体系的培育和汽车产业的完善。中国私家车的增长极其迅猛，几乎超出了所有人的想象。现在社会普遍形成一个概念，那就是买车很便宜，比买房子要便宜多了，最便宜的车三四万就可以买。这样一个观念，尤其是社会消费观念的调整，意味着交通体系的培育和汽车产业进一步发展，尤其是汽车制造业的发展。

出行条件的改善得益于1998年开始国家实行的扩张性财政政策。当时大量发行国债，而所发行国债的重头则体现在交通体系上，包括高速公路的建设和支线公路的建设，以及飞机、铁路等方方面面的建设。交通体系的培育无论在"十一五"期间，还是"十二五"期间，都是发展的重点。可以预见，在未来的5年到10年之内，中国有可能变成世界上交通体系比较完善的国家，甚至在一定程度上不亚于发达国家。

从1998年开始到2003年，中国的高速公路已经达到了世界的第二位，这是一个何等大的工程。全国第一条高速公路的建设是1984年沈大高速公路的建设，从 1998 年开始，短短的 5 年时间，就变成了世界第二位。根据《国家高速公路网规划》，我国的高速公路将采用反射线与纵横网格相结合的布局方案，由 7 条首都放射线、9 条南北纵向线和 18 条东西横向线组成，简称为"7918 网"，总规模约 8.5 万公里。方案将连接全国所有的省会级城市、目前城镇人口超过 50 万的大城市以及城镇人口超过 20 万的中等城市；将实现东部地区平均 30 分钟上高速，中部地区平均 1 小时上高速，西部地区平均 2 小时上高速；充分考虑为人们旅游、休闲提供快速通道的需求。按照国家《中长期铁路网规划》，到 2012 年，我国将建成客运专线 42 条，总里程 1.3 万公里，其中时速 250 公里的线路有 5000 公里，时速 350 公里的线路有 8000 公里。250 公里时速的城际铁路和 350 公里时速的高速铁路，将迅速连接全国所有省会及 50 万人口以上的大城市，覆盖全国 90% 以上人口，形成"四纵四横"铁路快速客运通道，全面形成高速铁路网。另外，《全国民用机场布局规划》于 2008 年 1 月获得国务院批准出台。根据该规划，到 2020 年，我国民航运输机场总数将达到 244 个，新增机场 97 个（以 2006 年为基数），形成北方、华东、中南、西南、西北五大区域机场群。覆盖全国主要城市重要旅游地区以及交通不便的中小城市，我国八成以上的县市居民能够在一个半小时车程内到达机场乘坐飞机。

如果和印度来比，中国的公共交通现在的发达程度比印度已经超越了一个时代。和俄罗斯相比，我们的网络建设不如俄罗斯，但是我们的先进程度也超过了俄罗斯。交通体系的培育和汽车产业的完善，对下一步休闲的发展有重大作用。

（三）游

在小康时期的消费，应该说住、行两项发展速度非常之快，现在需要的是能够把"游"字加上。"游"是休闲发展的一个重要体现。住、行、游，三个字应该说是小康时期的标志，也意味着休闲成为小康生活的基本要素。发展"住、行、游"应该成为小康社会的重要发展目标。现在来看，这三者之间有相互促进的关系，也有一个相互制约的关系。休闲发展对于休闲房地产有一个比较大的需求。这几年休闲房地产的发展已经变成整个房地产行业的一大亮点，只不过大家都冠之以"旅游房地产"而已。而更准确的说法显然应该是"休闲房地产"。之所以这样说，原因很简单。房地产是固定的，旅游是流动的，流动的需求和固定的供给很难对应。实际上，只有一类产品称得上是典型的旅游房地产，那就是酒店。酒店是通过每天房子的出租来对应流动的需求，这是一个比较典型的旅游房地产的概念，其他的说到底都是休闲房地产的概念，国际上叫第二居所。第一个居所是为工作而形成的居所，第二居所则是为了休闲需求所形成的居所。只不过大家都觉得旅游这个词现在比较热、比较时髦，都希望在房地产前面加上一个旅游的牌子，增加一点旅游的元素、符号，美其名曰"旅游房地产"，仅此而已。

汽车的发展也是如此。国外也有这样的概念，第一辆车是工作用车，用来上下班；第二辆车是休闲用车，如SUV旅行车、越野车，基本上都是休闲用车。世界旅游组织这些年一直在倡导使用旅游卫星账户的统计方法，而这套统计体系中涉及的统计覆盖面，基本上都可以算是休闲统计。比如，在这个体系中，把胶卷的销售、第二居所、第二辆汽车等都纳入旅游的统计范围中，实际上这些计入休闲消费更科学些。

客观来看，在小康时期吃、穿、用的高峰已经过去了，住、行、游的高峰已经来临，其中住、行两项已经是现实的。从观光角度来说，"游"这一项也已经变成了现实，但从休闲的角度来说则还显不足，预计下一个时期会是休闲大发展的时期。

中国人有攀比性消费的特点。在过去，这种攀比性的消费形成了一个独特的排浪式消费现象。当然其中的一个原因就是当时的消费水平还没有拉开。比如，买不起彩电的时候，家家户户都买不起，能够买得起的时候差不多都可以买得起。所以经常在短期内形成这种巨型的排浪式的消费，也在短期内引发了供给的爆炸性的增长。全国最多的时候彩电生产线113条，短短的几年内培育了巨大的生产能力，等生产能力培育了之后，这个消费浪潮过去了，又开始了激烈的兼并整合过程。其实，这是一个很自然的过程。在20世纪20年代，美国的汽车厂也有上千家，后来在短短的十年之内兼并整合形成了三大汽车巨头。中国现在恰恰处在这样一个阶段，只不过这个兼并整合的过程要艰难很多，毕竟我们不是一个单纯的市场兼并和自发整合的问题。

从休闲角度来说，则不需要更多的兼并整合，也未必需要更多顶天立地的企业。休闲产业的发展需要的是铺天盖地的小企业大发展的格局，即休闲企业的数量非常之多，但企业规模相应来说比较小，适应市场的能力很强。问题是，休闲的发展目前还没有引起充分的重视，政府的各级决策部门还是将更多的关注放在了住和行的方面。

三、中等发达时期

中等发达时期更多的是追求精神消费,即"文、体、美"消费。文化性的消费、体育性的消费和娱乐性的消费会成为中等发达时期的主导消费。这已经在我国东部沿海的一些特大型城市和一些大城市开始基本形成。

由于文化市场发育还不健全,在一定意义上已经变成了一种畸形消费,动不动看一场歌剧的门票就要2000元,看一场歌星演出的门票要3000元。现在全国范围内文化消费最高的是上海,同时普及程度也是非常高的,这可能与上海海派文化的传统有直接关系。

从国际上来看,中等发达时期是"文体美"发散时期。体育产业也是这样,体育产业的基础是一个国家国民体育的普遍需求。从北京来看,北京人在体育方面的需求要高过上海,上海在文化方面的需求要高过北京,大概是两个城市不同的特点所致。文、体两方面正是休闲产业的两个主导性的产业。支柱性的产业,就意味着在中等发达时期的需求是休闲大幅度增长和扩张的时期。美的追求是一个永恒的普遍性的追求,但在中等发达时期体现得更为强烈。进一步来看,文化产业的培育,娱乐产业的发展和体育需求的普及,这就意味着下一步休闲产业的发展前景。

总体来看,中国现在是工业化的中期,国家总体已经进入小康时期。2009年人均GDP已经达到了3600美元。当然,这跟世界平均水平的8000美元相比还有很大的差距,这主要是由中国的基本国情所决定的。中国国土面积大、省市间差别非常大,同时基本上是人陆型的国家,因此在很多方面与其他国家、地区不好比。比如,与新加坡、中国香港没法比,它们一个是城市型的国家,一个是城市型的地区。再比如,与欧洲比,欧洲的主要大国无非就是英国、法国、德国,但整个欧洲的面积加起来与中国差不多。

中国的国情还是较为典型的二元结构社会。因此,中等发达阶段的需求已经在国内东部沿海发达地区产生,在这个地区的3～4亿人已经进入甚至超越了小康时期的需求。现在东部沿海地区很多观光性的消费在逐步地淡化,但休闲性的需求在大幅度增长,这不是偶然的,而正是进入中等发达时期这样一个消费阶段的标志。其实,不光是东部沿海地区,中国中部和西部的一些大城市,休闲需求也已普遍产生,只是休闲的档次上尚有相应的差距。现在东部地区很多设施档次都比较高、比较完善了,如北京郊区有很多度假村。北京郊区的乡村旅游也是以度假村为主体、以乡村酒店为主体,但中西部地区则还是以农家乐为主,这就是两个消费档次的差别。

四、发达时期

发达时期的基本特点是"多、新、奇",即"品种要多、玩法要新、方式要新、活动项目奇特"。这基本上是美国等国的现状,突出的是个性化的消费。中国现在的消费方式,包括消费心态,还是别人有什么,自己也一定要有什么。美国则是别人没有什么,自己一定要有什么。这是两个发展阶段的根本性的差别。从美国与欧洲的发展过程来看,中国的一些地方也很快就会进入到这个阶段,如深圳。深圳是一个典型的工商业城市,在这样的基础上培育出来的消费文化是独特的,个性化就会很强,同时因为深圳是一个移民城市,一个以年轻人为主体的城市,那深圳人的消费在一定意义上可以说是代表了消费的潮流。

例如,有一次新疆中旅和深圳中旅两家想共同开创一个旅游的项目——到塔克拉玛干大沙漠过春节。本来它们的想法是做个品牌,没有其他的考虑,估计能有几十个人组团过去,打个品牌就完了。结果一下报了500人,最后根据当地的接待能力确定了200人,都是30岁左右的城市白领。结果很多人在塔克拉玛干大沙漠上冻得直哭,哭完了还是觉得真过瘾。这就是个性化消费的形态。只不过对于中国而言,这种个性化的消费体现还只是一种群体的个性化,还只是一个族群的概念,并没有得到普遍体现。

再如,万科的王石攀登了包括珠穆朗玛峰在内的各大洲最高峰,然后又开始航海,玩最酷的、最尖端的、最前沿的,让人不能不服。当然,这种个性化消费同时也都是高消费,一个专业性的登山者一套登山装备就是上百万元,登山的过程大概还要花四五十万,因为只有有了这全套的后勤保障,攀登珠峰之类的活动才可能完成,这可不光是有毅力有体能就能解决的问题。可是中国产生了像王石这样的人物,就意味这是第一只报春的燕,意味着他拉动了一个阶层。这就是一个典型的个性化消费时代,只不过这个时代对于我们来说还没有来临,只是看到了一些端倪。

五、总体判断

从中国来看,无论是求温饱的前工业化还是小康的工业化阶段,无论是中等发达的工业化后期还是发达阶段的后工业化时期,各种阶段的各种消费特征几乎同时存在。在农村，基本上刚刚解决温饱问题，开始进入了小康时期；而城市生活则已经进入小康时期，有一部分城市在向中等发达时期转变，沿海的一些特大型城市和一些工商业发达的城市则已经进入了中等发达时期，正在向发达时期转变。如果用数字来说明，比如浙江、广东人均 GDP 都超过了 4000 美元；上海人均 GDP 超过了 5000 美元，现在达到了 6000 美元；北京总体已经达到了 5000 美元。

从这些人均 GDP 的数据看，中国与发达国家还比不了，因为很多发达国家的人均 GDP 已经是三四万美元。但如果从消费的角度看，则中国并不弱于这些发达国家。有一段时间很多人在呼吁控制中国的消费，指出中国的消费属于超前消费。这种说法值得推敲，有什么样的能力，追求什么样的消费，这不是超前与否的问题。中国现在消费信贷的发展并不发达，如果主要靠消费信贷来支撑消费，这个一定意义上有点超前。比如，买房子主要是靠向银行贷款，这有一点超前，所以为什么说房地产行业要挟中国经济，开发商主要靠银行，包括建筑公司中间需要的资金也主要靠银行，购房者主要靠银行，意味着房地产市场的所有的风险主要都已经转到了银行头上，房地产市场的产业链，整个流通基本上靠银行，风险太大。

从休闲的角度来说，不存在这个问题。消费者有多少钱就可以决定消费多少、就可以决定究竟玩什么项目。从消费发展阶段分析，基本上是一个垂直型的，只不过各有不同的方式。比如，花 10 块钱可以体验农家乐，20 块钱也可以，去一趟农家乐花 100 块钱，这已经很多了。但另一方面，现在有些地方的农家乐在升级为乡村酒店，到那儿去一天的消费要二三百块钱，同时两三千块钱的也有。

近几年海南三亚的一批度假酒店春节期间的价格高得有些离谱，最高的时候房价涨到四五千元，而且单纯的预订还不行。打电话预订或仅交预订金都不行，要想确定预订成功必须全额交费才行。比如，三亚某酒店在某年春节期间，要订五间房、住七天，按照当时房价算下来大概需要 50 万元。如果客人想住，拿着 50 万元过来才给确认，否则无法确定可以给你保留这五间房子。这是一个很独特的现象。但在"十五"期间，海南的房子春节期间最贵的差不多卖到 1200 元，再高一点的能卖到 1800 元，然后到了初八这一天从 1200 元就跌到 120 元。

之所以这几年海南形势发生了根本性的变化，有几个原因。

第一个因素是政府方面的原因。海南省政府和三亚市政府进行了一系列的烂尾楼的治理工程。1993 年时，海南是烂尾楼的重灾区，后来发了处置这些烂尾楼的公告，根据具体情况，或者把它炸掉（如果投资者不来认领的话），或者政府收回来，或者投资者投钱再接着盖。经过了一段时间的工作，把烂尾楼处置得差不多了。

第二个因素也是最重要的因素，是市场需求起来了，尤其是休闲性的需求发展到了一个重要阶段。

第三个因素是房地产市场的拉动。2005年时，海南的一线海景房大约每平米8000元，可以站在房里直接看到海浪；二线海景房大约每平米6000元，虽不能直接看见海，但也算是海边的房子。而后来海南房地产市场的拉动形成了海南三亚度假酒店的高价格。这种高价格不仅是在春节期间，在春节之后也能维持一个比较高的房价，至少不会像以前那样从1200元跌到120元，现在顶多是从1200元跌到400元、500元。现在从全国来看，酒店房价400～500元已经不错了。

总体来说，不同的消费发展阶段，形成了不同的社会需求，各类社会需求在中国每一个层面都存在，只是有的需求可能市场还比较小，有的需求市场已经比较大。有些需求国内企业能够供给，而有些需求则国内企业根本无法供给。这说明中国休闲相关企业还需要深化发展。

从"吃、穿、用"到"住、行、游"是民生的进步，也是社会主义生产目的的根本，而"文、体、美"和"多、新、奇"则是更高的要求。消费也是这样一个阶段、一个阶段地攀升，在这个攀升的过程中，消费不断升级，产业不断升级，市场不断升级，就会形成"消费逐步升级、需求链逐步膨胀、市场逐步扩张、产业逐步对应"的总体良性格局。

六、生活方式

休闲最终创造了一种新的生活方式。随着中国国民人均可自由支配收入的不断增加，可自由支配的时间越来越多，休闲将越来越成为人们消费的要素，成为人们不可缺少的内在的生活方式。

第一个是可自由支配的收入。收入虽然在不断地增加，但是消费中有些支出是刚性的，就意味着可自由支配的收入是有限的。比如，一个月可能挣1万元，但是5500元还房贷，还有1000元要养车，6500元没有了，就剩3500元了。可如果有个小孩，这3500元可就不多了。这就意味着，说起来1万元的收入不少，但是可自由支配的收入却不多。有的人收入总量可能不太高，但相应来说他生活的很多刚性的支出没有那么多，一定意义上可自由支配的收入就要多一点。这是核心问题。

第二个是可自由支配的时间。可自由支配的时间也是同等道理。有的人看起来很闲，但实际上真正可自由支配的时间非常有限。"可自由"一方面是指客观上来分析的可自由支配，一方面是指主观上来认定的可自由支配。比如，下岗工人表面上看他可能无所事事，但一天到晚处于焦虑状态，而焦虑时间绝对不是可自由支配的时间。你看着他在那儿什么都没干，可内心却正在受煎熬。

随着这两个"可自由"的增加，休闲就成为一种不可或缺的内在的生活方式，就使得休闲的市场需求始终会处在不断膨胀的过程中，休闲业就必然经历不断创造增量的过程。总体来看，休闲作为一种生活方式，对于每一个人都是一种需求，将来会发展到对于每一个人都是一种既定的方式。它与以工作为中心的生活方式不是对立的关系，也不是延伸的关系，它应该是以工作为中心的这种传统生活方式的一个升华，是需要追求的一个目标。这样一种新的生活方式也会产生一系列新的作用。

第三节　休闲的需求分析

一、休闲产生的基础

（一）国民收入

休闲的条件是有闲、有钱、有便利，休闲的发展是有伴、有情、有技能，两相结合才构成完整的休闲。国民收入的不断增长，应该是一个前提条件。之所以用国民收入而不是人均 GDP 的概念，是因为这是两个完全不同的概念。国民收入是实实在在的，在国民收入的基础上才有可自由支配的收入。如果只强调 GDP，里边还有很多需要完善的地方，包括 GDP 的统计方式。单纯地讲 GDP 不够科学，也不够准确，有些时候也不符合生活的实际。比如，现在一说中国人均 GDP1700 美元，还有一种方式叫作购买力平价的测算方式。中国 GDP 的计算国际上始终有争论，世界银行的专家按照购买力平价方式来计算，认为中国现在已经达到了人均 5000 美元，比中国自己计算的要高三倍。客观地来看，5000 美元不准确，1700 美元也不准确，中国现在的人均 GDP

大体上是 3000～3500 美元，这才符合实际，也比较符合我们生活的感受。

按照国民收入的概念来说，中国的大中型城市现在休闲需求的产生基础大体上已经成熟，但是在一些小城市里休闲需求还不足，在农村地区尤其显得不足，在农村和小城市基本上是有闲无休，也就是说，尽管大家有时间，但没有条件来消费这些闲暇时间。

（二）假日结构体系及调整

1999 年 9 月 18 日国务院发布了新的节假日管理办法，法定假日调整增至 10 个，从而迅速形成了 3 个黄金周。从总体时间来说，1995 年实行了五天工作制，对于多数城市人来说，一年就有 104 天的休息时间，如果加上节假日调整，一年大约有 114 天的休息时间。还有一部分人有寒暑假，那大约可以再加上 60 天，那就是 174 天的休息时间。

现在形成一个概念，说黄金周就是旅游黄金周。其实不然。严格地说，黄金周是消费黄金周，只是旅游一马当先。旅游大家的感受最深，舆论最关注。实际上现在情况也已经在变化了，已经形成了很多规律性的现象，也形成了很多比较完整的对应方式。总而言之，有两个规律值得重视。

第一个规律：三个黄金周形成了各自的特点。

春节黄金周的特点是探亲流、民工流、旅游流、学生流四流合一，同时春节黄金周一定是和春节、元宵节连在一起的。春节黄金周的特点是大流动非常猛、小流动非常大。

"五一"黄金周的特点是大流动非常猛、小流动也不差。从中国的地理环境来说，处在温带地区，四季分明，在经过了一个漫长的冬季后大家都希望在春天出去踏青，这是自古传承下来的消费方式。"五一"黄金周形成的是一个长假期长途旅行，同时短途旅行发展也比较猛。不过在调整后的假日结构中，"五一"黄金周的结构已经错开了。

"十一"黄金周的特点是中短途的旅游非常火爆，但是长途旅游稍微淡一点。

第二个规律：黄金周前推后移。

前推后移一定意义上已经变成了黄金月。经过这么多黄金周大家都理性了，有些人自己调整假期。在黄金周之前或者黄金周之后出去玩，不挤在黄金周期间，可能黄金周期间还上班。这是一种自发的自己调整，更何况有些地方自己就把假期调整了。

比如，正月十五去山西会发现这个地方不过正月十五就算年没过完，而且正月十五是最火爆的时候。有一年正月十五去山西大同，结果夜里十二点高速公路塞车，原因就是因为大同怀仁县有烧旺火的民俗，大家都在晚上十点钟出来看烧旺火，看完烧旺火又塞车，夜里两点钟才能进到城里。因此，他们就自动调整假日结构。当然，也有很多公司对"五一""十一"黄金周进行主动调整的。

近年来，大家也在探讨能不能落实带薪休假制度。带薪休假制度不是制度的创新，而是制度的落实，只是在我们工作伦理至上的环境下，带薪休假的问题最主要的还是一个观念问题。在国外，国家领导人也经常可以享受休假假期；在国内，中央原来有暑期北戴河办公制度，这套制度在1989年以后取消了。如果我国的各级领导能够恢复这种休假制度，那对社会就会产生典范作用。这几年很多重视旅游的省份已经开始这么做了，省委书记省长带头休假，而且要求其下级也要休假，这其实就是在倡导休闲文化，是要致力于形成休闲的社会氛围。实际上，也只有这样才能把地方的旅游发展起来。

最典型的是四川。四川旅游这几年发展得不错，省委省政府高度重视，每年要开一次全省的旅游发展大会，而且是省委省政府主持，要求各地州市一把手必须参加，各个部门一把手必须参加。当时有些部门还有不同意见，认为旅游只是一个行业的事，而省委书记、省长说，旅游是涉及各个行业综合性的事情。每次旅游发展大会基本上省委书记、省长都作报告。后来从2006年又开始设计冬季旅游发展大会，以推动冬季旅游的发展。这样抓下来，尤其是领导带头休假，所以近些年，四川的旅游收入一年增加100亿元，一年上一个100亿的台阶，发展的态势不错。

成都的城市发展目标是打造休闲之都，杭州的城市发展目标是打造东方休闲之都，但两者略有不同。成都人的休闲是从自己人开始，杭州人的休闲则是从外人开始。因为杭州本质上是工商城市，生活节奏非常快，虽然城市环境很好，但是缺乏相应的休闲氛围。外地人到了杭州感觉很休闲，杭州人自身并没有感觉到。成都人则不同，历史上成都就是一个消费城市，生活节奏比较慢，从从容容，历史上也没有什么大的战争和灾荒，老百姓也不怎么琢磨存钱。成都的休闲完全是一种从内到外的休闲，杭州的休闲则是从外到内的休闲。

假日结构更多的是一种休假的氛围，是一种社会伦理的建设。当然也有人认为，如果落实带薪休假制度，一定会影响我们的产业竞争力。可是我们应该看到，中国经过二三十年的发展，已经完成工业化发展的早期原始积累阶段，接下来应该适当考虑人们的休息权利。国际上有一项 SA 8000 认证制度，实际上就是劳工保障的认证制度。在发达国家大家号召着不消费血汗工厂的产品，因为消费血汗工厂的产品就相当于支持血汗工厂制度。比如，跨国公司采购时，往往要求被采购方提供 SA 8000 认证，如果不能提供这个认证，可能就意味着失去大订单。在这个认证制度里，对劳工的工作时间、休假时间、劳工的福利保障等方方面面都有相应规定。客观地来看，基于这种认证和社会的压力，厂方不得不作出适应性改进，这就为下一步休闲市场创造了一些新的条件。现在一些血汗工厂内的员工基本上不可能有休假的需求，好不容易有点时间，最想做的事情就是睡觉，以缓解体力上的疲劳和精神上的疲惫。

这些年来，我国的社会发展取得了长足的进步，全国人大、全国政协会上出现了很多关于假日方面的提案。这些提案大体上可以分为三种类型。第一种就是建议取消黄金周；第二种就是强调落实带薪休假制度，通过带薪休假制度的落实，代替黄金周高峰期的现象；第三种建议就是增加公众假日，尤其是要增加符合中华民族传统的公众假日。还有一些提案则建议增加一些政治性的节日，如建议"七一""八一""九三"、抗日战争等也应搞成全国性的节日。

不管提案是否可行，这种现象本身就说明休闲问题已经变成社会关注的重要问题，我们需要进一步研究社会休闲消费问题。应该说，我国现在的假日已经不少，但还应该提高休假的质量，使休假真正变成自由的过程，这是核心问题。如果增加了公众假日，或者落实带薪休假制度，但是大家都不出去，显然这样的假期也没有什么实际意义。

（三）庞大的市场需求

在一定意义上，我国很多人已经具备了有钱、有闲这两条基础，从而形成了一个绝对规模庞大的市场需求。可以想象，即便只有 5% 的人有休闲消费需求，那也是 6500 万人的绝对量，这对世界上很多国家而言已经是它的全国人口规模了。在中国，不管是哪一类需求，任何一个百分点里都包含着庞大的绝对量。四个发展阶段的消费需求，包括进入到发达社会的发展阶段之后的消费需求，都已经在中国开始形成，而且一旦形成，这个数量就不会小。

有的时候我们现在的发展水平甚至还没有达到历史上的水平。比如，大家现在都觉得上海很洋派、很时尚，引领了消费的新潮流，而实际上 1936 年以前的上海，居住的外国人比例大约 15%，而现在这一比例大概不会超过 5%。有一位老先生曾说，那时候上海的洋派才真是洋派，巴黎的时装、美国的电影一个星期之后上海必然有。那时候的上海有闲阶层白天是西装革履，晚上肯定是晚礼服，现在中国多数人并不懂得怎么穿晚礼服，也不懂得在什么样的场合穿什么样的晚礼服。那时候晚上吃饭一定要穿晚礼服，进了餐厅第一件事是先到洗手间，餐厅给配一种专门的漱口液，漱完了之后再坐下。这样的漱口液可以使你对菜的品尝达到一个最佳状态。可见那时候的生活的讲究程度。到现在，上海还有这么一批人，专门以吃、喝、玩、乐为主，就像北京的八旗子弟一样，上海叫老白相。类似这样的需求有历史遗存，也会很快产生，一旦产生之后，就形成一种时尚，这种时尚自然又在社会上形成一种流行需求，进一步地优化了这种需求。

（四）消费者的成熟

比起过去几年，现在的成熟程度已经大大提高了，但总体而言消费者还谈不上成熟。比如，20世纪八九十年代，中国人出国都是穿着一模一样的西装，打着领带，手里夹个公文包，在街上一走，人家都侧目而视。到了90年代后半期，生活呈现出多样化特点，需求也表现出了多样化的特征，更重要的是消费者已经开始成熟，至少知道去逛旅游点要换衣服，要穿上休闲装而不穿西装。在国内旅游发展过程中也曾经出现这种现象和变化，只不过国内游与出境游有一个时间差。比如，在国内，现在各个旅游景点基本上看不到西装革履的人了，但五年以前西装革履的人还很多，很多农民企业家还认为穿西装上边的商标一定要留着。大体上是在短短的十年到五年之内，消费者就像所有人都共同培训了一遍一样，这种消费的成熟速度非常之快。

现在大家对黄金周的认识和态度也已经非常理性化。严格地说，现在消费者的成熟已经使旅游黄金周变成了消费黄金周。近些年商务部已经开始发布一些跟黄金周有关的数字，如黄金周社会零售品销售增长状况，这就是在强化销售黄金周的概念，淡化旅游黄金周的概念。在这个过程中，消费者的成熟起到了非常大的作用，也是一个消费过程和消费者成长互动的关系。

现在很多人出国不再追求看得多买得多，而以前，人们去欧洲旅游，11天要走15个国家，一天要看3个国家，如果安排游览的国家少了游客会觉得旅行社的产品不好。现在则不同了，比如康辉旅行社连续几年都是包机飞普吉岛，一个春节黄金周大概可以飞52个包机，到普吉岛之后，这些中国游客的消费模式与外国度假者基本相同，那就是在普吉岛待五六天，什么也不干，看看海、下海游游泳，完全放松地休息。这就是消费者成熟的典型表现。不过，现在中国人出国旅游对购物依然很狂热。因此，中国消费者总体上还处于走向成熟的过渡形态中，只不过这个过程可能会很快。

因此，我们可以预见到，在不久的将来，中国的消费者的深刻转变：第一从单一的观光旅游转向全面的休闲度假，这就意味着这个市场外延正在不断地扩大；第二从一种走马观花式的过程转向深度体验的过程，这个过程是消费者自身的一种需求；第三从盲目花钱转变到理性的消费。

比如，中国人出国，到法国买香水，到意大利买皮鞋，到泰国买珠宝，到香港买金器，而且大有抢购之势，中国人在国外赚得一个"豪客"之名。现在几乎所有中国出境旅游目的地国家都配了华人，都能讲中文，包括讨价还价都可以。因应中国人喜欢讨价还价的购买习惯，除了极少数奢侈品品牌，多数产品都可以讨价还价。但这也是一个阶段性的过程，相信这个阶段也不会太长，而理性化的消费会越来越强。这种理性化的消费意味着人们在娱乐的方面越来越舍得花钱，而在购物的方面则未必舍得这么花钱，人们会把更多的钱花在自身的体验上，而不是花在炫耀上，这是消费者成熟的最重要标志。

比如，到巴黎红磨坊，发现现在基本上每一场一半多是中国人，弄得红磨坊的老板又高兴又头疼，高兴的是客源不断地增长，心疼的是中国这些消费者需要教育教育，需要提高提高，他也不好说你的素质太低。即使在欧洲来看，红磨坊也是一个比较高档的消费场所，一边看歌舞，一边吃西餐，价格也不便宜，但是对中国人来说还是从众消费居多，你去我也要去，多数人看完了也看不出个所以然来，一出来说没劲，但是没去过不行，这是一种消费心态。同时，在休闲全球化的过程中，有一批人已经开始追求深入、追求优雅、追求真正的休闲。比如，有的人就是在意大利的西西里找个地方，一住一个月，吃得很好，环境也很好，一个月过来了，觉得很有意思。这种追求内心深入的体验和追求一种彻底的放松的消费模式，相信会随着消费者的成熟很快会变成一个潮流。

（五）社会观念的变化

社会观念的变化现在也在逐步地发生，尤其是在"新人类"身上。对受着传统教育的老一代来说，还坚持工作伦理至上，要追求生活有意义、工作有意义，一定要对国家有贡献。但对于新人类一代来说，这些问题都不称其为问题。我们还要经过一个思想的反复，还要经过很激烈的思想斗争，才发现是用热脸贴人家的冷屁股，那不值得。这个过程很痛苦，而对新一代来说不需要这个过程，因为是在商品经济市场经济的时代下长大的一代人。所谓1980年以后的这一代，这一代生出来就是市场经济，没有其他的概念。在市场经济环境下长大的这一代，肯定是消费的一代、商业化的一代。商业化的一代里,有些东西不可取,如一切都从商业出发;但是有些东西也可取,如在商品浪潮席卷的情况之下,平等的观念、民主的观念已经深入这些人的内心深处,他们崇尚干的时候好好干,玩的时候好好玩。应该说,新一代的成长是社会观念变化的重要基础。

(六)城市化发展

最近十多年以来,中国的城市化得到快速发展,使很多城市的规模不断扩大,城市的档次不断提高,很多城乡结合部在一定意义上得到了改善。在城市化发展过程中,一方面是城市人口不断地增加,这就意味着具有休闲消费能力的人群数量在扩大;另一方面城市越来越追求自身质量的提高,从而使城市的环境也越来越好。同时,城市的休闲体系也在这个过程中逐步得以培育并得到进一步发展。

到现在为止,中国13亿人口中,6亿城市人口,7亿农村人口。总体来看,我国当前的城市化率和工业化率之间存在一个比较大的差距。在整个国民经济中,工业和服务业的比重已经占到了80%以上,可是2009年城镇化率只有46.6%。一般的规律是,工业化率和城市化率之间是匹配的,比如80%的工业化率大体上应该对应80%的城市化率。中国现在差了30多个百分点,就意味着城市化发展任重道远。估计到"十二五"末城镇化率能够突破50%,城镇人口将首次超过乡村人口。随着城市化的进一步的发展,也就意味着休闲需求产生的基础越来越大。

(七)人口

与人口相关的问题,主要是人口素质的提高、人口老龄化程度的提高、人口迁移流动程度的提高。

1. 人口素质

这些年来,大学招生规模的急剧膨胀带来了严峻的大学生就业问题,现在已经变成一个严重的社会问题。不能否认,大学扩招产生了一批素质相对较高的人,而且这一批人进入社会之后,显然会有效改善人口素质。按照目前这样的发展规模和速度,我国的人口素质会在一个比较短的时间内产生一个大的变化。而人口素质的提高就意味人们文化追求在增强,就意味着对休闲需求的增强,从而形成中国休闲发展的潜在的基础。

2. 人口老龄化

中国现在还处在享受人口红利的阶段。简单而言,所谓人口红利,就是指一个国家的劳动年龄人口占总人口比重较大,抚养率比较低,为经济发展创造了有利的人口条件,整个国家的经济呈高储蓄、高投资和高增长的局面。但是随着劳动年龄人口的增长大约到2015年会停止增长,那中国享受人口红利所能维持的时间就可能缩短,而这很可能就意味着中国在工业化程度还没有达到一定高度的时候,老龄化社会已经来临,从而使老龄化成为中国下一步发展中一个比较突出的社会问题。

上一代的老人,家里都有四五个孩子,少的三个,多的七八个,老龄问题相对而言好解决。可是现在很多家庭都只有一个孩子,期望独生子女一代来解决老龄化问题是一项极具挑战性的工作。除了社会保障等这些基础问题之外,更重要的是老年生活怎么度过的问题。没有一个合理的老年时间配置,没有一个合理的生活方式选择,老人的晚年是很难过的。老年人的晚年最痛苦的不是来自经济方面,而是来自心理层面,那就是孤独。

要解决老年人的孤独问题,需要靠社会形态来解决。可惜中国的城市化发展恰恰又降低了这种可能性。现在城市的主流特征就是"水泥森林""高楼峡谷",使人们老死不相往来,进了自己的房子门一关,完全把自己封闭到里头。在这种情况下,要想解决老龄化社会带来的老年人问题,就要通过不断完善面向老年人的休闲产品,通过丰富老年人的休闲生活来调整老年人的心态,使他们开始人生第二春,开始新的生活,而不至于觉得退休就意味着人生价值的结束。之所以现在老年人总是希望抱孙子孙女,除了有隔代亲的原因外,另一个重要的原因就是老人觉得这样能够显示自己对社会的意义。但下一代恰恰不愿意让自己的父母带自己的孩子,觉得老一代的教育方式会不利于孩子的成长,觉得如果自己的父母能够把自己的生活过好,能够高高兴兴的,那比什么都强。

这已经是一种正在普遍发生着的状况,以后仍然会普遍发生。只不过因为时代不同,条件不同,将来碰到的困难会更大。这种困难不是靠个人能解决的,而是需要整个社会的调整,健全社会福利制度,强化一些新的社会观念,更重要的是需要老年人能够培育出新的心态,就像发达国家的老年人那样。发达国家的老年人基本上觉得老了才是享受生活的开始,觉得老年阶段是人生生活的黄金阶段。只有在这个阶段,没有了以往的负担,一般性的所谓人生的任务也都已经完成了,完全可以重新开始生活,开始享受生活。从这个角度来说,老龄化的发展就是给休闲创造了新的基础。不过,这个基础是不是真正有价值、有意义,或者说这里所谓的潜在需求能不能够转化成现实需求,则还需要整个社会的进步和文明的进化。

3. 人口迁移

人口的迁移是世界性的现象，在中国则是一个普遍的、具有世界影响的现象。比如，中国有着规模庞大的农民工队伍，这些农民工身在城市，但却不能被城市所认同、接纳。在中国，城乡二元结构的弊端依然存在，一个户籍依然在很大程度上决定着一个人一生的命运。但我们有理由相信，这个制度不会长期存在下去，大规模的人口迁移与流动将是未来中国的重要特征。美国著名经济学家斯蒂格利茨曾经指出，影响21世纪最重要的有两个事件：一个是信息化的发展，一个是中国城市化的发展。这是很有道理的，中国要在三五十年之内解决数亿人口的进城问题，这在人类历史上从来没有过。在人口迁移的过程中，一方面是推动城市化的发展，另一方面迁移本身也变成了潜在的休闲需求。

（八）环境和气候

环境和气候的因素会在多方面对休闲需求产生作用，有刺激作用，也有诱导作用。比如，如果某个地方环境很差，那这个地方的居民就会觉得在这个地方待不下去，就希望能找一个环境好的地方，能够过好一点的休闲生活。再比如，如果某个地方的气候不好，那人们有较长的闲暇时间就会希望找一个气候好一点的地方去。这几年云南的旅游之所以那么热，其中一个重要的原因就是云南具有得天独厚的气候条件。其实，气候资源是云南最具优势的旅游资源，同样，气候也是春城昆明最大的优势。

恶劣的环境和气候逼着人离开，好的环境和气候则吸引人进来。比如，北京城市总体规划中提出，要把北京建设成为宜居城市，而如果北京的沙尘暴不治理，那有点条件的人都会想办法谋一个第二居所，尤其是老年人。海南房地产之所以旺主要就旺在休闲房地产上，其中相当一部分需求者都是北京人。比如，家里的老人退休了，兄弟姐妹商量一下老人怎么办呀，咱们买间房，让他到那里住去，让辛辛苦苦一辈子的人晚年有一个好的环境、好的气候，这是一种自然而然的要求。

总体来说，以上八个因素是休闲需求产生的主要基础、主要因素。

二、休闲消费的初步分析

1. 休闲介于发展资料和享受资料之间

按照马克思主义的观点，消费资料分为生存资料、发展资料和享受资料三类。显然，休闲介于发展资料和享受资料之间。休闲不是生存资料，我们不认为人不休闲就活不下去，尽管可能生活的质量很差，但仍有可能生存下去，所以休闲不是发展资料。休闲也不完全是享受资料，如果把休闲只看作一种享受，一定意义上是把休闲贬低了。休闲介于发展资料和享受资料之间，就意味着在休闲中可以创新，追求休闲消费实际上对自身的发展也有莫大的好处。

2. 休闲消费可以反复消费

比如，买了一台电视，一看就是十几年，这基本上是一次消费。再比如，一台冰箱也可以用十好几年，尽管有一阵子对冰箱的需求快速膨胀，产品供应非常紧张，可当这个需求得到满足之后，冰箱厂就会发现下一步的市场开拓、产业发展会碰到瓶颈。这是很多家电行业，尤其是白色家电行业普遍曾经碰到的问题。于是众厂家不断地开发新产品来引导消费，但是由于这些消费具有一次性特点，极大地影响着这些企业的生产销售和最终的利润，家电行业一度曾处于全行业亏损的状态。

而休闲则不同。对某个具体的休闲产品，可以消费一次，也可以一而再、再而三地进行消费，到一个地方玩，玩一次之后还要去玩，甚至可以永远地玩下去。这个周末可以到这个温泉去休闲度假，下个周末仍然可以去泡温泉，只不过选择另一个温泉而已。反复消费就可以持续拉动。这种玩的消费确实和其他的产品消费方式有很大的不同。

3. 休闲需求是差距性的需求

关于休闲，富人有富人的玩法，穷人有穷人的玩法。老人有老人的需求，年轻人有年轻人的需求，因此，休闲需求是差距性的需求，可以全面对应社会的方方面面。比如说，没有钱去登珠穆朗玛峰的人完全可以选择去香山或其他的更符合大众休闲消费的山，没有时间到那些著名的海滨度假胜地休闲度假的，完全可以选择城市周边的其他各类休闲度假设施去休闲。年轻人可以选择徒步穿越、溯溪等新潮的户外运动，老年人则可以选择户外垂钓等休闲活动。

休闲所带来的另外一个好处就是可以推动各类资源进入市场，从而推动社会资源的全面利用和深化利用。在研究休闲发展的过程中，可以看到很多以前不被认为是资源，经过挖掘整合后变成了独具吸引力的资源的现象。比如，沙漠以前几乎从任何一个角度看都觉得它是一个负面，但从旅游的角度看，在沙漠里可以开展沙漠观光活动，可以组织人们进行沙漠探险，人类改造沙漠的成就同样也可以变成沙漠旅游的重要内容。从休闲发展的角度来看，没有不可用的资源,只有没用到位的资源,用到位的资源就转化成了产品,觉得不能称其为资源的原因往往是思路还没有到位,这是非常普遍的现象。

4. 休闲需求是低消耗的需求

应该说,休闲消费所消耗的资源相对较少,其中观光类的产品几乎可以无限利用,休闲类产品可以反复利用。可见,休闲消费有助于资源短缺的中国在经济社会等诸多方面的和谐健康发展。

休闲是以娱乐体验为主,虽然其中也要消耗一些资源,但是比起其他的生活消费体系来说,消耗的资源相对来说要少得多。泰山一年接待200多万人,这对泰山没有根本性的影响。现在很多人谈旅游资源需要保护,可是比如泰山这样的景区究竟应该接待多少人合适呢?再比如,九寨沟。九寨沟一年理想容量30万人,九寨沟高峰时期一天就4万人,难道保护起来是要给少数人消费。资源的确需要保护,可实际上现在很多景区承载量的计算似乎在给涨价找理由。当然,也有方案曾建议,把九寨沟的门票涨到500块,这样就可以用门票这个门槛来卡住一部分人,从而达到限制旅游人数的目的。可是我们需要深思的是,这究竟是要卡住什么人,恐怕卡住的只有老百姓,富人和官员恐怕都卡不住,那显然不符合科学发展观的要求。

再比如,周末开车到郊区,找个河边铺一块布躺着看会书,吃顿野餐,然后回家,结束周末休闲。有人或许会问,这些事在家里也可以干呀,也可以躺在床上看书。但是,在大自然的环境下休闲的心态有本质的不同,而且这样的消费方式对自然没有损害,更重要的是没有占用更多的社会资源。

现在中国经济发展最缺的就是资源,43种主要的工业原料,能够自给的只有7种,剩下的基本上都要靠进口。在资源严重短缺的情况下,什么样的产业能够反复利用资源,能够相对来说减少资源的消耗,那这个产业就是最有前景的产业。

5. 休闲需求是最终需求

休闲是人们最终的需求,是一种全面消费,涉及各行各业。作为最终消费,休闲消费将对一系列上游产业产生积极的带动作用。比如,旅游是休闲的重要组成部分,旅游消费中的吃、住、行、游、购、娱每一个组成部分都需要上游产业生产产品以作为旅游消费的原材料供给。

休闲需求本身也创造大量的中间需求,由此可以培育一批新兴产业,如装备工业、购物体系等。休闲需求比旅游需求的范围更大,这就意味着它将创造出大量的中间需求,可以培育出很多新的产业来。比如,国内的滑雪场。现在国内滑雪场大概有数百个,黑龙江省的滑雪场就达50多个。可是现在的滑雪用具基本上都是进口，尤其是高端滑雪用品。看似很简单的滑雪板，里面全是高新科技。此外，诸如高尔夫球等高端休闲消费所需的产品也主要依赖进口。只不过是这几年市场运作模式有所变化，多表现为从进口商处进口，从国内提货处提货，因为制造商在中国，而所有的核心技术都是人家的。但不管怎样，休闲需求已经在一定程度上把相关产业培育出来了，至少形成了一定的产业基础。

关于购物体系，大家都希望买一点特色的产品，可是到哪儿都买不着有特色的产品。相反，国际上主要旅游点的工艺品、纪念品基本上都是中国生产的，质量非常好，产品非常精，特色非常浓。可是为什么我们可以满足全世界，却唯独满足不了自己。原因就在于，旅游商品的特点是品种多、批量小，因此生产成本比较高，如果没有一定的价格支撑能力，很难发展得好。另一方面，现在国内旅游商品的生产商中很大一部分是个体户，这些生产商可以用最低的价格给景区提供旅游商品，而景区旅游商品销售大多采取承包的方式，这样一来，这些小商小贩用最低的价格进货，只要能够卖出去，肯定能赚钱，相应地，那些真正有特色的商品价格比较高，就没有人卖，消费者自然也就买不到有特色的旅游商品了。

客观地来说，休闲需求创造了大量的中间需求，但是现在市场的反应还不足，市场机制的运行总体还不够完善，很多中间需求没有培育起来。不过，假以时日，及待消费者的成熟和消费者鉴赏力的提高，将来一定会形成一个休闲装备工业体系和休闲购物体系。

三、休闲消费的特点

（一）一地停留时间长

一般来说，休闲的需求，尤其是度假的客人，比较习惯于在一个地方停留，而且在这个地方呆的时间都比较长。比如，很多发达国家的客人到印度尼西亚的巴厘岛，一去一个星期，这一个星期什么事都不干，闲到无所事事的程度，用不着每天排日程，上午干什么下午干什么，弄得紧紧张张的，就是悠悠闲闲地放松。

（二）散客和家庭式是主要的方式

传统的观光旅游往往以团队方式为主体，而休闲度假则形成了不同的特点。实际上，即使从观光的团队旅游来说，现在也在逐步地变化，散客的比重在逐步上升，进入发达时期后个性化消费越来越突出。同时，现在的一个新的潮流是，旅游者照样找旅行社服务，只不过旅行社团队比例下降，委托代办比例上升，现在的在线旅游网站其实从事的就是旅行社委托代办的功能。比如，携程旅行网原来的主要模式是"机票+酒店"，现在则延伸到了地面服务，这些都是旅行社的功能，但通过新的方式体现，给散客和家庭式的休闲提供了更便利的条件。

（三）复游率高

复游率是回头客，对一个地方感觉好，可能不断地来。观光客人一般都是一次性的客人，如果能够通过观光客人的口碑宣传带动一些其他的客人来，这就已经很好了；商务客则是一类特殊的游客，只要商务活动存在，就肯定会反复来。

从休闲度假来说，如果认准了一个地方，这个度假者可能会经常去，甚至可能重复去这一个地方度假达几十次之多，这是一个非常突出的特点。比如，一些欧洲的度假游客就独独钟情于到东南亚度假。一般而言，进入11月份后的整个西欧气候相对就很差，经常下雨，天气阴冷，在这种情况之下，希望能到东南亚享受这里独特的、差异性气候，去享受东南亚的阳光、沙滩、海洋，去享受东南亚的购物、运动、温泉。当然，这其中所追求的这些元素本身并不复杂，只要有这样资源的地方都可能成为他们的选择目标，而从根本上而言，他们所追求的是脱离日常生活，脱离那种令人难受的气候环境，去享受一个新的气候环境。这自然就形成了复游率高的特点。国内游客尤其是北方的游客愿意反复去海南，其中原因与此亦有共通之处。

（四）指向集中

休闲度假者一旦形成了一种消费偏好，就会不断地去实现这个消费偏好，并在不断重复的消费中追求提高这项消费的技能，比较典型的是打高尔夫球和滑雪。从运动特点来看，这两项运动入门都不复杂，门槛不高，但是要想打精、滑好就需要不断地练习，所以这两种运动休闲消费都很容易上瘾。曾有报道说，日本高尔夫球运动最疯狂的一段时期，大家在公众汽车站等车，手里拿着雨伞，也会把雨伞当作高尔夫球杆做挥杆动作。

从经营的角度来说，这种消费特点有利于企业经营的展开，因为这种消费指向集中的特点的另一方面就意味着这个市场上会有很多回头客，对企业而言就是会有很多常客。之所以会形成高尔夫球会（俱乐部），既有商业运作模式方面的原因，同时也与这种休闲消费指向性较强有密切的关系。

（五）复合性的需求

复合性的需求在全世界都存在，在中国的过渡阶段显得尤其突出。目前，我国市场上已经形成了"观光+休闲""商务+休闲"等复合性的需求模式，这些需求模式的出现会推动一些地方发展模式的调整，比如海南。

多年以来，市场秩序问题一直是海南旅游发展的大问题。而这个问题的症结就在于海南的发展模式错了，海南休闲旅游发展的核心应该是休闲度假而不是观光旅游。海南是全国唯一具有热带海岛休闲度假条件的地方，但开发的产品却常以海南三日游、五日游等观光产品为主打，显然发展方向走偏了。从观光的角度来说，海南的资源只能算是二流甚至三流的，但海南旅游的起步偏偏选择了发展观光旅游。结果是海南各地大力发展观光项目，建设了民族文化村、南山大佛、野生动物园等诸多观光项目，这样的项目建设得越多，对于团队性的需求就越重，回扣就越多。因此，要想解决海南的旅游市场秩序问题，必须从海南旅游发展模式这个根源上入手，只有从目前"观光+度假"调整到"度假+观光、以度假为主"的模式上来，甚至将来发展成单一的休闲度假模式。当然，模式的调整很困难，而且即便是在休闲度假为主体的情况下，仍然面临着复合型发展的要求。

（六）文化性的诉求

很多休闲产品、度假产品都有一个产品同质化的问题。比如，滨海度假的主体先前是3S，现在是6S；尽管很多温泉度假村的设计建设水平都很高，但资源本体的无差异性导致了开发的雷同现象较为突出。因此，休闲度假发展的核心问题是如何形成文化主题，以对应客人的文化诉求。

再比如，生态旅游可以有各种类型，但是本质上差别并不大。如果从观光来说，溶洞就是典型的同质化产品。大体上看完一个溶洞后再看其他溶洞就没什么特别的意思了，如果看过全国最好的溶洞——贵州织金洞，那真是有点"织金洞外无洞天"的意思。这同样会涉及一个问题，那就是同质化的产品要形成异质化的感觉，这就必须在文化上下更大的功夫。

文化这篇文章怎么做都不过分，尤其是在休闲度假方面，文化性的文章还要做得更大。说做就做到恐怕很难，毕竟这需要一个过程，需要进行相应的强化。一个比较好的比喻是，有温泉叫有资源，有温泉度假村叫有产品，有了温泉主题文化才叫真正的文化。温泉主题文化是各有各的类型，同样是温泉度假村，这个温泉可能融合的是埃及的一套文化，那个温泉可能融合的是墨西哥的玛雅文化，也有的融合的是唐朝的文化，或者融合的是明朝的文化。只有形成了独具特色的文化主题，把一些文化性的根源和自然资源归到一起才能真正做成功，这样才能符合休闲消费的特质。

四、发展走向

1. 消费大众化

随着社会经济的发展，大众化休闲度假需求在发达地区已经产生，在其他地区则处于即将产生的阶段，这种消费大众化给休闲产业的发展提供了一个广阔的市场空间。下一步需要做的就是加强适合大众消费的休闲度假产品的创新，研究一些具体的休闲方式和经营模式。

2. 产品多样化

休闲度假需求的产生本身就是市场培育到一定程度的结果，休闲消费需求的快速增长必然会推动休闲度假产品的多样化。目前，这种依托单一资源建度假村的模式已经很难对应市场，下一步发展必然要求休闲度假设施里尽可能包含比较多的功能，以提高对市场的适应性。各类休闲度假产品要在多样化的同时，更加深化内涵。

3. 追求个性化

作为消费者，到了休闲度假这个层面，个性化的追求就会更加突出。在休闲产业竞争性发展的大环境中，必须研究如何对应客人的个性化需求的问题，必须研究如何提供个性化产品和个性化服务的问题。

4. 市场层次化

市场的层次大体可以分为高端、中端、低端。如果只追求大众化的满足，就意味着只追求低端市场。对于相当一部分度假区来说，对应低端市场不是不可以；对于一些投资量比较大的度假村，则需要调整模式，主要应该对应中端和高端市场。这样就会形成产品与市场的有效对应与衔接，休闲产业的发展才可能在合理、有效分工的基础上获得长足的发展。

5. 发展国际化

目前，我国的休闲产业发展水平离国际先进水平还有很大的差距，这就需要我们在政策制定、规划引导方面加大对休闲产业的支持力度，培育休闲产业领域的领袖型企业，从而在这些领袖型休闲企业的带动下，加快中国休闲产业的国际化发展。

在发展的国际化方面，基本格局是，美国引领了世界的户外运动潮流，欧洲引领了文化休闲的潮流。此外，一些跨国公司引领着高端休闲的潮流。比如，远洋邮轮基本上被几家大型跨国邮轮公司控制着。在这个大格局中，怎么创造中国的休闲文化，如何形成具有中国特色的休闲产业体系，是摆在我们面前迫切需要解决的问题。

目前，我国消费大众化、产品多样化的格局已经初步形成，休闲的个性化、市场的层次化和发展的国际化则刚刚开始。中国消费需求目前还只是初级需求，如果能够全面达到上述五化，那就可以认为我们的休闲产业发展至少进入了中等发达的阶段。

五、需求与市场

（一）行为—现象

普遍性的休闲行为形成了普遍性的社会现象，并逐步引起了社会普遍的关注，尽管我国的休闲行为还多是初级的。从需求角度而言，现在的需求还是一个不饱满、不充分的需求，还有非常庞大的潜力空间有待挖掘。也就是说，按照市场的容量来说，远远没有挖掘到位，按照需求的强度来说，还很不充分；从需求内容来说，还很不够充实。

（二）体验—产品

消费者追求的是通过对相应产品的消费获得一种体验。如果没有相应的对应性产品，消费者所追求的这种体验就很难得到满足。

现在已经针对初级需求形成了一些初级的休闲产品。比如，全国各地几乎到处都可以满足打麻将的需求，可是面对高端需求则往往难以满足，休闲产品的文化品位还有待提高，还无法对应市场的需求，还需要时日的培育。

这里有一典型的例子就是成都的"欧洲房子"这个休闲品牌的培育和发展。欧洲房子既是咖啡厅，也是西餐馆。在品牌创立之初，就确立了"传承欧陆正宗文化、引领时尚消费潮流"的理念，打的是高端牌、白领牌、文化牌。可是开始的时候，经营状况不很理想，老板娘每天坐在窗前，每天换一套衣服，逐步打开了市场，形成了品牌。现在，人们不仅因为欧洲房子的宫廷般奢华的"客厅"和"往来无白丁"的氛围吸引着，更是循着这位引领优雅时尚的女主人而光临。目前，该品牌已经在成都开了好多家，而且还在重庆、太原、三亚等地开设了风格迥异、各具特色的欧洲房子。

当然，除了坚持不懈地拉动市场外，欧洲房子在选址方面也很注意，主要选择中产阶层居住集中的地点。琴声流畅，烛影摇曳，环境很好，作为一种品牌已经初步形成，作为一种城市高端休闲的模式已经逐步在兴起，自然而然就拉动了一批消费。很多消费者感觉到了这个地方就是欧洲文化，能够享受到欧洲那种文化意境。

（三）成为一产业

人们其实是在通过休闲来追求一个人称其为人的过程，这是一种全面的追求，需要一个产业体系来配套和满足。这其中有一个很难把握的度，不可能不商品化，不商品化就叫社会公益事业，但是又不能过度商业化，需要的是对休闲文化、休闲思想的一种介入。在经营的过程中，谁能够把握好这个度，谁就有可能在经营上真正获得长远的成功。

（四）文化—精神

在追求文化的过程中，培育一种休闲精神。休闲是一种追求，但更重要的是培育一种休闲精神，孕育一种新的休闲的文化。从物质的享受到精神的孕育，这个发展层级的跃迁还需要不断的努力，从这个角度来说，路漫漫其修远兮。

（五）市场—需求

从发展而言，涉及市场的三个层面。第一个层面叫利用市场，第二个层面叫培育市场，第三个层面叫创造市场。在这里，利用市场就是适应现实需求，培育市场就是挖掘潜在需求，创造市场就是引导新兴需求。这一系列的工作都要逐步做到位，这样才能真正满足需求，做大、做实市场。

（六）"五育"与"三康"

1. 五育

第一是乐育，就是教人怎么玩、怎么休闲。中国人在玩这方面还差很远，可以说全民族都有一个乐育的问题。很多好玩的东西都是美国人发明出来的，贵族化的东西都是欧洲人先兴起来的，应该说中国的有钱人已经开始有这样的愿望，有愿望就意味着有需求，从产业发展的角度看，就需要积极引导、积极培育。

第二是体育，就是要有一些相应的体育项目，让市场的适应性更强一些，让人们能够身体力行地参与到其中的一些体育休闲项目中去。

第三是教育，就是把一些教育的内容融入休闲中来。中国人有一个心理，父母怎么省吃俭用都可以，为孩子的教育花多少钱都愿意。有钱的人是如此，没钱的人也是如此。从休闲产业发展角度看，这就是市场的一个卖点。如果在度假区里能够注入一些教育方面的内容，就可以通过孩子市场来拉动父母市场，从而扩大可开发利用的市场规模。

第四是文育，就是培育文化。常言道，富而思进，富而思文。这规律性的需求演进要求休闲产品应该增加一些文化的色彩。对于度假区的建设来说，文育就是指度假区各个开发环节上在文化方面如何丰富内涵、如何体现文化的特点，使消费者前来休闲度假时能受到一种文化方面的熏陶。

第五是美育，就是在休闲度假生活中体验美、欣赏美，提高审美能力，通过各种方式，培养一些审美观念，培养一些美学素质。让人们能够不断丰富玩的项目的同时，逐渐明白这其中的美的含义。

2. 三康

所谓"三康"就是指"康体、康疗、康乐"。

以前的行为模式往往是，年轻的时候牺牲健康赚钱，老的时候花钱来买健康。现在的观念已经发生了很大变化，一方面要挣钱，同时还要保持健康。两者之间的桥梁就是度假休闲。度假区的发展需要强化这个理念。

现在的很多体育项目很是枯燥，没有点忍耐力、持久力是坚持不下来的。可是，如果是在康体的过程中更多地添加乐的内容，在乐中形成康，就会更加轻松休闲。当然，这些概念性的东西需要切实地转换成数量众多的具体项目，以多样化的产品对应复合型的需求。

（七）定义域、问题集、产业群、终极性

第一，在认识方面要认识到位，需求和市场之间的关系要把握准。总体来看，研究休闲消费问题不必过于追求定义的精准，而可以考虑对休闲消费的范围做个界定，形成一个定义域。基于这个定义域，人们可以从不同的角度来看待休闲，从不同的角度来定义休闲，这样才有助于较为全面综合地把握休闲。

第二，问题集。从世界范围来看，对休闲的研究、对休闲消费的理解是一个不断摸索、不断创新的过程；从中国的具体情况来看，则更是如此。很多问题集中出现，集合在一起。有时候难题加难题，这个问题反而解决了。更何况事情的发展往往是，机会创造机会，条件带来条件。简单地说，以往

那种就一个问题找一个原因，而后形成一个对策的线性思维方式是无法对应休闲经济的发展的。

第三，要培育形成休闲产业群。这个产业群的培育需要方方面面的努力，需要对产业群有一个综合性的把握，需要从需求点、需求面、需求群的角度来深刻把握产业点、产业面和产业群。

第四，通过一系列的努力，达到消费者追求休闲的终极性。这就要求我们从哲学层面来认识休闲问题，以哲学层面的这种终极性来指导实际休闲产业的发展。

第四章 闲：时间维度

第一节　生命周期

一、生命周期与闲暇

（一）生命的周期结构

1. 总体长度

社会经济的发展提高了人们的平均寿命，在市场经济发达国家，人们的平均寿命可以达到 80 岁，我国的平均寿命也已经超过 70 岁。据统计，2008 年中国的人均寿命为 73.1 岁。如果我们假定生命的时间结构是以 80 岁来计算，则生命长度为 29 200 天、700 800 个小时。

2. 儿童时期（0～6 岁）：闲暇为主

从生下来到 6 岁，这个阶段是以闲暇为主，且基本上是一种被动的、全面接受的一种闲，所以儿童的游戏本能非常强。在这个阶段他不断地接受新的东西，从学走路、学说话一直到游戏。整个过程都是闲暇。比较可悲的是，我国的儿童从幼儿园开始就面临着激烈的竞争，从而也常常被父母过早地要求减少闲暇时间，增加各种各样的学习时间。而实际上儿童应该是人生欢乐的开始。这或许是中国教育方式和国外比较好的教育方式之间的根本区别所在。

3. 少年时期（7～16 岁）：半闲暇

从 7 岁到 16 岁，大体上是从小学到初中毕业阶段。这个时期应该是一个半闲暇的时期，因为一方面需要开始接受基础教育，另一方面则还处于强化玩的时间。不过这个时期的玩和儿童时期的玩已经有所不同，已经开始有选择、有意识地玩，并逐步培养自己的爱好，其中有些爱好是贯穿终生的。比如，上初中的阶段喜欢体育，可能终生都会喜欢体育，而且如果在这个时期有一个户外休闲的基础，身体也就练出来了。这里同样有一个遗憾，因为在这个时期中国的孩子们面临着人生的第二个竞争，孩子们都不知道人生什么时候可以松弛一点。实际上，这个时期恰恰是人的生命周期中大规模接受新的信息、接受新的生活方式，乃至培养自己一生的基础的最佳时期之一。

4. 青年时期（17～39 岁）：三分之一弱闲暇

从 17 岁到 39 岁是青年时期。在这个时期，尤其是大学毕业以后，才可以说是完整地步入了社会。这个时候人的主要精力在于确定自己一生的根本性问题，比如选择自己的专业方向，选择自己的工作，培育自己的事业基础，包括构建自己的家庭生活。在这个时期，人都很忙，但不等于没有闲暇，只不过这个时期的闲暇时间较少，大体上只占三分之一。

5. 中年时期（40～65岁）：三分之一强闲暇

一般来说，在40岁左右，人的一生的事业就已经奠定下来，成家立业的事都完成了，人生诸事基本是在一个比较正常的轨道中进行，所以人到这个时候心态会有一个转变，会逐步地去追求生活质量的改善，对闲暇的要求也会逐步提高。当然，这也是一个拼搏时期，是人出成果的时候。国际上有一个统计，获诺贝尔奖的科学家产生获诺贝尔奖的巅峰成果的平均年龄是38岁，到40岁以后，一般来说人的巅峰已经过去了，此后更多的可能是按部就班地规划着人生的轨迹。这样看来，这个阶段的闲暇时间大体上可以占到人的生活的三分之一。

6. 老年时期（66岁以上）：全闲暇

按照联合国的划分标准，人到65岁就算是进入老年了。66岁以上基本上就进入全闲暇阶段，只不过对这个全闲暇的处理方式各个国家会有所不同。

美国人认为，到了老年时期是人生的黄金时期，奋斗了一辈子，到老了该好好享受一下生活；欧洲人可能认为过了40岁就应该好好享受生活了，用不着等到65岁；而中国人则在这个时候感觉到了失落，对社会无所贡献了，社会不需要自己了，孩子们都长大成家，孩子也不再需要自己了，因此产生了令人非常痛苦的失落感。可以说，中国老年人的生命质量并不高。当然，这并不是说他不能过更好的生活，这其中的关键是老年人是否可以把自己的心态调整过来。如果心态能调整过来，那就可以发现生活是非常幸福的；如果心态调整不过来，那失落感是肯定的。这里既有文化传统的原因，也有社会供给体系完善程度不够的原因。恐怕我们现在的社会还无法提供足够的供给来满足老年人的休闲需求。街头广场常常可以看到的老头敲锣打鼓、老太太扭秧歌，有时候则是万人歌舞，甚是壮观。其实就是一种生活的追求，体现的是一种生活的热情。类似的这种风气不过是近十年左右才产生的，在这十年左右的时间内，社会的观念、行为方式和心态已经发生了巨大的变化。

尽管工作至上的伦理观念还影响深远，但是毕竟已经开始调整，有一些传统甚至正在被颠覆。在这种情况之下，分析生命周期和时间结构，可以看到，闲暇始终占据着重要的位置，只不过很多时候没有意识到而已。

(二)人生历程

1. 工作历程

第一个阶段是准备工作，创造工作的条件，这就是一个学习过程。

第二个阶段是开始进入社会，进入工作里边。

第三个阶段是在工作的历程中希望能够创造一些成就，把该做的事情做好。也就是说，希望自己对社会有贡献，在做贡献的同时让自己的生活更充实。

第四个阶段是通过成就得到进一步的提升。简而言之，就是提升自己在现实社会中的地位。比如，当官的总希望官越当越大，做生意的总希望钱越赚越多，做学问的则希望能在学问上做出点名堂来。

第五个阶段是到达巅峰之后开始下滑，期间可能有一个平缓期、衰弱期，最后进入下滑通道。

2. 家庭历程

首先是个孩子，差不多的时候进入社会，之后恋爱、结婚、生子。从家庭来说多数人都有这个过程。现在的丁克家庭可以没有生孩子这个过程，但恋爱和结婚总还是有的。在家庭历程中，孩子在很大程度上是家庭的中心，自己是孩子的时候自己是父母的中心，自己有了孩子之后，把自己孩子当成家庭中心。世界各国也基本上如此，因为这是人的一个生理的过程，也是一个感情的过程，这样一个感情的过程人类在一代一代地延续。更何况，在这个过程最终获得了成长，孩子的成长是每个父母最愉快的事情之一。孩子的成长也是家庭的成长，同时在这个成长过程之中我们每一个人自己也在成长，通过家庭的集体性、整合性的成长，我们会逐步感觉到生命的意义、生活的追求。

最后一个阶段是家庭。孩子总是要脱离家庭的，这就形成了所谓空巢家庭，进入空巢家庭阶段是人生的第二个调整，也是根本性的转折。有些人总是喜欢照顾孩子一辈子，因为他一个感觉，孩子脱离了家庭，他觉得自己不但在工作方面退休了，在家庭方面也退休了，想努力再找一次工作，而社会工作又不好找，所以就把照顾孩子照顾孙子这一代当作自己的工作，等孙子长大了，自己则又面临着第三次退休，往往在精神上受不了。空巢家庭问题在世界范围内都是一个普遍性的社会问题，需要重视老年人的心理调整。之所以中国老年人的心理上很难调整过来，一方面是自然因素，人到老年都会这么想；另一个方面是文化因素，不同的国家对待闲暇有不同的态度，对待时间有不同的认识。

3. 休闲历程

儿童时期和少年时期的休闲基本上是一种无知的休闲，就是凭本能，就是喜欢玩。苏维埃政权成立不久后，苏联教育家马卡连柯收留了很多流浪儿童，搞了一个儿童院。有一次，他给孩子们每人做了身新衣服，孩子们穿上这身新衣服之后就疯狂地爬树，他就把这些孩子全给拉了下来，说要是再爬树就不让他们穿衣服了。他后来说，有一个问题在当时恰恰没有认识到，也就是说，正是因为孩子们穿了新衣服心里高兴得不知道怎么表达，所以才去爬树。在这个阶段，所看到的是天真、浪漫，这些基本上都是一种本能的发挥，是一种游戏的本能体现，即使在受苦受难情况下也要玩。这个历程是人生中最可贵的历程。

第二个阶段是主动追求休闲阶段。这时人们对自我的认知比较强了，开始选择自己的专业和生活，开始主动地追求休闲。主动追求休闲阶段的高峰时期就是恋爱阶段。恋爱阶段没别的，就是玩。不玩怎么接触、怎么熟悉啊。在以前生活非常紧张、经济非常困难的时候，几乎所有的公园都是恋爱者的天下。比如上海。上海的外滩上一条长椅上可以坐三对恋人。因为在那时还没有形成普遍的城市休闲体系，没有茶馆去坐一坐，没有酒吧去坐一坐，而家里没有足够的房子，公园里又挤得一塌糊涂，跑到外滩至少还对着一条黄浦江，多少还有点浪漫情调。

第三个休闲历程是调整。这个调整伴随着工作历程和家庭历程而生，调整的过程很长，在不断地进行着，总的调整方向是从比较被动向主动发展，从消极向积极发展。

最后一个休闲历程是积极休闲阶段。有了闲、有了钱、有了外部条件，就有了积极休闲。

总体来看，工作历程、家庭历程和休闲历程是和整个生命周期紧密联系在一起，分离不开的。可现实中往往是首先重视工作历程，其次重视家庭历程，习惯性地忽视休闲历程。忽视休闲历程就是忽视了自己的生活质量，就是忽视了自己生命周期的螺旋式上升发展。今后应该逐步强化休闲历程，至少应该使它和工作、家庭一起构成一个完整、稳定的生活结构。

二、生活的过程与质量

（一）生活的时间结构

1. 专门学习时间

生命是一个漫长的过程，生活也是一个漫长的过程。对此，我们可以全周期地来看，也可以分阶段地来认识。如果我们分解一下，则人一生中专门的学习时间大概是 18 年（从 7 岁到 25 岁）。这 18 年里学习时间是 4438 天、34 704 个小时。一年按照 241 天的学习时间来计算，因为学习没有像上下班一样那么严格。这可以说是人生的一个准备阶段，也是人生从学习进入到社会的一个过渡阶段。

2. 工作时间

工作时间大概是 35 年。一些西方的学者还是以年度来计量工作时间。以前我们的口号是为祖国健康工作 50 年。实际上，在现在这个竞争激烈、劳动力极度丰富的环境下，想工作 50 年几乎是不可能的，一般来说工作时间 35 年，每年工作 241 天。365 天的日历时间减去 124 天的休息时间，每年工作是 241 天。这样总的工作时间一辈子是 8435 天、67 480 个小时。人的一辈子就工作 8000 多天，可是我们却觉得我们一辈子的中心应该是工作，觉得离了工作好像就不知道自己应该干什么了。

3. 工作准备时间

工作准备时间是每天上下班往返所需时间，这是基本的工作准备时间，另外还有其他的工作准备时间，比如早点进办公室、扫扫地、打打水之类的。大体上算下来也是 35 年，每年 241 天，每天一个半小时，一共 12 652 个小时。

4. 生理时间

生理时间是睡眠时间和休闲时间，也同样以每天八小时计，有的人睡的时间短，除了睡眠还有休闲时间，这样算下来，一生 233 600 个小时。

5. 家务时间

妇女的家务时间一般是一天 3 个小时，男士的家务时间一天大概就 1 个小时，以平均 1.5 个小时计，总计为 12652.5 个小时。

6. 闲暇时间

以上的时间合计为 348 436 个小时。我们用人一生 80 年 700 800 个小时减去 348 436 个小时，可以得到闲暇时间总量。若以年为单位，则闲暇的时间是 27 年，占生命的 33.75%，即占三分之一；如果以小时计，则是 352 364 个小时，占生命的 50.28%。按照生活的时间结构来看，闲暇的时间占一半；按年数来说，整块的时间占了三分之一。

7. 日常时间的消费结构

日常时间可以分为三大块：一是生理时间，包括睡眠时间与家务时间；二是工作时间，包括工作准备、工作和工余时间；三是闲暇时间，即可自由支配的时间。对于闲暇时间的消费，有日常休闲和集中休闲等不同的方式。

（二）时代的变化

因为科学昌明、社会进步以及生活水平不断提高和科学技术不断发展，与休闲有关的各个方面都发生了不少变化。

1. 总体寿命延长

古人云，人活七十古来稀。在古代人若能活到 70 岁确实已属不易，即便是在民国时期，全国的平均寿命也就 35 岁左右，人口死亡率很高再加上战乱，人口的平均寿命很低。现在我国的平均寿命已经较之前翻了一番，基本上接近发达国家的水平。从世界范围内来看，前工业化国家的寿命比较短，大体上在 50 岁左右，发展中国家现在基本都达到 60 岁左右，新兴工业化国家基本上在 70 岁左右，发达国家则可能在 80 岁以上。可见，随着社会的进步，人的总体寿命在延长，自然地，人的空闲时间越来越多。

2. 家务时间缩短

原来我们的家务劳动是非常复杂的劳动，现在则已不同，通过现有的技术手段，正常家务劳动的强度已经大大降低，劳动时间大大缩短。此外，现在社会服务体系越来越发达，也使得很多家务劳动实际上已经通过比如小时工等都转包出去了，懒得做饭可以到社会餐馆去吃，甚至可以打个电话叫。这些都已经非常普遍。说一个最简单的例子，以前孩子出生前，家里的老人一定要把家里所有的旧衣服都收拾一遍，用来给孩子当尿布，孩子生出来之后，每天都要洗尿布、晾尿布，自然增加了照看孩子这个工作的繁重程度。现在则可以通过尿不湿来缓解相应的劳动强度。

3. 休闲要求提高

随着总体寿命的延长和家务劳动时间的减少，人们的休闲要求自然就提高了。因为空闲时间越来越多，必然促使人们思考如何安排好空闲的时间的问题，这就是休闲。更何况现在与休闲有关的供给水平在不断改善，社会休闲体系在逐步发育完善，很自然就会对休闲消费提出新的要求。

4. 生活内容丰富

休闲要求提高也就意味着生活的内容越来越丰富。当然，不同的生活内容有好的一面也有不好的一面。比如，现在媒体很发达，读书的人少了，因为人们所需要的信息在网络上都可以找到。读书的感受和上网的感觉还是有所不同，上网更多的是快餐式，而传统的读书则是享受型的，即便是读书，在这个变化的社会中，大家普遍更喜欢动漫书而不是纯文字的书。在一定程度上，这会影响到整个民族的文化素质。当然，现在生活内容的丰富程度已经远远超出我们以前所能想象的水平,很多我们想都想不到的事情不断地在发生着。从未来的发展来看更是如此,而且还会以加速度的方式不断向前发展。现在实际上已经是这个情况了,各式各样的消费品已经让人有些眼花缭乱,人们都有些不知道自己到底要享受什么了,尤其是在商品化的大潮面前,每天不断的广告轰炸,更是强化了人们的这种感觉。广告对人们的消费起到了很大的诱导作用,对人们的休闲性消费而言也是如此。

5. 生命质量提高

生命质量的提高是最根本的,是整个社会进步的根本性的体现。如果把以前我们的生活状态称为活着,那我们现在的生活状态才叫生活,而且是一种不断改善着的生活。应该说生命的质量是贯穿于人的整个生命过程之中,覆盖了生活的方方面面的。

第一个质量是出生的质量。优生优育就是质量的要求。

第二个质量是生长的质量。目前,这种拼搏性的残酷竞争并不是生长的质量,生长的质量应该是人的全面发展。

第三个质量是生活的质量。目前,这种拼搏性发展的状况与我们单一的文化有很重要的关系。从休闲的角度而言,多元文化社会下的休闲和单一文化形态下的休闲也会有很大的不同。目前,中国休闲成长所处的单一文化环境仍然处于不断变化中,并逐渐向多元文化环境演进,多元化的色彩会越来越重,使生活的质量越来越高。虽然整个世界并不太平,局部战争或者代理人战争还时有发生,但毕竟第二次世界大战以后就再没有世界性的战争,而且爆发世界大战的可能性基本没有了,这就意味着整个世界基本上处于总体稳定、和平的状态之下,生活的质量自然也就成为社会共同的要求。

表 4-1 单一文化社会和多元文化社会中的休闲

	多元文化	社会单一文化社会
概　　念	休闲是一个人选择的任何使他/她感到快乐的事情;休闲不受约束,自己就是目的	休闲是一系列认同体验,个体被教导应该享受这些体验;休闲是有约束的,是达到某种目的的手段
行为范围	可以接受的行为范围很宽	可以接受的行为范围狭窄
判断行为的标准	界限由法律设定,没有普遍被接受的判断休闲行为的首先标准	界限由传统道德和社会习俗来设定;对于休闲,存在建立在传统文化上的普遍标准
角　　色	休闲与个体认同和亚文化认同有关	休闲与部落、本地的和民族的认同有关

续表

	多元文化	社会单一文化社会
角色问题	难以对休闲的道德进行判断；对休闲价值存在争议，意义匮乏	可以提供的选择很少，对外界排斥，容易把休闲作为社会控制的手段
政府的角色	认为娱乐需求的满足很难，可能为某些亚文化群提供一些不成比例的服务	认为休闲需求容易满足，所提供的服务能够为所有人共用
商业机构的角色	商界有更多的机会，能刺激个体或亚文化群的消费欲望，容易创造需求	商界只有有限的机会，很难创造需求或刺激亚文化群的需求

资料来源：杰弗瑞·戈比.《你生命中的休闲》.云南人民出版社2000年，第55页.

第四个质量是老龄的质量。老年人作为社会的弱势群体，他们的生活是最艰难的，这不限于物质条件和精神条件，更重要的在于精神状态和生活方式。从一定意义上而言，老龄的质量是社会整体质量的根本性标志。一个社会好不好，或者这个社会生活质量的高低，不仅可以从孩子的生活环境和生活质量角度进行考量，但是更重要的看老年人的生活质量。

最后是死亡的质量。人生的最后一个阶段就是生命的结束和消亡。总体而言，我国在这个阶段的质量问题还比较低。毕竟那种无疾而终的状况不是多数，多数情况下人们是在病痛之中走向死亡的。在病痛之中怎么走向死亡，这个质量问题是社会文明程度的重要标志之一。

在我们当前所处的时代，和平、发展是主旋律，对生、长、活、老、死各个阶段的质量要求自然就会提高，对生活的全过程、生命的全周期提高质量要求是很自然的，这其中，休闲是一种重要手段和追求。

（三）不同族群的休闲时间

可以用多种不同的标准来进行族群的划分。比如，从经济收入角度看，可以分为富人、中产阶级、低收入阶层等；从文化水平角度看，可以分为受过高等教育的、文化水平很高的以及没有受过教育的文盲。这里举几个族群为例展开分析。

1. 城市族群：紧张与闲暇

尽管还可以进一步的划分，但我们在这里笼统地来分析城市族群。城市族群的特点是紧张与闲暇。大家普遍感觉城市族群的闲暇时间非常之少，实则不然，主要是因为大家普遍关注的是社会的中间层，即年龄的中间层，也是收入的中间层。这部分人群的确代表了城市生活的主流，但绝不能涵盖城市族群的全部。而且在一些人拼命工作的时候，同样有大把的人在闲暇。因此，城市族群的特点是紧张为主、闲暇为辅。

2. 农村族群：闲暇与紧张

农村族群的特点是闲暇与紧张，前者为主，后者为辅。现在很多农村地区，尤其是经济比较发达的农村地区，工商业发展的程度已经很高了，但是多数农村仍延续着以农业为基础的生产方式，这决定了农村族群的生活形态往往是半年忙半年闲。农村族群很想找一些其他工作，但总是找不到，后来大批农民进了城，导致农村凋敝化，农村剩下的主要是老人、孩子和女人。在这个状况之下，农村族群的闲暇就是一种消极的闲暇，紧张也是一种被动的紧张。将来我们的社会一定会完成二元结构的转换，在这个转换过程之中，城市的紧张与闲暇、农村的闲暇与紧张也同样需要转换。

3. 妇女族群：闲暇的不足

从闲暇的角度来研究，妇女的休闲明显不足，是受歧视的。全世界都是如此。尽管我们强调同工同酬，但是除了工作之外，妇女仍然处在一个受歧视的地位，在闲暇方面也是如此。中国在这方面表现得尤为突出，这与中国的传统观念有密切关系。在中国家庭分工上往往强调男主外女主内。女主内实际上主的就是家务，真正的经济权实际上没有多少。这必然导致妇女的休闲问题需要引起我们重视。

4. 弱势群体：闲暇的不充分

就目前而言，弱势群体的确都有大把的时间，但这些空闲时间的质量很低。比如，失业的工人、失地的农民和残疾人等都是如此。有些人觉得自己已经被社会淘汰了，被社会淘汰和自己主动与社会保持一定距离，这完全是两个不同的概念。弱势群体的精神状态非常差，生活状态也不好，虽然有大把的空闲时间，但没有相应的生活质量。对于他们来说，问题不是闲暇的不足，而是闲暇的不充分，或者亦可称为休闲的不充分。这样的社会问题只靠休闲本身解决不了。不过，随着休闲产业的发育，可以创造出更多新的就业岗位，这些新的就业岗位本身对弱势群体会有一些帮助和支持，尽管这是一个长远发展的过程。比如，有研究指出，美国有25%的就业岗位是在休闲领域。这么庞大的就业群体，对弱势群体肯定会起到非常大的作用。这不像工业，要想到工厂工作没有好身体是不行的，没有相应的知识积累也是不行的，不具备这些条件，很难进入现代化的大工业。科技的发展、金融的发展都是如此，它们所吸纳的是社会的强势群体。而休闲产业则不同，它是以服务业为主体的，技能性的要求也不怎么高，所以休闲产业的发展对于弱势群体的扶助作用非常大,通过提高弱势群体的收入水平显然有助于解决这部分人群闲暇不充分的问题。当然,根本性的解决还是要依靠整个社会的转型。

第二节　时间感知

杰弗瑞·戈比在《你生命中的休闲》中指出,"一种文化的时间概念与这种文化以什么样的方式看待世界,有直接的联系,即以这种文化的发达阶段相关"。[1]这句话说得很精彩。也就是说,时间对于美国人来说是不同的,对于美国文化来说也是不同的,这直接涉及我们对空闲时间的看法、对工作时间的看法,也涉及我们对这两个时间的把握。

一、时间:主观与客观

(一)自然时间

我们看时间,首先是自然时间,即日历时间,每天太阳起太阳落,一天过去了。这是一个自然的感知。这种自然的感知在农业社会时期经历了几千年。除了这个自然时间之外,还有一个人们在主观上如何看待时间的问题。中国有一句古话,即"寂寞嫌夜长,欢娱觉时短"。一个非常通俗的例子,你如果和自己的女朋友在一起,一个小时可能就像一分钟;可是如果你坐在火炉上,一分钟就像一小时,你欢乐的时候你觉得时间过得很快,寂寞孤独的时候你觉得时间很长。

(二)钟表时间

人要钟表不是为自己服务的,主要是社会需要人们有这个钟表时间,因此,钟表时间其实是一个社会时间,意味着整个社会基本上是按照这个时间在运转,包括上下班,甚至吃饭睡觉以及娱乐休闲都是如此。这样的社会时间使人变成了社会人,通过钟表时间一定意义上人完成了异化。

---

[1] 杰弗瑞·戈比.《你生命中的休闲》.云南人民出版社2000年,第60页.

（三）计算机时间

计算机对于人类社会生活的影响越来越大。计算机时间讲究的是精确性，这一点在"千年虫"问题上表现得非常明显。现在我们已经进入网络时代，已经除了实体社会之外，又形成了网络社会，而且网络社会的吸引力越来越大，介入的人口越来越多，使得虚拟社会一定意义上变成了一个实体社会。

（四）心理时间

以上三类时间构造了一个新的时间概念——心理时间。对时间的主观感知对于提高我们的生命的质量，对于改变我们的生活作用非常大。有些人为忙而忙，为忙而忙和觉得没有时间这两种状况在一定意义上实际上是在炫耀社会身份，这基本是一种工业化时间的炫耀。现在则是将空闲时间与社会地位更紧密地联系在一起的，而不是简单地与名牌西装、电话、钱包等联系在一起，老板往往反而不带这些东西，甚至没有名片。社会在不断变化，而这个变化的过程实际上会在时间上体现出来。比如，有时候我们看到一个人精瘦黝黑，但他的右手是白的，这可能恰恰是老板，虽然表面上他跟农民差不多。因为他天天打高尔夫球，右手要戴手套，所以右手是白的老板的工作时间和休闲时间在主观感知上是会有差异的，人们认为他们在休闲，而对老板们而言则可能是在工作，这些老板恰恰是在球场上解决生意问题的，尽管打高尔夫球是最高雅的运动之一，也是最好的休闲方式之一。

（五）内在时间

时间需要深度利用。同样读一本书，有的人可能两个小时就读完了，而有的人则可能需要读八个小时甚至更长的时间，这就是一个时间利用效率问题。比如，散步是最简单的休闲方式之一，在散步的过程中可以什么都不想，也可以边散步边思考，一直没有眉目的问题可能在散步的过程中获得了重大突破。不同的时间利用方式需要不同的场合、场景，同样的时间对每个人的意义是不同的，每个人的感受会明显不同。

二、时间利用

（一）时间配置

从生命的总体过程来看，必然有一个时间配置的问题。小时候的时间配置不由自己说了算，但长大了之后的时间配置基本上是自己说了算。总的时间配置基本上社会有社会的框架，各人有各人的选择。有的老板做到一定程度就不做了，因为他不认为挣钱是最重要的，而是将追求自己的生命质量视为生命中最重要的目标。很多白领阶层也是如此，他们干到 40 岁就提前退休了，尤其是 IT 界的白领。金融界，尤其是做投资银行的白领干到 45 岁左右就退休的数量已经不少，大体上是从 30 岁拼到 40 岁，在 10 年中把一辈子该干的事都拼完了。此外，还有一类很特殊的职业就是机场空管员。机场空管员大体上干到 45 岁也就不再干了，不退休可能就换岗位，因为机场空管员是高强度高负荷的工作，所以从生理上必须考虑调整。运动员也是如此。运动员出成绩的高峰大体是 20 多岁左右，基本上到了 25 岁就面临全面淘汰、二次就业。当然，职业选择也是选择一种时间配置，选择一种生活方式，在某种特定的生活方式下必然隐含着时间配置的问题。

（二）时间利用效率

同样的时间，有的人利用效率很高，他就可以比较闲，有的人利用效率很低，他可能就很忙。一天到晚忙得一塌糊涂的人的工作未必好，而恰恰可能反映了他的能力比较差或者他的工作方法比较差，不知道怎么提高时间的利用效率。

（三）时间变化

在整个生活过程之中，如果在时间配置和时间利用上水平提高了，那就意味着时间变化了。这种变化使得人们的工作时间逐步缩短，而空闲时间在逐步增加。

（四）工余业余

业余是指八小时之外的时间。业余和休闲的关联往往体现在业余爱好上。有业余爱好的人，他的生活质量往往比较高，生活有目标。我们很多人有业余时间但没有业余爱好，这与发达国家相比有很大不同。发达国家比较重视从孩子开始培养爱好，这种爱好往往影响孩子终生。

除了业余的概念之外，还有一个工余的概念。虽然有每天八小时工作制，但八小时内真正硬碰硬地用于工作的时间并不是八小时，多数情况下是小于八小时。以前是一杯清茶一张报纸过一天，现在是人人守着电脑，可是在电脑前有时是真正在工作，有时则是在网上聊天，这其实是在耽误自己的生命。

当然，情况有时会有所不同。比如，在跨国公司里基本上没有工余时间。原因很简单，不管你干什么，公司只管你任务能不能完成，公司给你的任务一定是满负荷的，用不着揪你的工作效率问题，你把活给干完了，就已经达到很高的工作效率了。而有些一般性的企业、政府机关、高等院校等，工余时间一般都比较多，即便在发达国家，也不是所有的人在所有的岗位上都是干满八小时的。以前的工作要求是"出满勤干满点"，现在要"出满勤"容易，但要"干满点"不容易。这说明在工作时间中也有一段空闲时间，如何控制、利用这段空闲时间，必然涉及时间配置、时间利用效率问题，必然涉及如何提高工余时间质量的问题，必然涉及工余休闲质量问题。

（五）工作和休闲的弥合

随着社会的发展，会产生工作和休闲的弥合，这种弥合主要体现在自由职业者、网络工作者、科研工作者等群体身上。有时候，看着这些群体好像很闲，可实际上这些人的脑子可能在高速运转；有时候看着这些人很忙，可实际上他们的脑子很轻松，比如自由职业者在家里上班。自由职业者在家写了两页纸的稿子后，因为孩子哭闹而放下手中的写作工作去抱孩子，或者他觉得今天的活干得差不多了就出去玩去了。这时，工作与休闲已经没有明显的划分了。从社会发展角度来看，随着劳动生产率不断提高，原先需要一万人的工作现在可能只需要一千人了，这必然会使得符合钟表时间和计算机时间的工作越来越少，而自由职业者或弹性工作的人越来越多，工作和休闲的弥合方式会逐渐成为一个比较普遍化的方式。

这种工作与休闲混合的方式在旅游业中也同样存在。比如，笔者曾经去某博物馆考察，当时博物馆大门开着却没有人，旁边一帮人在打麻将，当问售不售票时，有人回答是5块钱一张票，给了钱后从麻将桌旁边站起一人，进去把灯给打开。笔者从博物馆出来时，这些人还在打麻将，看着笔者出来了，又有人跑进去把灯关上，这就是一种工作与休闲混杂的现象。尽管这是一个特例，但从整个社会来说，工作和休闲的弥合很可能会演变为比较普遍的现象。

第三节　时间安排

一、工作时间的变化

表 4-2　人均年有效工作时间

年份	法国	德国	英国	美国	日本
1870	2945	2941	2984	2964	2945
1880	2770	2765	2807	2789	2770
1913	2588	2584	2624	2605	2588
1929	2297	2284	2286	2342	2364
1938	1848	2316	1958	1867	2166
1960	1919	2081	1913	1975	2318
1973	1771	1804	1688	1717	2093
1987	1543	1620	1557	1608	2020

从上表可以发现，1870年时各国人均年有效工作时间都差不多，基本上都在3000个小时左右；到1987年时，工作时间基本上减少了一半，日本下降幅度相对较小，从2945个小时减少到2020个小时，少了925个小时。尽管这过程中会有一些例外，比如法国1960年的工作时间比1938年还高一点，但这种总体上的下降趋势从根本上反映出了社会的进步。

现在工作时间在人们一生中所占的比重越来越少，比如对英国公众所做的调查结果显示，一般职业生涯仍然要持续40年左右。但有效的时间从1950年的12.4万个小时缩短到1983年的6.9万个小时，工作时间所占的百分比已从50%减少到20%。人们占有这么多的空闲时间，在生活中好像却并没有这个感觉，这其中一个重要的原因就是空闲碎片化。另一方面则是因为很多人的空闲缺乏质量。如果空闲得有质量，那空闲的感觉就会比较强烈。这就涉及一个主观感知的问题。比如说，同样一个暑假，天天被困在家里，很容易感到厌烦；但如果到外地休闲旅游去了，就可能会感觉这个暑假很棒。

二、工作方式的新探索

按理说，随着工作时间日渐缩短，人们应该好好琢磨空闲时间怎么安排的问题，而实际上，随着工作时间越来越短，大家对工作方式的要求也越来越高，从而产生了一系列工作方式的新探索。

（一）共享工作

随着工作时间的相应减少，共享工作的时代应运而生。通俗地说，共享工作就是两个人干一个活。这是很多发达国家解决就业的一个重要措施，尤其是在2008年的金融风暴之后，多国为了应对经济萧条的现状，变相推行四天工作制或默许员工做兼职，为降低企业成本鼓励"无薪休假"，为避免裁员而实行"工作机会共享"。其实早在1997年，法国由于失业率居高不下，"工作分享"理论就开始盛行。法国政府从1998年开始推行每周35小时工作制。有资料显示，实施新工时制的第一年，法国就因压缩工时创造了10.5万个就业机会。当然，本来一个岗位一个人干就行了，现在由两个人来干，显然客观每个人干的时间就更少一些了，空闲时间就更多一些。

（二）灵活安排工作时间和适当缩短工作日

弹性工作制是指在完成规定的工作任务或固定的工作时间长度的前提下，员工可以灵活地、自主地选择工作的具体时间安排，以代替统一、固定的上下班时间的制度。据了解，在欧美，超过40%的大公司采用了"弹性工作制"，具体形式包括"核心工作时间+弹性工作时间""成果中心制"和"紧缩工作时间制"。此外，也有一些国家采取了调整工作制的方式，比如将每天工作八小时缩短成每天工作六个小时。

（三）前卫雇主

前卫雇主的意思是雇主不是按雇主的要求来安排时间，而是按照雇员的要求来安排时间。比如，在招聘时，先问应聘人员有什么要求，雇主根据应聘人员能够提供的工作时间来安排其工作内容和工作薪酬。前卫雇主的好处在于，可以最大限度地提高雇员的工作效率，一定意义上就降低了成本，同时可以在最大程度上缓和劳资关系。

（四）四天工作制

四天工作制还没有成为任何一个国家的全国性的工作制度，但很多公司都已经开始了，比如说德国的大众汽车公司。德国大众公司已经将工人每周工作时间从20世纪90年代初的36小时缩短为28.8小时。虽然工人的工资减少10%，但保住了大约2万个就业岗位。对于像大众这样的大公司而言，提供就业岗位、解决就业问题就是它对社会承担的责任，同时通过这种工作制度调整来保住就业岗位还可以得到政府的一些政策优惠和支持。德国劳动力市场专家指出，对企业来说，增强了企业的灵活性，避免再度培训带来的企业培训费支出；对雇员来说，尽管收入减少，但避免了职位丢失的危险；对政府来说，避免了为失业人员提供失业救助的压力。

在具体施行方面，四天工作制有两种不同的方式：一种是每周工作4天，每天工作延长到10小时。2008年8月，美国犹他州把除了紧急服务机构以外的所有雇员工作时间全都改成4天/10小时。第二种形式是每天的工作时间和过去相同，而每周只工作四天，但薪水也相应减少20%。毕马威（KPMG）会计师事务所于2009年2月开始试行4天工作制，以避免在金融危机中大规模裁员。① 杨百翰大学（Brigham Young University）的雷克斯·费瑟（Rex Facer），调查了在美国各大城市工作的151位人力资源总监。在那些向雇员提供弹性工作制或4天/10小时工作制的城市里，64%的人力资源总监表示，标新立异的工作时间表改善了雇员的精神面貌，而且41%的总监还表示这提高了生产率。

（五）限制加班

与国内动辄加班的公司文化不同，很多国外公司往往对加班有明确的限制，如果实在需要加班，一般也不发放加班工资而是采用补休的办法，而且还需要征得制定的经理或合伙人同意。总之，既要保证工作的运行，保证竞争力的提高，同时也要保证劳动力的空闲时间，因为劳动者拥有空闲时间实际上也是一个劳动力再生产的过程。如果没有空闲，就意味着劳动力没有再

---

① 毕马威于2009年1月向英国1.1万名雇员提供减薪休假方案，员工可选择放假1～3个月，期间3折支薪，或选择一星期工作4日，薪金按比例扣减。大约有85%的雇员参与了该计划。

生产的过程，没有再提高的过程，就意味着劳动力的逐步贬值。

（六）提前退休

提前退休既有出于个人自愿，也有些是组织化、机制化的行为。现在我国提前退休现象具有一定普遍性，当然这其中的原因是因为严峻的就业压力，逼着很多人不得不提前退休。很自然，提前退休又产生了一个新的问题，很多人提前退休后想在社会上再谋一个新职业。这样，退休人员一方面拿着退休工资，另一方面再做一份第二职业，而恰恰是退休人员从事的第二职业也侵占了其他人的就业机会。从道理上讲，能够谋取第二职业的人往往是有相应素质和能力的人，让这些人提前退休又是不是一种教育资源、人力资源的浪费呢？

三、休闲时间

（一）休闲时间的调查

王雅林在《城市休闲——上海、天津、哈尔滨城市居民时间分配的考察》一书中指出：18～65岁的城市成年居民人口年均工作时间总量约为1548小时，而休闲时间总量约为2095小时，年休闲时间总量比工作时间约多550小时。如果进一步加上18岁以下和65岁以上城市人口所拥有的休闲时间，那么从社会总人口角度计算，社会所拥有的休闲时间资源就远远大于社会用于创造物质财富和精神财富的职业劳动时间了。

如果从理论上来说，这个调查结论还不太准确，更准确的说法应该是2095小时的空闲时间，而不是2095小时的休闲时间。这里边需要明确空闲时间和休闲时间是有区别的。

（二）休闲时间的细分

从理论上分析，空闲时间是和工作时间相对应的，工作之外的时间都是空闲时间。而休闲时间则是指人们可以自由支配的时间。比如一个人的工作时间占20%，空闲时间占80%，而实际上真正用于休闲的时间可能只占50%，还有30%只能算作其他时间而不是休闲时间。

休闲时间具体细分可以分解为小闲、中闲和大闲。第一类叫作小闲，就是八小时以外。小闲形成日常的休闲方式，对应的是一个城市休闲体系。第二类是中闲。中闲就是大周末，全年有104天，但是有一部分大周末和黄金周衔接在一起了，算下来中闲是 92 天。中闲对应的是环城市休闲游憩带，对应的产业主体是旅游点、度假村、农家乐。第三类是大闲。所谓大闲，就是节假日。这其中法定节假日是 11 天，加上通过上移下借周末时间形成的春节和国庆两个黄金周，共有 24 天。此外还有一些相应的休假时间，比如说包括学生在内的整个教育系统的寒暑假。对应大闲的是旅游区和度假区两类产品。现在我们旅游部门的工作重点更多时候还在两个黄金周，最多就是这 24 天的大闲，有一部分已经将工作延伸到了 92 天，但是对剩下的 50% 空闲时间还关注不够，这意味着有一个相当大的空间还没有去有意识地、主动地进行开发，还有一个更大的产业需要去培育。

第五章 休闲行为与方式

从发生学的角度来看，休闲行为的全过程应当包括六个要素：一曰得闲空，有可自由支配的时间；二曰有闲心，有兴趣从事休闲活动；三曰用闲钱，不必把生活必需的费用占用；四曰读闲书，轻松愉悦，倦即抛开睡去；五曰做闲事，闲中有忙，忙里偷闲；六曰养闲趣，做自己喜欢的事情，修身养性，怡然自乐。

正如龚刚在《闲话三题》所述及"闲书之为闲，当有三义：一为非关宏旨，一为清通耐读，一为情致超然。书关宏旨，则闲情无所寄；文义难通，则闲兴无所托；用情过深，则闲趣无所彰。"[①] 又有清人张潮指出，"人莫乐于闲，非无所事事之谓也。闲则能读书，闲则能游名胜，闲则能交益友，闲则能著书。天下之乐孰大于是？能闲世人之所忙者，方能忙世人之所闲"。

第一节　休闲行为

一、引发休闲行为的因素

（一）自我性

自发性的因素主要包括消磨时间、避免无聊，放松身心，从欣赏大自然以及现代文明中获得解脱，体育锻炼、健康体魄，寻求刺激（包括正面的刺激和负面的刺激）等。此外，还包括以下几个方面的原因。

1. *发挥个人潜力，提高个人修养，并得到某种反馈*

发挥个人潜力，提高个人修养，并得到某种反馈，就是得到社会某些群体的承认，或是得到周边人群的一些赞扬，这个过程涉及各种各样的活动和方式。例如，在野营的过程中，个体由于熟练掌握或了解了野营知识而受到朋友们的赞扬，同时感到自我的一种提高。

---

① 又曰：故世之大经大典，不可为闲书；高头讲章，主义教条，不可为闲书；浓情、深情、艳情、悲情之作，不可为闲书；莫测高深之现代派作品如《尤利西斯》之属，不可为闲书；快餐文学，时髦读物，亦不可为闲书，以其细品而无味也。[龚刚.《闲话三题》.《随笔》，2006年第2期，第137页.]

2. 求知性的审美活动

所谓求知性的审美活动，比如去剧院欣赏歌剧，去图书馆读书，或者去博物馆观赏文物等，这种方式在发达国家是非常普遍的。很多人的一个重要的休闲方式就是追求这种求知性的审美活动，第一，凡是这种活动都在比较高雅的环境中进行，这种高雅的环境氛围本身对自己就是一种熏陶。第二，在求知的过程中你确实感觉到你的知识素养在提高，知识在积累。第三，更重要的在于这是一个审美活动，通过这样一个审美活动达到了一种愉悦，而且这种愉悦是其他的方式替代不了的，比如昏天黑地地打麻将代替不了欣赏高雅音乐会或话剧的审美享受。

3. 逃离日常的生活和责任

现代人生活太沉重了，我们活着太累了，一天到晚要想着老的怎么办、小的怎么办、领导怎么办、老婆怎么办，你这么想来想去可不是活得太累了吗，孩子的方式是赌气离家出走，大人的方式是只能寻求一种休闲，这就是逃离日常的生活和责任。

以上从自我性的角度来说，大概涉及这几个方面的参与因素。

（二）社会性

1. 社会交往

通过休闲有助于增强自己的社会交往。比如，虽然大家都是一个单位里的同事，但平时在上班时间没有机会真正建立一种私人的关系，而这恰恰可以通过休闲的方式来实现。

2. 有机会遇到不同的人

休闲往往意味着空间的移动，空间的移动就意味着可以在不同的地方看到各种不同的人，每天可以接触不同的人。这种不同对休闲消费者而言，就是创造了一个人际环境，既带来新鲜的感觉，也是一个挑战。

3. 结识异性

通过休闲活动可以接触异性。

有段时间，为了吸引消费层次比较高的日本女青年和中东穆斯林来中国旅游，曾专门做过研究、设计过产品。比如，对于穆斯林专门设计的产品：如他们住的宾馆，所有的牛羊一定是阿訇宰杀，每个房间里都必须有拜毯，闹钟都是特殊的，一天要响五次，五次朝拜时间，同时在房间里总有一个绿色的箭头指向麦加的方向。应该说产品设计得都很细致了，但是没有成功。对于日本女青年旅游市场也相应做了一些工作，设计了相应的产品结果也不成功。后来仔细分析了针对日本青年女性旅游产品开发没有成功的深层原因。因为日本在很长一段时间内所提的口号就是"脱亚入欧"，青年女性对欧美的文化很是崇拜。比如，日本女青年要结婚，先办一次和式的婚礼，再办一次欧式的婚礼。由于她们结婚以后就要规规矩矩地当她们的媳妇，就得过家庭生活，在结婚之前她们的真正需求是彻底浪漫一下，所以多数人一定要去一趟巴黎，到巴黎第一买香水，第二买时装，第三体验浪漫。然后回来踏踏实实地当她的媳妇，这一辈子就算过去了，直到先生退休了，两个人再寻求第二次休闲的这种创造性。

4. 家庭活动

家庭活动的动机是很多国家人们休闲的普遍性动机。比如说，最简单的休闲活动就是星期天带着孩子去公园，孩子大一点了陪着去游乐园。通过这种超越了日常家庭生活之外的休闲活动，可以增进家庭的感情，维系家庭的关系。这是很自然，也是非常普遍性的活动方式。

5. 创造性的发挥

在休闲的过程中激发自己的创造性，同时在休闲的过程中有创造性的发挥。有很多人在单位里很难有成就感，尤其是科层制的组织体系，作为一个个人真是很难有成就感，顶多形成一点成就感就是集体的成就感，但是在休闲的过程中，因为很多时候是个人性的活动，在这里很多人的创造性可以有更大程度的发挥余地。如果你能玩出新花样来，显然会让大家觉得你很棒。

6. 社会承认和社会地位

和谁玩比玩什么还要重要。在休闲过程中，实际上是分层的，不同的层次，表明个体不同层次的社会地位。如果在这个过程中你玩得比较出色，那自然会得到社会的承认。比如，你和大家一块儿出去玩，大家才发现原来你还有大家平常没有想到的某项本事呢。这是一种经常发生的生活现象，这种生活现象的发生对于被承认者来说自然是非常愉悦的事情。从这个角度来看，社会承认和社会地位有时候是人们可能没有明确地意识到的，一种潜在的需求，一种潜在的参与感。

7. 社会权利

在休闲的过程之中，会形成另外一种社会组织，培育一种社会权利。比如，可能我在单位里什么都显不出来，可是这次要出去休闲，我就是这次休闲活动的领导者，因为其他人没有这方面的能力。这就是由个人能力所带来的一种社会权利和社会地位，是个人能力得到的一种社会承认。这种情况很多，比如，20世纪80年代初，笔者还在北京旅游局工作，当时一帮朋友希望笔者，

"组织组织"，于是就时不时地组织一次，组织大家到北京郊区去玩。这些人很多人都是精英，都是非常出类拔萃的人物，如果讲学问笔者和他们比不了，可是出去玩笔者可以当之无愧地当领导者，很自然就有一种成就感。其实，那时候大家真是穷玩，骑着自行车一二百公里就出去了，野营等，什么苦日子都过过，可是非常愉快，这就是年轻人特有的一种体验，现在回想起来仍然觉得非常美好。类似这样的东西在我们自己的生活里也经常发生，也经常会有这种感觉。

8. 利他主义

在休闲的过程中，有一种利他主义的弘扬，自己也觉得自己得到了一种承认。比如说，这些年兴起的志愿者的活动和公益活动，很多这样的活动都是通过休闲的方式组织起来的。在北京生活的外国人发起了到八达岭去捡垃圾的活动，后来引起了社会的重视，觉得这样的事很好，广泛开展。类似这样的利他主义行为通过对环境的保护对公益事业的促进，更加突显了休闲活动的一种社会性，同样这种利他主义也是吸引大家积极参与的一个因素。

9. 成就、挑战和竞争

因为休闲很多东西需要学习，很多技术需要培养需要锻炼，在这个过程中人就有一种成就感。例如，一个小时学会滑雪，就会感觉有很强的成就感，这种成就感是其他成就感替代不了的，挑战性越强，成就感越强，这就是应对各种项目的技能性挑战培育自己的成就感。另外，则是通过竞争的方式培育自己的成就感。在玩的过程中一定是有新的花样方式的，小孩在一块玩的最简单的游戏都可以是一种竞争，在这种竞争中获胜也同样可以培育孩子的成就感，而且这种成就感是其他的东西很难替代的。

二、休闲行为的模式

美国休闲学家凯利（Kelly，1978）研究了休闲行为的模式和参与休闲的动机①，她从以下四个方面出发考察了各种休闲活动的参与情况：

（一）无条件的休闲

这样的活动相对而言不会被一个人的家庭角色和社会角色所限制，人们

---

① 杰弗瑞·戈比.《你生命中的休闲》.云南人民出版社 2000 年，第 211-212 页.

选择这些活动主要是因为他们喜欢这些活动本身，并能从中获得乐趣。愉快地阅读或者学习陶艺可以作为这类活动的例子。个体也不需要更复杂的条件，也不为自己的这种社会条件家庭条件所限制，就是因为喜欢，而且这种喜欢本身所带来的乐趣超越了日常生活，也正是因为超越了日常生活，个体才感觉到通过各类休闲方式的选择和参与这些休闲得到了生命的提升。

（二）补偿性和恢复性的休闲

人们选择补偿性和恢复性的休闲活动，是期望这些活动能对人有好处。与工作的限制和工作的状态相比，这种活动具有更大的吸引力。这类休闲活动可能会消解职业的负面影响，使人放松，使人感到刺激，感到兴奋。

一类是补偿性的，期望这些活动对人能有好处，这种好处就意味着个体参加这些休闲有一定的期望值，不像那种无条件的。有了期望值个体的休闲实现程度和个体的期望值之间就会有差距，如果说超过了期望就是一种惊喜的状态；如果不足，就会有一种遗憾的状态。第二种是恢复的休闲，实在累了就想放松，就想通过最简单的方式来得到一种恢复，以消解职业的负面影响。看电视或者看电影可以作为这种活动的例子。

（三）关系性的休闲

从事这样的活动一般不是因为个体感到这种休闲活动适合自己，而是因为这种休闲活动对建立和保持人际关系有积极的价值。选择家庭娱乐、表达对配偶的爱意、和孩子们一起玩耍，主要就是为了增进相互间的关系。

从事这样的活动主要目的不是个体的感觉，不是自我的需求，而是一种社会性的需求。比如，家庭娱乐就是一种社会性的需求，使得家庭关系通过休闲方式得到一种提升，使家庭关系更亲密更稳定。另外一种需求是组织性的休闲或者单位性的休闲，通过这样的一种行为方式，使这个组织不至于变成一个过于刻板的组织，在这个过程中大家建立了一种私人的感情或私人的关系。这其中最简单的方式就是下了班以后仨俩相约去喝酒，这是典型的关系性休闲；比较复杂一点的关系性的休闲是单位组织出去旅游一下，或者组织类似于拓展之类的活动。

（四）角色限定性的休闲

在这类活动中，社会关系对于人们参加与否起核心作用，不过这类活动还有另外一个重要的因素，那就是参加者要迎合他人对所具有的社会角色的期待，比如家庭成员的期待和评价，这些期待和评价会影响到他对自己的评价。

在一定意义上，这种角色限定性的休闲是把组织性的关系带到了休闲里边，或在家庭里也要考虑个体的角色。比如，带孩子去游乐园，毫无疑问孩子是中心，家长在这个过程中更多的是关注孩子，诸如关照孩子要注意安全等，自己反而体会不到休闲。家长在不停地唠叨，孩子欢天喜地地玩，对于孩子来说没有角色限定，但对于家长而言则必然会有这种角色限定。

三、参与休闲的障碍

很多时候，我们会看到这样一种现象，尽管空闲时间不少，但参与休闲却显不足。显然，这其中存在一些休闲障碍[①]。这些障碍大抵可以分为收入水平、人际环境等六个方面。

（一）收入水平

如果手里闲钱少，很多休闲方式就不能采纳，而只能采取比较简单的方式，如散散步、打打牌，诸如此类最简单的休闲方式。当然，如果手中可自由支配的收入高，那么就可以选择一些高端的休闲消费方式，如打打高尔夫球，甚至也可以选择攀登珠峰。这些休闲消费的方式都需要有大量的经济方面的投入。

（二）人际环境

能不能很好地进行休闲，还与周边有没有一个良好的休闲环境有关。如果身边或者在更广泛的社会层面上有这种休闲的氛围和环境，自然对推进个人的休闲是很有帮助的。毕竟，玩要有玩伴，如果周围没有志同道合的玩伴，恐怕人们就不太容易实现自己的休闲愿望。比如说，有人喜欢打桥牌，可是周围没有人会打桥牌，于是想到网上打，可是水平参差不齐，也很难形成稳定、可行的牌友圈子，也就是说难以形成一个合适的人际环境。

[①] 戈比引用了另一种关于休闲障碍的分类，包括基于内在心理性的障碍和基于人际关系的障碍。戈比指出，影响到人们是否开始去参与某一项特定的休闲活动的主要因素包括客观可能性、知识背景、社会环境、自身接受新鲜事物的能力。[杰弗瑞·戈比．《你生命中的休闲》．云南人民出版社 2000 年，第 93-94 页，97 页．]

(三) 知识背景

人们选取什么样的休闲方式与其知识背景有直接关联。比如，文化素养比较高的，可能就希望选择补偿性或恢复性的休闲，或者无条件的休闲，如看话剧。老北京看戏不叫看戏，而是叫听戏，这些人可能坐的位置背着戏台，他不看，而是听，听到这儿了叫一声好，听到那儿了叫一声好，在这个过程中这些人非常有娱乐感。但是如果没有相应的积累，显然就做不到这一步。尽管从收入角度而言，参加这样的活动的成本并不高。

(四) 技能准备

很多休闲方式，尤其是体育性的休闲方式都是需要技能的，如果技能准备不足，基本就介入不了。如果说个体在休闲技能方面准备得比较充足，而且在这个过程中不断地提高，那么个体的自我成就感就会越来越强，休闲对个体的吸引力就会越来越大。有时候，在休闲技能准备不充分的情况下去参加某些休闲活动，不仅不能获得好的休闲效果，有时甚至可能会影响到自己的生命安全，如经常听到的野外露营事故大抵与此有关。

(五) 方便条件

方便条件是参与休闲活动的基础条件。前些年休闲设施不完善或缺乏，影响了休闲的参与度；这些年休闲设施逐渐丰富起来，有利于人们参与休闲活动，为休闲活动提供了方便条件。比如说，想找个体育馆打打羽毛球、乒乓球，或者找个游泳馆游游泳都很方便。这方面的休闲供给条件已经具备了，而且服务的条件也正在完善。当然，由于区域发展的不均衡，以及人们自身的休闲条件的差异，还是有很多人无法使用这些休闲供给。可见，完善公益性休闲供给是下一步发展中要积极加以关注的重要问题。

(六) 兴趣程度

兴趣程度通俗地讲，就是对某个事情到底有多大的兴趣。当然，兴趣在于自己的培养，很多兴趣并不是天然形成的，而是需要有某种社会环境的影响。如果个体对某种事情兴趣越大，就越会加大投入，知识背景储备和技术准备就会越好，因此也就可以更加有效地参与其中。

如果在以上六个方面存在障碍，那很多人自然只能有闲心而做不了闲事。从社会的角度来说，应该采取各种措施来消除这些障碍，吸引更多人参加休闲活动；从个人的角度来说，需要我们通过自身的努力逐步消除这些障碍，使自己更有兴趣地投入到休闲活动之中去。

第二节　休闲方式

一、多维度的方式分析

从任何维度分析休闲，都可以形成不同的分类。大体来说可以有三种分类：一是从休闲的总体模式上分析，二是从休闲态度角度进行分析，三是从休闲空间角度来分析。

（一）总体分析休闲的方式

1. 传统休闲：静

传统休闲的方式在现代社会也普遍存在。

《燕闲清赏笺》曾述士人之闲曰："心无驰猎之劳，身无牵臂之役，避俗逃名，顺时安处，世称曰闲。"

又有《题闲情小品序》云："晨起推窗：红雨乱飞，闲花笑也；绿树有声，闲鸟啼也；烟岚灭没，闲云度也；藻荇可数，闲池静也；风细帘清，林空月印，闲庭悄也。以至山扉昼扃，而剥啄每多闲侣；帖括困人，而几案几多闲编；绣佛长斋，禅心释谛，而念多闲想，语多闲辞。闲中自计，尝欲挣闲地数武，构闲屋一椽，颜曰'十闲堂'，度此闲身。而卒以病废，亦以好闲不能致也。"

这些闲这种传统休闲里的"静"，应该说是休闲的一个思想资源，也是当前很多人追求的一种休闲境界。只不过这种"静"不是无所事事，而应该在这个"静"的过程中更深地体会一些东西，以追求自己人生境界的升华。

2. 现代休闲：动

现代休闲的主要特点是"动"。以"动"为中心的现代休闲方式实际上有以下四个方面的功能：

第一是交替的功能，就是通过大家的集体休闲活动，来增强人与人之间的交往。

第二是运动的功能,通过运动的方式使自己得到了锻炼,甚至获得一种成就感。

第三是文化性休闲,这里的具体方式和表现有很多,在文化休闲的过程中,也能让人感受到自己的升华。

最后,现代休闲一定意义上是和时尚连在一起的。现代休闲能够变成时尚,也正说明休闲对人的吸引力越来越大,已经逐步成为了一个社会的潮流。时尚总是在不断变化之中,这也就意味着现代休闲的方式以动为中心,并且在不断更新,不断创造,不断地把人引向一个新的高度。

(二)对休闲的态度

1. 积极休闲

积极休闲是指个体主动参与到休闲活动中,并强调在具体的休闲活动中的自由发挥,谋求在身心、知识等方面的收获与成长。当然这其中的具体方式可以各有不同,可以是登山,也可以听一场音乐会,或者是乡村体验。无论具体方式是什么,是不是属于积极休闲,关键是看休闲最终给每个休闲个体所带来的结果是不是促进了个体的成长。

2. 消极休闲

消极休闲是指个体是被动地参与休闲活动。具体表现为,有时候是因为他人要求下才参与到休闲之中,有时候虽然从现象上看是自己的主动选择,但在精神状态上是一种被动的。打麻将、睡懒觉、喝大酒是典型的消极休闲。消极休闲的第二个特点是无聊或心烦,可以说,消极休闲实际上体现了一种无聊的心态,最终体现了一种萎靡的人生态度和生活方式。

(三)休闲的空间方式

从狭义的空间角度而言,可以分为室内休闲和户外休闲两种方式。

1. 室内休闲

室内休闲是目前主要的休闲方式,也是目前城市休闲体系的重要基础。城市常见的茶馆、咖啡厅、酒吧、台球厅、体育场馆都是室内休闲的概念。随着竞争的加剧,这些常见的休闲业态也出现了很多创新,并通过创新形成的多样化产品进一步推动室内消费空间的拓展和室内休闲消费市场的发展。

2. 户外休闲

应该说,户外休闲的方式很多,消费成长的空间很大。从世界范围来看,户外休闲发展最典型的是美国,然后是欧洲。相比而言,亚洲人对于户外休闲似乎并不是很积极。这其中大概有东西方文化差异的原因。随着全球化发展，消费方式的全球化趋势也在户外休闲上得到充分的体现，我国的户外休闲正在逐步成长起来，尤其是伴随着"80后""90后"、新新人类消费群体的成长，户外休闲的花样也越来越多，攀岩、徒步等各种户外休闲都得到了很好的发展。

从广义的空间角度而言，大体可以分为家庭休闲、市内休闲、环城市周边休闲等五类。

1. 家庭休闲

家庭休闲是目前主体性的休闲方式。家庭休闲的主体消费形式是以电视为中心的休闲，这是较为初级的产品。一台电视一用就是好几年，虽然电视节目越来越多，电视剧也越来越多，但从整个社会消费而言，以电视为中心的家庭休闲消费的拉动量还是比较有限，尤其是这其中的新东西比较小，重复的东西太多。

另一方面，网络在家庭休闲中起的作用已经越来越大，包括网络游戏在内的家庭休闲消费得到了较大的发展。

2. 城市休闲

休闲是城市的主要功能。城市休闲也是目前最重要的休闲之一，但相对应的城市休闲体系建设还存在很多欠缺和不足。有些时候城市休闲的要素已经具备，但这些休闲要素的内涵和质量还有待提高。比如，城市广场是城市休闲的重要组成部分，现在很多城市都建有城市广场，但是这些城市广场的亲民、近民等方面做得还很不够，城市广场的文化性还有待提高，城市广场的广场文化还没有形成。

3. 环城市周边休闲

随着假日制度的改革，周五工作制的确立，环城市周边休闲逐渐成为人们新的休闲方式，城市周边的度假村、运动设施及景区得到快速发展，逐步形成了环城市休闲游憩带。这个休闲游憩带既可以是围绕着城市核心区的远郊区县，也可能是另一个行政管辖范围内的休闲空间。比如，河北省提出的环京津休闲度假带的发展战略，就是希望将河北省管辖内的环京津区域建设成京津市民的休闲目的地。

4. 乡村休闲

简单而言，乡村休闲就是指发生在乡村空间范围内的休闲活动。它主要以乡村空间环境为依托，以乡村独特的生产形态、民俗风情、生活形式、乡村风光、乡村居所和乡村文化等为对象，利用城乡差异来吸引城市居民进行包括乡村地区观光、乡村生活体验、乡村活动参与在内的各类休闲活动。比如，到乡村从事农事耕作、到乡村骑马放牧或者到乡村进行露营等。

5. 异地休闲

异地休闲既包括传统的观光，也包括异地度假。异地休闲的消费空间非常大，这也是传统旅游的主要领域。实际上，在休闲学中将旅游定位为流动休闲，因为旅游就是通过流动到异域的方式来实现人们的休闲需求。

二、多层次的休闲

（一）电视方式

从全世界来看，电视方式都是一种主体性的休闲方式。美国人在研究休闲的时候也发现，电视作为一种主要的休闲方式很难替代，但它的确会造成一系列问题。其中有两个弊端尤其值得关注。其一是虚假取代了真实。人们往往把电视里描述的生活认为是真实的生活，一定意义上反而觉得自己的现实生活是虚假的、异化的。电视浓缩了生活，同时有些电视也扭曲了生活。其二是极端进入了日常，电视台为了吸引观众，提高收视率，它所表现出来的方式很多都是极端的。如果我们把这种种极端当作日常生活的参照系，一定意义上降低了日常生活的质量。电视这个行业在不断地创新，花样越来越多，也把越来越多的人老是"绑架"在电视前边。但是作为一种主体性甚至统治性的休闲方式，这其中还有很多问题需要研究，比如电视的内容怎么创新，具体方式怎么创新。

（二）室内娱乐方式

具体来说，室内娱乐方式有三类。第一类是益智类的休闲活动，比如打牌、读书、参观博物馆、流连图书馆；第二类是娱乐类的休闲活动，花样在不断变化；第三类是运动类的休闲活动。运动类的室内休闲往往与娱乐类的室内休闲紧密联系在一起，比如打保龄球，很难简单地说这是运动类的还是娱乐类的。当然，室内的运动如果没有相应的娱乐的元素注入，恐怕这种运动也很难持续下去。

（三）城市休闲方式

第一类是观赏类的休闲。比如，看看城市里的景点，晚上逛逛街（常常是逛而不买）。通过这种观赏个体会得到一种满足和愉悦，会得到一种动力。

当然，也不排除有的人是购物狂，希望通过疯狂购物来排解自己的压力。

第二类是交际类的休闲，即通过城市休闲方式增强人与人之间的交往。比如，上海新天地、北京的什刹海，虽然这些地方的东西很贵很多时候甚至物非所值，但是很多人喜欢这种环境，希望在这样的环境中活动增加相互的关系。

第三类是消遣类的休闲。消遣也是城市休闲方式的一种，如卡拉OK。卡拉OK是什么，卡拉OK不就是消遣吗？1967年一个日本人发明了卡拉OK，发明了之后也没注册专利，后来人家说你没注册专利你至少损失了两亿美元，他就说大家高兴就行了。为此一个组织还给他发了一个娱乐诺贝尔奖，认为他对于娱乐行业的贡献极大，尤其是对东亚人的娱乐方式带来了天翻地覆的变化。这里也有民族性和文化传统的问题。比如，欧洲人基本不唱卡拉OK，之所以日本人发明卡拉OK，到了亚洲其他地区非常流行，这其中缘由可能与亚洲人的文化传统与性格特征相关。亚洲人在正常的环境下不爱表现自己，往往比较羞涩、含蓄，而且在文化传统上并不鼓励人的创新，也不鼓励人的个性化，因此一旦人们到了特定的环境里，比如卡拉OK厅，很有一种终于找到发泄渠道的痛快，有时候甚至不会顾及自己的欢乐可能恰恰是建立在别人的痛苦之上的。比如，光顾着自己亮嗓子痛快，并不管其他人耳朵痛快不痛快。幸而在这样一个特殊的环境下，大家对这种休闲方式都可以接受了，并且在这样的消遣过程中人际关系得以进一步紧密。当然，现在卡拉OK的花样也越来越多，包括掷色子、喝酒等，这是一种城市休闲方式。

（四）网络休闲方式

作为娱乐工具和休闲方式的互联网，应该说现在起的作用越来越大。第一种方式是竞赛。网络游戏的功能不仅是自己和自己竞赛，自己和设计者竞赛，现在通过互联网形成的游戏可以形成群体之间的竞赛，这种竞赛所培育出来的吸引力不可低估。有的孩子之所以在网吧里玩游戏几天几夜不睡觉，甚至有些玩家因为网络游戏而猝死，这说明网络游戏有着类似毒品的吸引力，很容易让人上瘾。

第二种方式是欣赏。网络极大地改变了我们获取信息和分享信息的方式，通过网络的方式我们可以欣赏很多其他的东西。

第三种方式是交际。网络创造和扩充了新的休闲方式，当然在这个过程中产生了很多负面的东西，但是不能因为产生负面作用，就禁止网络娱乐休闲。几年前，韩寒与白烨的博客论战产生了很大影响，甚至形成了网络暴民。笔者某天中午在《三联生活周刊》中看到，最后不知道因何原因知名作家陆天明出来替白烨说了几句话,结果网民们统统开始攻击他,其子陆川站出来说话,"自己很矛盾,一方面我作为年轻人,我对于博客的这个人有同情心,另外一方面我要保护我老子",他发明了一个词,说网络暴民就叫红卫兵,结果网民们又开始攻击他。以后还会产生新的这样的方式,或者说进一步来看,网络不仅是一个信息传递工具,网络的娱乐方式娱乐功能将会越来越突出。

(五)户外运动方式

户外运动方式第一类是锻炼,第二类是体验,第三类是互动。笔者的看法是,在这个休闲方式的培育过程中,以及我们选择什么样的休闲方式的过程中,户外运动方式以后应该成为一个主流性的方式。这一点短期内肯定达不到,只不过在整个社会进步的过程中,笔者相信户外运动方式越来越多,大家的追求也会越来越高。这种方式和网络娱乐方式、室内娱乐方式的感受是截然不同的,如果说我们一天到晚陷在工作之中,脱离了工作,又陷在这种极端的方式里,未必是好事情,相反休闲方式和工作环境的差异性越大,实际上对人的补偿性和成长性越有好处。

(六)异地休闲方式

异地休闲方式是指观光、度假和由此构成的一些复合性的方式,这些成为异地休闲的主体方式。在发展的过程中,技术越来越进步,生活条件越来越改善,在这样的过程中也会不断地有新的东西产生。笔者在看杂志时形成了两个孤岛的概念。比如说,现在家庭娱乐的方式,老一代的人以电视为中心,新一代的人以网络为中心,实际上哪怕是同处一室,也会形成两个孤岛,这个也很可能产生新的代沟。以后也会创造出新的休闲方式,这种新的休闲方式的发展,也可能一方面促进人交往,一方面也可能造成人的隔膜,各种情况都可能发生。所以我们在研究一些问题的时候,也要不断地跟踪新的变化,跟踪新的方式,进一步来研究这些新的方式对社会的影响,对经济的影响,这种孤岛式的休闲总体来说对经济的拉动作用不大,所以我们应该打破这种孤岛,尽可能形成海洋。

三、方式的定位:多元化

(一)方式选择

方式选择说起它有积极的一面,但是总体来说,也还是一个被动的。现有这么多休闲方式，可以选择最适应你的一些休闲方式，就像我们到餐馆去吃饭，给你一个菜单，你挑几个菜吃，但是你是在一个给定的范围之中选择，这种选择的方式大体上可以对应现实的需求。

（二）方式安排

仅仅是提供一个菜单给消费者来选择，已经不满足了，消费者要自己来安排方式，安排方式比起选择的方式主动性增强了，而且提升了。

（三）方式创造

经常碰到的现象是，你们都玩过的东西我不玩了，我觉得我要酷，我要创造新的方式。这种新的方式也在不断地创造之中。最近这十多年，如果我们回过头来想一想，社会生活真是翻天覆地的变化，休闲方式也是不断地产生，娱乐方式也是更加丰富，这是一种加速度的变化过程，这个变化过程就意味着我们很多的休闲方式都有自己创造的可能性。

（四）方式递进

这种创造的可能性具体地落实下来可能是一种方式的给定，选择还是创造本身就是一种方式的给定。在这个给定的过程中，最终形成一个方式的组合，这种方式的组合就是一种重要的创造方法。比如，美国人玩的，就是一个沙滩不行，沙滩上还要弄个降落伞，让这些降落伞跟着自己跑；比如说原来是滑板，可以用摩托艇拉着滑行，现在光是用一个摩托艇拉滑板没意思了，也同样弄一个降落伞，用降落伞拉着滑板，可以升上天空再落到海里，这真是玩出花样来了。

（五）方式组合

比如，同样是潜水，原来潜水就是下去看一看，现在不行了，要下得深一点，要看得更细一点，真是花样百出。实际上，这里边很重要的一点是，各种各样的方式进行组合，新的组合就产生了新的方式创造。如果说自己能够创造出一种方式来，那是终身成果，终身都会有这种成就感。当然，这种创造无论大小，大事可以创造，小事也可以创造，在玩的方面花样无穷。

四、游戏①：行为与方式的本质

我们研究休闲行为休闲方式，它的本质都是游戏，用于光远先生的一句话，"人之初，性本玩"，这是推崇的第一句话，这句话是他创造出来的。他说，过去社会比喻玩说玩物丧志，社会的传统是希望人们多读书，受教化不要玩，但是人爱玩是天性，顺应这个天性是有利的，在玩中觉得更有效率。于光远先生自称是一大玩家，而且他的思维方式完全是发散型的创造型的思维方式，所以改革开放以来，学术界开始复苏，旅游经济学就是于先生最早创造的，因为他那时在社科院当副院长，不但倡导这个学科，还专门拨了一笔钱来支持这个学科的发展。这几年于先生在休闲经济学方面也做了很多工作，他这个话是很早的时候说的，不是这两年说的，说了有十年了。"活到老玩到老"，这是他推崇的第二句话。对于玩于先生归纳了几句话，"玩是人生的根本之一，要玩得有文化，要研究玩的学术，挑战玩的技术，发展玩的意识"，这些话说得很是精彩，从于先生的话里边引申了一下，我们可以说，游戏是文化的基础，文化是游戏的产物。

文化是玩出来的，先人在闲暇时游戏，在游戏的过程中逐步创造了文化。我们如果向前追述，比如看古代社会，看一些有关的学术著作，你可以看到一个重要的因素，玩是人一生中在日常生活中离不了的东西。先民那么恶劣的自然环境，那么艰苦的生活环境，可是在玩的方面从来不放松。正是因为在玩的过程中人类社会的很多东西逐步形成，我们很多体制甚至机制性的东西都是通过这个培育出来的。到现在我们最常听到的一句话，游戏规则，什么事情都要讲游戏规则，现在把游戏规则推演到社会生活的方方面面，这就是从根本上说明了这个观点，游戏文化的基础。

再进一步来说，文化是游戏的产物，正是在游戏的过程中，我们文化才慢慢地培育，才慢慢地成熟。笔者记得很早的时候看过一本书，是俄国的思想家普列汉诺夫写的，他在其中就谈到这个问题。他说，如果我们研究动物，

---

① 荷兰历史学家赫伊津哈（Johan Huizinga, 1950）写了一本大概是迄今为止关于游戏（玩耍）的最重要的书。他认为，游戏必须具备如下要素：(1) 自愿的行为，(2) 与"平常生活（ordinary life）"的距离，(3) 有时间和空间的规划和限制，(4) 并非重要活动，但非常吸引参与者，(5) 有规则约束，(6) 促使游戏者形成私下里的组织。[杰弗瑞·戈比.《你生命中的休闲》.云南人民出版社2000年，第18页.]

动物都有节奏感，比如在人敲什么东西，产生节奏的时候，动物都会有反应，有些动物就会跟着这种节奏运动，这是生物的一种本能。可是，旋律感是一种文化，节奏感是一种本能。所以，从这个角度来说，在游戏的过程中，游戏规则逐步形成，社会规则也由此而形成。亚里士多德的观点与此也类似。所以，文化是游戏的产物，游戏是文化的基础。这就意味着像于先生说的，我们不能小看了游戏，不能小看了玩。

（一）适应玩的心态

从休闲经济学的角度出发，第一适应玩的心态。从孩子开始就要玩，这是本能，只不过我们人长大了以后萎缩了，社会把我们摧残了，我们想玩都不敢玩。但是有没有这种心态呢，有没有这种需求呢？这是一个普遍的需求，我们要适应这个玩的心态，为"玩"正名，来弘扬"玩"。

（二）研究玩的学问

玩的学问很大，只不过我们现在研究得不足，比如中国是世界玩具第一生产大国，可是我们出口的很多玩具，最多的都是来样加工，都是人家发明创造出来的，然后让我们来加工，因为我们的加工成本低；再比如说芭比娃娃，这是个经典性的玩具了，芭比娃娃这么多年的销量累计起来达到了数亿元，芭比娃娃有几千种，甚至上万种，小孩见了芭比娃娃就离不开，这是美国人创造出来的一套，然后普及到全世界，这样一个玩具变成一个世界的偶像。一系列的玩的都在变化，十年以前有一个玩的叫电子宠物。电子宠物让很多孩子被迷倒，笔者当时就奇怪，为什么会有这样的东西，还有人为它笑为它哭，甚至为它痛不欲生，笔者实在无法理解，后来一想青春期的烦闷，青春期的无聊，它对应了这样一个需求，所以它培育出了这样一个产业来，后来甚至有了电子鸡的公共墓地，这个东西一直到现在还在延续。SARS以后有人说，大家不要养鸡了，都来养电子鸡吧，这种需求和供给有了对应，一个产品就形成了一个产业。

（三）建设玩的项目

玩的项目很多，实际上每一种休闲的方式又包含了很多下一层级的休闲项目。我国现在玩的项目严重不足，中国这样一个大国，要把这些事情搞好，需要在玩上下点功夫。我们不是构建和谐社会吗？如果和谐社会没有足够的玩，这个社会就和谐不了，就是大家一天到晚拼命地工作，工作至上导致集权，这个社会能够真正地和谐吗？

（四）开拓玩的市场

如果把这个市场开拓出来，这是个需求很大的市场。这不是简单的一个玩具的概念，玩具只是其中之一，更重要的是总体的一个大市场，在这个大市场里培育出一系列的新的消费方式和新的休闲方式。

（五）培育玩的氛围

玩是需要有氛围的，一个人和自己玩没什么劲，总要大家一起来玩才有意思，这样才能真正培育出文化来。

（六）追求玩的艺术

这就是于光远先生的原话，要玩得有艺术，要玩得有境界。笔者有一次碰见于光远先生，问他现在玩什么呢，"我现在两件事，第一玩玩具，第二和我小孙女玩，最愉快的是和小孙女一块儿玩玩具"。88岁的一个老先生和他的小孙女一块玩玩具，这就叫天伦之乐。

（七）丰富玩的功能

玩不仅是一个单纯的游戏，而且在这个游戏中涉及一系列的功能，如需要学习的功能，需要锻炼的功能，需要提高的功能，需要人际交往的功能，在玩的过程中我们需要不断地丰富玩的功能。

（八）创新玩的产品

说白了，旅游也是个玩，平时我们总说，"到哪儿玩去了"，所以说玩的种类很多，需要一系列的玩的产品。我们在研究市场、培育市场的过程中，需要不断地来满足需求，同时不仅要满足现实的需求，还要挖掘潜在的需求，创造新兴的需求，这样把玩玩大。

（九）创造玩的文化

玩本身就是文化的基础，玩自身又需要有一套文化，这一套文化越丰富内容越多，做得越到位，玩的文化就越能够把玩的氛围培育出来。

（十）谋求玩的财富

因为我们要研究经济，在玩的过程中应该说商机不断出现，也确实是会使我们通过对新兴产业的研究来培育一个新的财富体系。

这十句话是前些年笔者在论证一个项目时提出来的。有一个房地产商想在南戴河开发两三平方公里的一个项目。"他说搞休闲或者搞度假，我说搞度假这个产品肯定不行；他说搞休闲吧，我说你休什么闲，休闲不是这么笼笼统统地说的，你不能把休闲当作一个概念，动不动就是一个休闲项目，你到底休什么闲"。这就涉及休闲的产品、休闲的方式、休闲的参与，甚至是刚才谈的一系列的问题。后来给他提了一个建议，"北京附近的香河有一个天下第一城，你这儿做一个天下第一玩"；给他归纳了十句话，"你把这十句话落在这儿，你这个项目有可能成功，你不是想圈地吗，想圈地要有项目"。他想圈两三平方公里的地，然后投资20亿。"我说20亿投资肯定死，就像做旅游房地产，圈地项目带土地，这是很自然的，如果你用玩的项目来带土地，占地很大，真正投入的资金不多"。最后算了一下，这个项目投资一个亿到两个亿足够了，"但是做到天下第一玩，你把全世界这些最新的玩的花样都集中过来，然后把你说的一大堆优势，区位优势、环境优势，又有山又有海这些优势都发挥出来，为什么动不动就想着弄一些房地产，人家做过的事你再炒冷饭未必能炒成，但是如果你能有一个创造性的心态，来培育玩的氛围，追求玩的艺术，把这些话落实下来，这个项目就有可能成功"。需要进一步研究，因为他一个房地产公司，做这个事主体是想做房地产，"你先把天下第一玩培育起来，这样的话人气就有了，市场逐步就成熟了，在这个基础上，你再来做房地产，那还有可能成功"。

总体来说，简而言之，休闲的行为和方式要解决两个三分之一的问题：一个是全年365天，休息时间占了三分之一；另一个是一天24小时，8个小时工作，8个小时睡觉，剩下的8小时如何安排。目前，旅游只是满足了休闲的三分之一的三分之一，114天休闲，旅游大体满足了三分之一，解决了40天左右的问题。所以休闲是一个大题目，这个大题目我们要做一篇大文章，本质上是这个问题。

五、从以人为本到以乐为本

我们现在提倡旅游科学发展观和以人为本，再进一步地发展，我们也要从以人为本到以乐为本，以乐为本还不是眼前的事，将来的发展肯定是民生，人民不但要追求吃饱穿暖，也要追求生活质量的提高，生活质量需要达到一个极致。这是一句口号，但是说到底，这也应该成为一个治国理念的转变，如果说我们 13 亿人，每个人生活得都很高兴，这个国家就很好，如果说我们 13 亿人都是工作奴隶，这个国家肯定不行，这就是《1984》一书中描述的状况。这是一部经典著作，写得很深刻。我们现在提倡以人为本，这是治国理念的一个根本性的转变，下一步的转变，应当是以乐为本，话不会这样说，但是趋势应该是这个趋势，有时候我们看电视很多都是娱乐节目，如欢乐英雄、娱乐大世界等，电视的功能就是娱乐，现在我们很多东西的功能都是娱乐。所以从根本上来说，休闲的本质，休闲的行为、休闲的方式，就是要从以人为本到以乐为本，以人为本可以说是国家建设的一个目的，以乐为本是休闲的一个中心目的。

第六章 场：空间维度

第一节 关于空间

一、场

(一) 场所:休闲的配置

我们有各种各样不同的场所,一般理解场所总是理解为一个室内空间,实际上不全是这样,如我们原来习惯于说露天场所也是场所,所以各种各样的场所都可以形成休闲的空间。

(二) 场合:休闲的空间集聚

这种集聚一方面是物理性的集聚,有了这么一个场所,所以形成了一个场合,更重要的是人的集聚,所以这个空间集聚在某一种空间状态之下形成了一种人的集聚。

(三) 场面:休闲的空间分布

每隔四年我们看到的最大的场面是世界杯足球赛。在一个体育场所形成了一个巨大的场面,这个场面以22个人再加上主裁判,也就是以23个人为中心,但是却是几万人的一种场面,所以这样的一个场面本身也会形成一种氛围。在这个氛围里,人和人之间相互感染,这也是我们休闲的一个非常突出的特点。

(四) 场景:休闲的空间体现

一个人也会有个场景,一万人也会有个场景,不同的场景有不同的心理感受,也有不同的物理方面的感受,所以这个场构成我们休闲空间的一个基本概念。这个概念我们完全可以把它泛化,任何一个地方都可以形成一个场;同样,我们也可以把它窄化,在一个相对很小的范围之内也是一个场;只不过在不同的场之下,人有不同的场景感受,形成了不同的休闲范围,促进了不同的休闲活动。

二、空间体系

这个空间体系的营造应该说是我们形成了一个空间框架，在这个空间框架里我们应该看到各种不同的情况应该摆到什么位置。

（一）家庭休闲

家庭休闲基本上在我们的生活中是休闲空间的一个起点，也是我们休闲活动的一个起点。

（二）城市休闲体系

这是休闲空间的延伸，很多时候家庭休闲到一定程度自然延伸到城市休闲体系。

（三）环城市休闲游憩带

这是对休闲空间的扩展，这也是我们全世界各个城市，尤其是大城市形成的一个比较突出的特点；小城市就不存在这个问题，小城市可能自然就构成了一个休闲空间，甚至一个小的城市群就构成了一个特大型城市的环城市的休闲游憩带。

（四）乡村休闲

乡村休闲是休闲空间的发散，环城市休闲游憩带已经不足以满足人们的活动了，要进一步地发散，发散到乡村休闲。但是，总体来说，这四个层面还是以城市为中心的扩散。

（五）异地休闲

这是空间的辐射，我们可以画出一张图来，基本上是同心圆的，异地休闲主要包括以下三类：

第一类是我们所说的观光，日常我们所说的旅游。实际上，在这个休闲空间里边，旅游在这里边主要体现为观光，构成各种各样的旅游景区。

第二类是度假，构成各种各样的度假区。

第三类是商务。商务严格地说不是休闲的概念，但是我们如果从产品角度来研究，商务也有一部分衍生的需求构成休闲的内容。所以，异地休闲主要是这三类,或者叫主要是两块,同时有一块是辅助的。

(六)互为空间的网络体系

从另外一个角度来看,休闲的空间体系又构成了一个互为空间的网络体系。所谓互为空间,是以本地作为一个出发点,在本城市和城市周边构成一个互为空间的休闲体系。另外一个方面是异地之间彼此之间也构成了一个互为空间的网络体系。比如,我们可以把天津当作一个异地休闲的空间,同样,天津也会把北京当作一个异地休闲的空间,这是很自然的,这里边既涉及现有的行政区划范围的限定,同时也超越了行政区划的范围。

因为在这里边我们的城市概念和世界上的城市概念是截然不同的,我们说北京望京小区,50万人,对我们来说只是一个社区的概念,在国外就是一个大型城市;我们一说国外来个市长觉得很不得了,接待了半天一问这个城市可能只有两万人,他们认为这就是市的概念,所以不完全是我们这样的严格的行政等级划分的城市。在城市休闲方面,可以说我们是很严格的,但是不同的空间概念构成的互为空间的网络体系是我们空间休闲体系的一个根本点。

第二节 家庭休闲

一、家庭休闲的特点

(一)好处

1. 方便

因为每天要在家里待着,而且人的一个主要活动的场所,主要活动的空间就是家庭,所以在家庭里第一个感觉是方便,想做什么就做什么,具备一定的休闲条件就可以把家庭当作一个比较主要的休闲空间。所谓家庭的休闲条件需要以下两点:

第一,需要一定的休闲范围。太小了不行,我们原来住在鸽子窝里不存在休闲的问题,而且不管是从生物学的研究还是从社会学的研究、心理学的研究,家庭空间过小,必然造成家庭关系的紧张,这是毫无疑问的。比如,生物学的试验。养小白鼠,把小白鼠放到一个非常闭塞的空间里,结果发现所有的小白鼠精神都非常紧张，到一定程度彼此之间就干架，这是一个自然的状态，所以需要一个相应的空间。当然，现在我们的住房条件正在改善，所以家庭休闲的条件也在逐步具备。第二要具备相应的休闲手段或者休闲工具。一类是电视机、家庭游戏机、家庭影院；另外一类是，有的人家里房子大点放一张乒乓球桌，放一张台球桌等，或者有两个羽毛球拍子，可以下楼去打打球。这些都是一种休闲手段，但是带来的最大一个好处就是方便。

2. 自如

在家庭里所感受到的这种自如在任何其他的场合你都无法感受到，就可以完全随意。当然，有的家庭可能古板一些，完全地随意也达不到，但是毕竟回到家之后你可以剥掉社会的种种伪装，所以人到了家里之后，心态就必然要转化，这种转化就是放松，放松自然而然就进入到一个休闲的境界，就得研究一点休闲的事情，就要琢磨一点休闲的活动。

3. 日常

完全是日常性的，在家里边人们用不着做什么计划，睡醒了起来，可能是看会儿书或看看电视，这都是完全正常的休闲状态，这是家庭休闲的好处，也正是因为这样，家庭休闲变成休闲的一个主体，变成休闲时间的主要的消磨方式。

（二）不足

1. 活动空间有限

家庭的房子再大，活动空间也是有限的，除了比尔·盖茨那样的，但是这是极其个别的状况，就一般多数家庭情况来说都有这样一个问题，而且在这样一个有限的空间之下，也感觉很多活动都是受局限的。

2. 休闲方式单一

这种单一首先是表现在方式的单一上。家庭再玩什么花样也玩不出太多的花样来。比如，有些人可以在家里配一个健身房，这是比较大的花样，一般家庭都不可能有，但是即便拥有了，和林林总总丰富多彩的休闲方式相比，家庭方式休闲毕竟是单一的。第二个单一是休闲伙伴的单一。休闲伙伴的单一就是家里这点儿人，时间长了也会烦。这两个单一就使很多人觉得在家里休闲有点儿单一。当然，现在有一个比较新的研究成果，认为家庭成员在一起休闲可以最大程度地促进家庭关系的和谐。比如，夫妻两个人一同健身，这是一种非常有益的促进夫妻关系的手段。如果只是先生天天跑步，太太在家里忙家务，就会有一种隔膜；如果两个人一同去跑步，一同去健身，一边健身一边聊天，那就转换成另外一种场面了，这种场面形成的场景自然就会有一种促进。但总体来说这种单一性是存在的。

3. 鸿沟体现

我们在谈这个问题之前曾经讲过一个休闲鸿沟的问题，这个休闲鸿沟的问题现在家庭里体现的比较突出。

第一个是年龄的鸿沟。两代人的家庭就会感觉到孩子好动，在家里孩子待着就难受，而大人好静，有的时候为了孩子的好动不得不陪着孩子出去玩；如果是三代人的家庭，这种鸿沟体现得就更加强烈了，所以这样一个年龄的鸿沟也是对我们家庭休闲的一种局限，一种制约。

第二类叫作性别鸿沟。不要说大人男女之间，男孩和女孩之间的性别鸿沟体现的也比较强烈。比如，有一个现象：小男孩见着网络游戏就入迷，女孩一般不入迷，她们也玩一玩，但是不入迷，不上瘾，这是一个普遍的现象，就说明这不是一个个人的原因，而是一个生物学的原因，这是一种性别鸿沟。再比如，笔者观察了一下，现在从初中开始，这种男女休闲之间的性别鸿沟就体现得比较强烈了，现在的男孩都喜欢打篮球，是受NBA的影响，女孩也喜欢NBA，但是充其量当个啦啦队，这就是一种参与者和观赏者的区别。

第三个鸿沟叫兴趣的鸿沟。每个人不同的出身，不同的生活阅历，不同的知识积累和不同的技能，形成了一个兴趣的鸿沟。这种兴趣的鸿沟在家里体现得很强烈，尤其是体现在男主人和女主人之间。孩子不同，孩子都是一个家庭里出来的，兴趣的鸿沟体现得不是特别强烈，因为它是一个生活的积累过程，也是一个技能的学习过程。所以有的时候，这种兴趣的鸿沟所带来的隔离的程度或者分类的程度更大。

第四个鸿沟是手段的鸿沟。简单地说，就是现在的休闲手段你有没有掌握，或者你会不会。不光说现代的，传统的也是如此。比如，以下棋为例。你喜欢下棋我不会下，两个人在一起都很难下。下棋是我们最常见的休闲的手段，或者叫消磨时间的手段，大街小巷到处都摆着棋摊，我们晚上出去散散步都能看见人下棋，也能看见人在聊昨天的棋如何，或者说一个棋摊上有一帮人在看棋，这是非常普遍的现象，但是如果你不会，那你就缺乏这样的一种手段。更何况现代的技术手段日新月异，你们能不能迅速地掌握新的手段，投入新的休闲领域，实际上也变成了一种鸿沟，这种鸿沟既体现在年龄方面、性别方面，也体现在兴趣方面，或者反过来说，年龄、性别、兴趣决定了你对手段的掌握。

家庭休闲的局限性随着社会的发展越来越多地压倒了家庭休闲这棵树，

更何况我们现在这个社会和传统的社会不同，应该说传统的社会以家庭为中心，或者传统的社会家庭基本上是一种功能型的家庭，家庭有很多实际的功能，如家庭本身担负着生产功能，以家庭为单元就是一个生产组织，现在我们很多农村也仍然如此，同时，有生活的功能，有情感的功能，有教育的功能，家庭的功能是多方面的，主要是一种功能型的家庭。在现代社会，尤其现代城市的家庭，更多的是一种表达性的家庭，功能性越来越淡化，比如现在的家庭没有生产功能，你上班挣钱是一个社会功能，就家庭本身已经没有生产功能了，生活功能家庭也越来越弱化，所以现代家庭，尤其是城市的家庭，更多的是表达性，重要的在于情感和教育，这种情感和教育就需要沟通，这种沟通就需要沟通的场合、沟通的方式，应该说休闲在里边起了一个关键性的作用。我们可以看到，家里一本正经的大人把孩子叫过来，"我要跟你谈谈"，一般都是矛盾激烈到一定程度了，这种谈话的结果一定会是一个碰撞性的过程，是一个不欢而散的结果。而休闲使情感的沟通性体现得更加强烈，所以是很自然的方式。家庭休闲的这棵树承受着巨大的压力，为了缓解压力，弥补家庭休闲的局限性，所以还需要休闲体系中其他因素的配合。

二、家庭休闲的变化

（一）从个人化到群体化

目前，我们看到的家庭休闲的这种群体化变化有以下三个现象：

第一类是街头。从家庭休闲扩展到街头休闲，这是一个空间的扩展，但是本质上还是一个家庭，我们看到各种各样的街头休闲现象，可以说是非常普遍的。例如，一些人到小广场上去玩，滑旱冰、滑板，玩得乐此不疲，一些老头老太太凑在一起敲锣打鼓扭秧歌；再如一些人散散步，这都是街头的一种休闲方式，也是家庭休闲的一张扩展。

第二类是社区的休闲方式。它形成了一个空间的融合，在一定意义上社区是一个放大的家庭，很多社区都有社区活动、社区文化站，这都是我们社会进步的一种表现。在这里边形成了很多社区的活动，比如说大家在一起唱唱歌、写写字、画画画，也有各种各样社区的兴趣团体，这种兴趣团体实际上也丰富了大家的休闲生活。这样就构成了一个很突出的，也是很有意义的社区休闲的概念，这应该说在全世界都是如此，而且越是发达的国家，社区休闲这一块表现得更加突出，尤其是基督教文化作为统治性的国家，这种社区休闲甚至变成了一种主导性休闲。

第三类是兴趣小群体。这种城市小群体甚至形成了一个流动性的现象。比如，笔者刚才讲的例子。几个人喜欢打桥牌，可能住在不同的地区，约好了一个星期打三场，这次到这家去打，下次到那家去打，再下次到另一家去打，就这样轮换着。这样的兴趣小群应该说也是非常普遍的，进一步就产生了家庭休闲的一种扩充，这种约着打牌的现象说起来它的空间和变化基本上都是在家里，但是本质上它已经变化了，它已经从家庭成员彼此之间的共同休闲演化到各个家庭个人之间的兴趣小群体，这是家庭休闲的一个个人化到群体化的现象。

（二）从单一化到复合化

第一，家庭休闲的扩充方式越来越多，在家庭成员容纳得下的情况之下，他就会研究各种各样新的方式。

第二，共时态。所谓共时态是指同样是在一个家庭休闲之内，孩子在玩网络游戏，大人可能在看书，老人可能在看电视，在同一个空间之下，同一个时态之下采取了不同的休闲方式，这也是极其普遍的现象，甚至夫妻二人都有这样的情况。我们一般的状况是夫妻二人一块看看电视，这是主要的休闲方式，但是也有一些各玩各的，玩的花样越多，应该说在同一时间之下，这种方式的展现就越多。

第三，形成了一个勤转移。从单一到复合化的过程之中，兴奋点在不断地转移，这很自然，因为大家玩的越多，大家的知识面越宽，在休闲方面的知识面会越宽，会不断地产生新的休闲方式，从而要不断地去尝试，不断地去探索，这样就形成了一个勤转移。

（三）从隐秘化到公共化

按理来说家庭空间是一个隐秘的空间，是一个完全私人的空间，但是现在随着网络的发展，在一定程度上休闲已经变成了一种公共化的东西，其中比较突出的是两类：第一类是MSN、QQ这样一类的东西。它使身处家庭空间之内的人，面对着一个社会的空间，只不过像这类的社会空间有一定的隔离性，不可能让陌生人随便参加，需要邀请，除非你上公共聊天室。

第二类是博客。博客完全是一种公共的方式，现在全世界有3700多万个博客，并且还在不断地扩充之中，而且扩充的速度越来越快，这是博客的第一个特点。第二个特点是写博客没有点闲工夫是不行的，一定要有闲工夫才可能开出博客来。笔者到现在也没真正意义上看过博客，我没这闲空看，我只是有时候看一些信息，因为现在博客是个热点。有时候在电视上听到大家讲一讲，现在的博客点击率第一名是徐静蕾，突破了 3000 万。有一次是在电视上听到她在讲她的博客，我觉得很有意思，这个不仅是一个技术手段的创新，这更重要的实际上是人的一种心理空间的开放，或者我们也有贬义词，叫作暴露癖。博客第三个特点是写闲事。当然也有人反对，把什么家长里短都弄到博客上让人看，这人多没劲。另外一个观点认为，博客不能太有观点了，如果在博客上一天到晚讨论国家大事，也没有意思，大家看的就是你的鸡毛蒜皮。各有各的说法，实际上就真是显现出了这么一种转化过程，从隐秘化到公共化，从私人的琐事到一个公共的空间，从没事待着到现在闲着后也很忙。实际上不仅仅是一个博客，它反映出来的是我们社会的公共空间越来越大，在一定意义上家庭休闲的方式在逐步地社会化，不仅在物理空间上、社会空间上，同时在心理空间上也在社会化，逐步地扩大。以上是我们探讨的家庭休闲。

第三节　城市休闲体系

一、城市休闲体系的功能

（一）扩大市场的休闲空间

家庭休闲空间不足了，已经容纳不下我们这些现代人，自然就要扩大到社区；社区休闲空间也不足了，自然就要扩大到你所居住的这个城市。对于很多人来说社区休闲并不重要，依据萨特的存在主义来理解"人是人的地狱"，所以很多人对社区并不看重，但是人们更看重这个城市的休闲体系，所以人们自然需要寻求这样的空间。

（二）丰富市民的休闲内容

在城市这样一个框架之下，它所提供的休闲内容家庭和社会都不能替代，内容会大大地丰富。

(三) 营造良好的城市氛围

如果说我们到一个城市去,看着这个城市到处都紧紧张张,这个城市给我们的感觉是不好的;如果在这个城市我们能感觉到市民的生活丰富多彩,市民的总体生活状态是比较悠闲的,这个城市就有了它的吸引力,这就是一个城市氛围的问题。我们现在处在工业化发展的过程中之中,多数城市,尤其是大城市和特大型的城市,休闲的氛围严重的不足,我们能感受到的就是紧张。曾经有一个人研究了城市人的步、速度,和走路的脚步频率,研究了世界上二十几个城市,得出的结论是中国香港人走路最快,第二是东京,第三是纽约。这个研究是比较早的,大概是十年以前的一个分析,那个时候走路快的城市还没有中国的城市,但是如果现在再做这样一个研究,笔者估计中国的有些城市可以名列前茅了。实际上这就是城市的性质的一个体现,也是城市公共生活的一个体现,但是更主要的是这个城市的一个发展阶段的体现。笔者有一个很突出的感觉,在香港走路的时候,因为我们除了逛街也没别的事干,经常会感觉到人家在撞我,人家走路速度比我们快多了,我这么走着人家老觉得我在旁边挡着他们,经常不经意地就撞我一下。后来几次之后我明白了,我转换了一下方式,我在街上走路靠着路边走,靠着路边走没人撞我,因为靠着路边上走的一般都是看商店的人。实际上,这就是一个城市二元化的一个体现。城市本身的人非常紧张,外来的人力图谋求一点悠闲,但是城市有没有这样的一个氛围,对于城市吸引力的提升是很重要的,所以很多城市叫作白天紧张忙碌,晚上悠闲宽松,很多城市都会形成这样一种氛围,这样的氛围是一个比较好的城市氛围。

(四) 培育宜居的城市生活

我们现在很多城市都提出了这个口号,目标就是要建设一个宜居的城市,但是依笔者看来,这样的城市不多。因为宜居不只是城市的自然环境好不好,也不只是城市的房子盖得漂亮不漂亮,很重要的是这个城市有没有一个悠闲的气氛,生活里如果没有悠闲的气氛,就不叫生活,这就叫紧张忙碌,这就叫为了某一个直接的目标去追求,这就叫人变成了工作的奴隶,变成自己所追求的目标的对立物,所以一个宜居的城市一定要有它的宽松气氛,要有一个和谐的社区氛围和人际关系,这对宜居来说是非常重要的。当然,硬件的条件可以说是基础。比如说,晚上吃完饭我们想出去散散步,周围一点绿地都没有,我们只能在马路上散,散了半天吸的都是汽车的尾气,这样的城市能宜居吗？显然不能宜居，所以培育一个城市的休闲功能，就是培育一个宜居的城市生活。

（五）提升城市的总体品牌

现在有一个新的现象，很多企业的选址首先要选择城市的生活质量，城市的生活质量重要的一条是休闲，尤其是现在形成了一个总部经济的概念。实际上，我们这个总部经济的概念和国际上所谈的总部经济的概念不同，现在总部本身也在分离，我们的总部可能有一个行政总部，行政总部要在大城市，要在核心位置，同时还要有一个研发总部。我们的研发总部一定要找一个环境最好最宽松的地方，因为一个最好的环境才能最大程度地激发人的创造力；如果研发总部也在核心位置，缺乏研发的条件，而且一个研发总部如果也是鸽子笼似的方式，这种方式人能研发吗？人处在这种科层制的环境之下，处在城市的一个核心位置之内，怎么可能激发创造性？只能激发人员对这种现实生活的一种烦感，甚至是一种痛苦。所以，这种情况可以说是最近几年产生的。这种情况也使跨国公司的职能在物理空间上产生了分离，不仅是跨国公司，我们很多大公司都是这样，实际上一定意义上给我们很多地方创造了一个发展的条件。但是，如何把人吸引过来呢，现在很多城市只是构造了一个工商城市的品牌，而且形成了一个和谐城市或安全城市，现在城市的口号很多，形成了诸如此类的形象，其中最重要的形象是有没有一个休闲城市的形象，有这样的形象才有可能适应最新一轮的市场变化和需求。

有一次在开国家旅游局长会议的时候，成都市的旅游局长坐在笔者前边，回过头来跟我说，"我们市委书记很重视成都这个城市品牌，你帮我们出出主意，专门说请你给我们建议一下"，我说，"你们怎么提的，叫作多彩之都美食之都，当时提了这两个口号，光这么两句不行，成都美食享誉天下，这是毫无疑问的，多彩是什么意思呢，就是说城市生活内容很丰富，由此还要引申两个概念，第一个是休闲之都的概念，不要认为休闲就是不干事，如果我们从城市发展的角度来说，你是个休闲之都有可能使你吸引来更多的投资者。再增加一个概念叫成功之都，成都成都成功之都，这是古人提出来的，古人已经提了这么一个词，你们为什么不用呢？"当时他就提了一个问题，"休闲之都和成功之都这两者之间的关系怎么办呢？""很简单，现在比如说上海的商务成本越来越高，意味着在上海经营创业的成本已经不是一般的公司所能承受的，所以很自然就需要转移，转移的第一步是到中部，第二步必然到西部。到西部，成都是首选。首选的一个重要因素就是休闲，就是因为你有了休闲的气息，有了休闲的氛围，你可以吸引很多研发基地过来，这种研发基地看重了这个环境。同时你的生活成本低，土地成本低，创业成本也低，创业成本低就意味着你创业成功的概率高，所以很自然休闲之都和成功之都就在内在的关系上、逻辑上统一起来了"。他听着很兴奋，说给我们写个东西吧，回去跟书记要有交代。在会上我写了一张纸，这张纸写完了，回去之后他们的市委书记拿着这张纸在大会上进行了讨论。我造了这个口号，所以现在成都叫"多彩之都、美食之都、休闲之都、成功之都"。结果后来有一次笔者在网上看见了一个反驳意见，说魏小安号称是旅游大家，纯然望文生义，组织了一个班子，研究了一番，得了一个成功之都的结论，自己还自鸣得意。笔者特意把这段话下载下来，还试着和这个人联系。他有一个是对的，望文生义，笔者就是望文生义，但是里边有逻辑分析，二者完全是碰撞出来的尽兴的一个火花，这没有一个班子的系统研究。但是笔者举这么一个例子说明，城市的品牌里应该有休闲品牌，而且休闲品牌对城市的提升有极大的益处，不仅是一个吸引人来买房子的概念，也同样蕴含着创业、蕴含着发展。以上这些都是在说，我们培育休闲城市首先要研究城市休闲体系的功能。

二、构建城市休闲体系

（一）构建的基础

1. 以市民的日常休闲为基础

我们现在有什么样的基础来构建制度，或者说进一步来看，我们怎么来构建，应该说要以市民的日常休闲为基础，这是最基本的。

2. 培育社会休闲氛围

这个事情不是短期内能办到的，它是社会转型、发展阶段转型和观念转型，这样三个转型共同构成的一个结果。但是，这个氛围培育出来之后，这个城市你就觉得有味道了，你就会觉得这个城市舒服了。

3. 挖掘文化底蕴

因为休闲有一个重要的特点，就是它的同质化程度很高，在这个过程中如何挖掘一个城市的文化底蕴，形成特有的城市休闲氛围，这是非常关键的一步，这也在于我们怎么做，同样是城市建设，很多时候思路到这一步了，步骤、方法、行动也就随即而来了。我们各个城市都有立交桥。比如，上海是一个高架桥的概念。上海的高架桥是比较科学的，因为它上边开了一条路，高架桥的下边还可以利用，下边那条路还可以保留。北京是一个立交桥的概念。

笔者曾经和北京城建部门讨论过，为什么北京不能搞高架桥，他们说因为北京是一个古城，如果搞高架桥，等于在古城边上围了一条腰带，这条腰带会破坏古城的风貌。这都是什么思路呀，现在北京的古城还有吗？现在提出来说抢救北京古都风貌，抢救都来不及了，北京古都风貌已经被彻底地毁掉了。在这种情况之下，我们还有这样一个思路，最后就造成了一个结果，城市空间的巨大浪费。大家如果要留心，就可以观察一下，我们的立交桥的下边都在干什么，基本上是停车场，剩下什么功能都没有。可是在城市这样中心的位置，或者形成了一片停车场，或者就是闲置了，资源被浪费了。成都也有立交桥，其中有一个立交桥是一个中心立交桥，在立交桥的下边建了一个老成都民俗公园，建得非常之好，这可以说是城市建设的神来之地。同样的一片空间，把休闲系统地构造出来了。有一些地方搞了一些建设，当我们走在立交桥下面的时候，一路上就可以看老成都各个阶段的展示，它不仅是展示，还有很多茶馆、酒馆，人们走到这儿就可以喝点茶，也有一些露天的休闲设施。这样就把立交桥的下边改造成一个城市的休闲空间，而且非常具有文化特色，挖掘出来了成都文化底蕴的一个休闲空间。类似这样的东西，实际上就是城市休闲体系构建的一个重要的基础，但是就看我们能不能认识到这一步，能不能想到这一步。

4. 以增量拉动存量

现在客观来说我们已经形成了一个城市的休闲体系，只不过这个城市休闲体系基本上都是靠市场需求的拉动自发形成的，所以进一步的发展，要构建一些有创意的项目，通过这些增量来拉动我们这个存量，使整个城市休闲体系能够上水平，上台阶。

(二) 三个重点

1. 城市公园

城市公园可以说是城市市民休闲生活缓解紧张的一个重要环节，所以对于城市公园的基本要求有以下四个：

第一，布局广。从布局角度来说，在城市的各个方面都应该体现出来，城市不能靠大公园支撑，当然有些城市有大公园，这些大公园构成了城市的一个休闲中心，如伦敦的海德公园等，基本上西方国家这种大公园都是很突出的，所以我们一般看到的也只是大公园，就觉得发达国家大城市都有大公园，但是我们往往忽略了他们的小公园，他们的小公园才是城市最根本的特点，所以布局要广。

第二，规模小。小型的城市公园是市民可以直接消费的，如果我们只是追求这种大公园，但大公园相对距离可能很远，很不方便，这种大公园对于我们来说只是可望而不可即的。比如，有一次笔者到朝阳公园去，因为那一段身体不好，在家里养病，每天都要出去散步。笔者就痛感北京的公园不足，打的去朝阳公园，20块钱，门票10块钱，又打的回来，大概在朝阳公园走了1万步，这样的散布成本也太高了吧，散一次步花50块钱。家附近只有一个日坛公园，再找街头绿地都找不着，所以我就痛感到这一点。我们追求这种大公园的效应，实际上使这个城市休闲体系和市民的生活隔绝了，到现在为止也是这样，我们的街头绿地、街心公园都很少。

第三，区位近。一定要贴近社区贴近日常生活，这才可能使城市公园的休闲功能充分地体现出来。

第四，绿化好。很简单，绿地是城市的肺，城市的绿化面积越大，应该说这个城市的质量越高，但是，我们现在碰到的都是热岛，大家追求大公园大广场，包括大绿地，大绿地还不能让人上，只能看，缺乏一个最基本的功能就是人和绿化之间的亲近的这种功能。人如果不能亲近绿化，那我看你这个绿化干什么，我看电视不就行了，电视上也是大片的绿地。可是我们现在形成一种状况，可以说一定意义上这些设计都是以人为敌的设计，而不是以人为本的设计。所以这样一个城市公园格局的形成，才意味着城市休闲体系的重点建设的完成，也意味着城市居民的总体生活质量的提高，应该说在这一点上我们对一些发达国家只看到表没看到本，只看到大没看到小，只看到排场气派，没看到和市民的亲近。

对于城市公园来说，重点在文化方面，要把握的要点就是地域文化的体现，包括历史文化的组建，比如北京的天、地、日、月四坛现在都是城市公园，都有很深的历史传承，也有地域文化充分的体现。笔者经常到日坛公园散步，到那儿你会看到很多现象。比如，老人在那儿遛早儿，养鸟儿的在那儿逗鸟儿，唱戏的在那儿溜嗓子，这都是很典型的地域文化的体现。

2. 市民广场

同等道理，我们追求的是大，大马路、大广场、大绿地，所以我们的广场不是市民广场，我们的广场是政绩工程，而且这个东西这些年以来应该说已经形成了一个痼疾，这种痼疾的形成让我们现在已经没法改了。有一次，笔者到江西的萍乡。萍乡有一个秋收起义广场，当地的领导陪着我们。这个广场比天安门广场还大，23万平方米。这是一个地级市，固然秋收起义在那儿发生，但是也不至于用这么大的一个广场来烘托它。天安门广场是21.5万平方米，一个地级市拿了这么大的面积建这么大一个广场，笔者实在想不出道理何在。所以市民广场也是同等道理，即使说城市需要个大广场，但也不需要大到那种程度，如果说拿这个钱来多建一些小广场，应该说从休闲生活的提高来看，具有更重要的意义，所以这也是我们城市休闲体系建设的重点。

市民广场有以下三个要点：

第一亲民。所以广场不能是一块大石头铺在地上，一块大石头铺在地上没有意义，除了形成城市的热岛之外，其他的意义笔者看不出来。很多大广场摆在那里谁敢去呀，夏天的时候热气腾腾，一直到晚上十点，这个广场才算稍微热气小一点，晚上十点人家该回家了。

第二是近民。近民是区位要方便，距离市民的日常生活要近。

第三是乐民。在广场上要有很多娱乐性的东西，很多娱乐性的项目，很多的表演，有这些来构成乐民的概念。让大家去了可以玩，尤其是孩子去了可以玩，所以就要求这种广场的设计本身就不能是大石头铺地。需要一些石头，但是也需要绿化，也需要一些变化，这样的市民广场才是真正的广场。

市民广场需要把握的文化要点是广场艺术。我们现在基本上没有广场艺术，历史上有，如天桥广场艺术，说相声就是从地摊开始，这就是广场的技艺。侯宝林那一代及之前的相声演员，都有一手绝活，打沙成字，手里握着把沙子，往地上一撒，这一行字就出来了，而且字还很漂亮；现在我们的相声演员已经没有这个本事了。为什么有这套东西，这就是广场艺术的一种体现，他要靠这个来吸引人，如果我们到西方就可以看到广场艺术非常丰富。笔者脑海中有一个印象非常突出的场景：夕阳西下，一个金发飘飘的女郎，拉着小提琴，背着夕阳的背景，让人产生了无穷的遐想，感觉就得过去给人家小提琴盒里放点儿钱，那真是艺术的欣赏。类似这样的广场艺术可以说非常普遍。比如说，画家在广场上给大家画点画，玩杂耍的给大家做一些杂耍表演，做一些人体的雕塑等，而且通过看到这个广场的艺术能看到一个城市的文化底蕴。相信这套东西我们慢慢也会产生的。现在笔者到一些地方有时候也会给人出点主意，你们弄一点广场艺术吧。比如，到昆明的世博园，看见大片的广场空荡荡，笔者就提议："你就在街头上找些民间艺人到这儿来表演就完了，他们挣点钱也别收他的费，实际上丰富了你的内容，更重要的是体现了一个活文化。"

3. 中央商业游憩区

中央商业游憩区是这些年来新提的一个概念。从国际上来说，大体上也就是最近十多年以来在城市规划建设中有意识地明确了这个概念。原来很多城市都有，但是集中到理念上不足，现在应该说已经明确了。所谓中央商业游憩区，第一区位条件比较好，所以构成了一个中央的概念；第二有相应的商业氛围；第三主要的功能在于游憩，最后又构成了一个街区。中央游憩区，现在国外的说法叫作商业游憩区，在国际上也是近十几年兴起的新事物。这个概念，就是每一个城市应该有自己最具吸引力的一片街区，这个地方不是旅游景区景点，而是最全面体现和展示城市的生活和城市的文化的地方，这也是构建功能化的城市的内容。在计划经济时代，城市是大而全，小而全的，形成城市分层次但同结构的发展。随着这些年城市的发展，城市的功能区域开始逐步体现了，大而全，小而全的同构体系在逐步淘汰。在各个功能区域里面，中央游憩区应该成为城市旅游的一个亮点，也应该成为一个重点。现在中央商业区的概念有了，北京的王府井、西单，上海的南京路、淮海路，都是中央商业区的概念。这两年又提了中央商务区的概念，北京的朝阳区要建成中央商务区。又形成了中央金融区的概念，如北京的西二环路正在向中央金融区发展。这就是构建功能化城市的体现。在这里面一个中央游憩区或者中心游憩区建设自然成为现实，现在城市也正在往这条路上走，但是在意识上并不是很清楚。

中央游憩区应该是多要素、综合性、多功能休闲性的街区。也就是说，中央游憩区不但代表了城市文化、城市生活的风采，而且是各个方面的一个集中体现，也应该成为一个外国游客和外地游客到这个城市的必游之处，还是城市居民自身生活休闲的一个地区。这个概念在国际上是20世纪80年代开始形成的，也应该说是国际上一个比较新的概念。前一段丹麦专家做山东省旅游发展规划，对于青岛、济南几个大城市都提出了旅游优先区的概念，实际上就是中央游憩区的概念。老北京的天桥，老上海的大世界，大体都符合这个概念。从国际上来看，比如巴黎的香榭丽舍大街，是个商业区。但是，巴黎有个蒙马特高地，大致上就是一个游憩区；在那个地方有许多画画的，形成一个小广场，有教堂，有小旅馆，集中体现了活文化。再比如说，美国纽约的四十二街，新加坡的牛车水，都有这样的概念。一个中央游憩区，对城市的旅游来说，是一种重要的东西，是城市的灵魂。

第一个元素是休闲元素。要有相应的休闲项目、休闲氛围、休闲活动。第二个是娱乐性元素。娱乐性的元素应该说在中央商业游憩区体现得比较充分。第三个是商业元素。有各种各样的商业设施。第四个是饮食元素。餐饮设施也应该很丰富。第五个是文化元素。各种各样的文化应该表现出来。第六个元素是构成了一个街区。

这个街区的特点不是中央商务区，中央商务区都是大高楼，以银行、公司等为主,这是中央商务区的概念。比如说,如果按北京来说,西二环那一块银行集中、金融单位集中,基本上形成这样一个模式。现在朝阳区又在提出要构建中央商务区,图上是无数的大楼,现在无数的大楼正在建起来,可是这样的地方会觉得舒服吗?到了这样的地区只会感觉楼把人压倒了,而不会感觉人是生活的主人。它也不是中央商业区,而北京的王府井、上海的南京路、纽约的第五大道、巴黎的香榭丽舍大道等,这都是中央商业区的概念。大商场大购物中心,进到里边什么都有,类似这样的构成了一条街,形成了一个区,这是中央商业区的概念。

中央商业游憩区的基本要求都是小,小娱乐、小商业、小饮食、小文化,比如你看这个商店很好玩,你甚至可以看到它的后边;你在小餐馆吃饭,吃着高兴了你到后边的厨房里自己去炒个菜。在这样的环境里,人可以完全地放松,可以非常从容地生活,但是总体面积并不小,并构成了一条街,这叫中央商业游憩区的概念。比如说,历史上老北京的天桥,上海的大世界,基本上都是这样的概念。

这些年来很多城市都在构造商业步行街或者各种区域等,笔者一般来说不是很赞成。商业步行街给人的感觉并不好,除了那些对逛商店有瘾的人,比如在王府井大街上行走,就会感觉楼把人压倒了,它也是一条步行街。北京现在比较符合中央商业游憩这个概念的位置是哪里,是北京的什刹海。人们到了什刹海才觉得这个城市有味道了,尤其是到了晚上,那叫一个热闹,同时,人在那里休闲,虽然人来人往,可是觉得非常地休闲,而且培育了一套室外文化。所以可以简单地想象,到了那儿外边的位子早早地没有了,没有办法也只能到屋里去。挨着什刹海,享受着清风明月,喝着冰镇啤酒,大家聊聊天,何等从容!

上海现在比较典型的是新天地。新天地这个地方也应该说构成了一个中央商业游憩区的典型,虽然上海市民本身比较反对,上海市民就说,新天地这个地方说起来叫海派文化,实际上叫糟蹋了海派文化。笔者看一本杂志上,上海的一个教授说新天地我是绝不能去的,去过一次就够了,那个地方是社会主义和资本主义结合在一起的一个怪胎。说法很多,但是对于外地人来说,到了新天地那个地方感觉很好。笔者去了几次,每次感觉都很好。实际上,我说的这几个元素在上海的新天地体现得都比较充分,只不过它表现得更加精品化,更加高档化。在新天地待一晚上,兜里没点钱是待不下去的,价格是很贵的。什刹海现在给人的感觉是一种市民化的感觉,也觉得体现了老北京的文化,实际上那个地方也是刀子磨得快快的,就等着宰你们了。但是为什么大家还去呢，因为有很多可以替代城市休闲的项目，大家喜欢它，所以才聚到一起，而且各有各的文化特点。比如，广州是丽湾区。有一次，笔者到丽湾区去，他们正在探讨一个商业步行街的方案。那个下午，笔者把有关丽湾区的几个方案都看了一下，看了八个小时，看完了就说，商业步行街最好别搞，在这里构造一个中央商业游憩区，这也是笔者在国内最早提出的概念。当时区长马上就说，"后天我们全去开人大会议，能不能把你的概念提到会议里去"，我说当然可以。实际上这代表了城市生活的一种时尚，代表了一种新的潮流，更重要的是代表了一种长远的发展方向。

文化的要点是多元素的结合，只有多元素结合才能构成中央文化游憩区的文化追求。大体上一个中央游憩区需要这么几个要素：第一个是步行街，甚至是步行街区，到这个地方的目的就是最完全的放松，所以不能有交通干扰。第二个是有娱乐场所，要有传统文化的娱乐场所，也要有大众的娱乐场所，也要有青少年的娱乐场所，这样也就把这个城市的传统历史文化通过现代文化的方式表现出来了。第三个就是商业，但是它的商业，不该是大商业而应该是小商业，各种各样的小商业，形成所说的原产消费和原则消费。第四个是小饮食，不能大，一大就违背了中央游憩区的基本理念。第五个是各类的文化体现，比如说各类的文艺表演，街头的杂耍等。这些元素集中到一起形成一个中央游憩区的概念，所以说不光是一个外地和外国旅游者必到之处，也是本地市民生活休闲的公共场所。这样就要求一个中央游憩区，有一些基本理念。第一就是以人为本，一切都要从人的需要出发，从关心人、尊重人、方便人这个角度出发。第二就是要追求特色，这个特色，就是要把自己潜在的优势挖掘出来。第三要追求文化融合，不见得非得是自己的东西，有些可以引进，形成文化融合，外地文化和本地文化融合，外国文化和中国文化融合，外民族文化和本民族文化的融合。第四是以繁取胜，繁就是繁荣，人们到这个地方，在一种非常松弛的状态之下尽情玩，悠悠闲闲地享受。一个旅游城市，要构建这样一个中央游憩区，会超越现有的这些旅游景区景点，也会超越已有的步行街，形成城市旅游和城市生活。现在各个城市都在搞步行街，步行街意思是这个意思，但是没有到位，或者说离到位的程度还差很大一块。搞步行街的理念到底是什么，目的究竟是什么，还不清楚。目前来看，每个城市的步行街，都是最吸引人的，但是缺的就是一套完整的设想和一套清晰的理念。

（三）体系建设

1. 夜景营造

每个城市都需要它的夜景，不可能整个城市都营造出夜景来，夜景营造的基本要求是集中。我们也可以看到，比如到了美国的洛杉矶，白天是一个特大型的城市，到晚上漆黑一片，可是有若干街区是很繁华的，构造出城市独特的夜景。上海既要城市漂亮，又怕费电，所以上海搞了一个假冒而不伪劣的工程，叫内光外泛。政府就要求，尤其是大的楼房，在窗口安装节能灯管，所以整个城市看起来灯火通明，费电还不多，这个内光主要的目的是为了外泛，为了营造城市的夜景，所以这样一个夜景营造对于一个城市的休闲氛围和夜景生活的形成起到了一个很重要的任用。当然也需要一个过程，比如上海的南京路和外滩，政府一开始提出要求，要求必须亮灯，而且亮到晚上十点，算了一下，一个晚上电费5万块钱，这大概是十几年以前的事情，这就涉及一个问题，电费谁来付。所以夜景需要一些机制，在机制里需要有一个动力，所以政府承担了前三个月的费用，政府拿钱，但是要求商店必须开门开到十点，一开始也是空空荡荡没人去，经过了三个月的培育，形成了影响，构成了城市的品牌。这样人们知道了南京路晚上也可以逛，外滩晚上逛起来更漂亮，三个月之后商家就开始自觉自愿地分担电费了，因为晚上有人去了，有人气了，商家有了利益。所以现在南京路的夜景不亚于拉斯韦加斯，那真是灯火辉煌，外滩的夜景可以说在世界上都是一流的，现在又开了黄浦江夜游的项目，夜游的时候看外滩真是漂亮。

上海市政府在进行外滩开发时，合理解决了外滩的房产置换问题，这需要把政府机关撤出来，让商家搬进去。现在已经培育了一批优质的精品项目，比如现在形成的品牌——外滩3号、外滩5号、外滩18号，这些都是餐馆。笔者到外滩18号去，还是因为看了一本杂志上的介绍，当时看完杂志就想，如果到上海一定要去看一看外滩18号。后来一到了上海，笔者就说带我去外滩18号，人家说那你可要咬咬牙，那我不管，你们出不起钱我自己花，因为我就要看一看它到底做到一个什么程度。外滩18号原来是一个意大利式的建筑，为了刷外墙雇了30个工人刷了一个月，用牙刷一点一点地把大石头都给刷出来了，整个装修费用花了3000万美元，就是一幢小楼，3000万美元花完了。外滩18号是米其林在中国的第一家店，因为米其林在国际是一个著名的餐饮的标识，一说到米其林三星，就达到了世界的顶级了，哪个餐馆能成为米其林餐馆是件了不得的事情。据说法国有一个餐馆，原来是米其林三星，后来被摘了一颗星，变成了米其林二星，厨师长因此自杀，他觉得是一种耻辱，他不能忍受这种耻辱，可见这个品牌的作用非同一般。外滩18号的一个三星的厨房的设备就花了1500万美元，但是反过来说，那里的经营确实好。我们在那儿吃完了饭，之后到顶楼，那里有一个咖啡厅，也是酒吧，也是小舞厅。顶楼上面，人挤人，很难进去，大家都站着，有一点点活动空间大家就扭两下跳跳舞，就这么大一个面积，大概有600平方米，这一晚上就收入20万。20万是什么概念，1000间客房的宾馆一天的收入，它就是600平方米，一晚上就完成了，那真是顶级产品，顶级价格，顶级收入，也是顶级利润。

所以夜景的营造在这么一个休闲体系的构成过程中起到了关键作用。很多人到了外滩一看，就是一个感觉，怎么能说中国是发展中国家呢，分明是发达国家呀。笔者碰到过这样的事：有一次，印度尼西亚的邮电旅游部长访华，一行到北京会谈，这个人派头很大，他是印度尼西亚外交部的老人，60年代到过中国，曾经见到过周总理，他那时候是个随员。来了就说，你们中国的饭店不行，我们可以派我们的人来给你们做一下指导，因为他带着印度尼西亚饭店协会的主席来的。那次笔者参加了那个会谈，第二天笔者就和饭店处的处长说，你们陪着这个主席一天看5家饭店，从一星看到五星。看完了协会主席不说话了。结果这个部长到了上海，看了外滩之后，尤其是看了外滩的夜景，什么话也不说了，他就是一句话，"这是发达国家，这哪是发展中国家啊，这是我们望尘莫及的"。所以这是城市休闲体系第一个层面，构建城市的夜生活的氛围。

夜景营造的第一个要求就是灿烂，第二个要求是辉煌，全世界的典型就是拉斯韦加斯。拉斯韦加斯上午是一个死城，见不着人，下午开始零零散散有一些人在街上逛，到了晚上这个城市整个就火起来了，而且夜景的震撼真是达到了一个灿烂辉煌的程度。我们现在很多城市也在这么搞，比如四川的自贡。自贡的彩灯在全国是一绝，在全世界也算是一绝，现在很多国家搞彩灯表演都引进自贡的人去做。现在自贡的彩灯行业已经有2万多人，但是在当地就2000多人，1.8万人都走出去了，走到全国走向世界。所以他们就开始研究，利用自己城市的这个特色，设计了若干条街区，要形成主题彩灯，这一点笔者也是很赞成。但是确有一个问题，就是彩灯怎么持续，没有一个相应的机制的依托，这个彩灯是很难持续下去的，只靠财政掏钱来给城市涂脂抹粉，这条路走不下去，所以也需要进一步研究夜景营造的问题。北京的方式分了四种：日常灯光、周末灯光、节日灯光、特大型节日的灯光，四种灯光分别有不同的要求，这样从机制上来说基本上是一个分摊的机制，这样便有了保障。

2. 餐饮体系

无数的餐饮,再加上酒吧、茶座等,构成一个城市总体的餐饮体系,这个餐饮体系也是城市休闲体系的一个重要组成部分,我们很难想象,比如晚上想出去休闲一下,只逛街也不吃也不喝,所以这样一个餐饮体系应该说是多元化的,也是涉及方方面面的。

餐饮体系的文化追求的要点是主题系列,要形成自己相应的主题,当然餐饮体系的一个核心还是要有好菜,要有好酒,这是核心。但是现在主题吸引已经变成城市休闲中餐饮体系发展中一个重要的方向。比如说,北京东直门的簋街,即使东直门那条马路改造,改造完了簋街仍然具有它的生命力,它的特点第一叫市民化,第二叫日常化,第三突出它的一个菜品是麻辣小龙虾,实际上就构成一个特殊的休闲餐饮区域。大家到簋街去吃饭,填肚子不是主要的目的,填肚子在家门口就可以填,我们为什么要跑到那儿去,跑那儿去就是要凑这个热闹,形成了独特的文化氛围。

3. 娱乐体系

娱乐体系的特点是多层次的,其中有老百姓最简单的娱乐体系。街头卡拉OK,现在这种现象降温了一些,一度流行。现在我们到一些南方城市,或者南方小城市,街头的卡拉OK还是很多的,唱一支歌一块钱,这一晚上可以唱很长时间,一直可以唱到夜里三四点。这是最普通的大众层次的娱乐,一直到最高层次的娱乐,这种娱乐应该说层次化比较分明,这是各个城市的一个特点。其中也有一些大型的娱乐场所,这种娱乐场所应该说非常普遍,在国外最突出的是迪厅。笔者看过一个最大的迪厅可以容纳五六千人,进去整个人就晕了,完全是群歌乱舞,但是安全保卫很严格,进去之前每个人还都要做一下扫描,看是不是带着凶器,因为人到那个地方精神状态就变了,想不晕都不可能,想不疯都不可能。所以大中小体系俱全,高中低体系俱全,这是娱乐体系的一个特点。

娱乐体系的要点是特色要突出,所以,这么多年以来娱乐行业的竞争可以说是非常激烈的,也经过不断的变化,从街头卡拉OK一直发展到各种主题娱乐、特色娱乐,而且逐步形成了各自的客户群。比如,钱柜。钱柜就是小伙子小姑娘去的地方。里边确实是花样很多。比如说,蹦迪现在还有领迪的,一个方面是特色越来越突出,靠特色、靠异质性的文化来吸引客人。如一些娱乐场所引进俄罗斯的舞蹈,这是很普遍的,也是要突出这种特色。笔者到了日本北海道,也有俄罗斯的演员在那儿表演;北京公主坟那儿有一个吉普餐厅，那就是俄罗斯的红军演员在唱歌，唱的歌真好。当然它所吸引的客户群是我们这一代人，而不是年青一代人，因为我们是唱着歌剧长大的，所以到了那儿，听了这歌很自然而然就会想起自己的小时候，想起当年中苏友好的时期。

4. 健身体系

包括运动场馆、水疗、保健等。现在中国比较像样的城市保健中心大概是7000个，总的资产大概是270亿元，有一些形成了品牌，如青鸟保健就已经形成了品牌。水疗现在也形成了品牌，当然现在更多的是足浴。足浴也可以说是一个健身体系。足浴没有统计，不知道有多少。它的特点是直接深入到街区，而且基本上每个街区都有这样的足浴场所。一边按着脚，一边看着电视或者聊着天，尤其是喝完酒之后来一场足浴，这是很美好的享受。国内现在最大的足浴是在重庆，那一家可以同时容纳3000人，那个场面吓人，一张一张床，看着无数，因为竞争很激烈，所以越来越讲究，每张床的旁边还有一个小台灯供你阅读，小茶喝着或者小酒喝着，然后同时进行足浴。有时候你在足浴的时候想抽支烟，他们要劝你不要抽烟，抽烟是伤身体的，然后给你讲各种道理。现在很多外国人也迷恋上足浴了，足浴在西方不太盛行，其中有文化的原因，大家觉得脚不那么值钱，第二原因是足浴在西方成本就高了，西方最贵的是人工成本，在中国最便宜的是人工成本，所以现在很多老外到中国来每天晚上要有一场足浴。当然，健身体系也包括运动场馆，我们原来的运动场馆都是封闭式的，现在基本上都对社会开放了。比如，1990年的时候北京举办亚运会，建了33个场馆，33个场馆建完了马上面临着场馆的后续经营问题，不能靠政府的财政永远支撑下去，所以不得不对社会开放，现在来看对社会开放已经变成一个普遍的现象了，由此构成了一个城市休闲中的休闲体系。

健身体系的文化要求是第一方便，第二齐全。所谓齐全是健身的细节要齐全，健身的项目要齐全，还应该增加一个指导。所有的健身体系里一定都要有老师，包括这几年时兴的瑜伽，如果没有老师，这瑜伽是练不下来的，也就是说，健身体系不但需要方便性，达到健身的目标，同时也需要科学性。进一步在科学性之下需要一种娱乐性，如果总是一种枯燥的健身，人们健身很难坚持下来，包括大家跳健身操、健身舞，就是在那个氛围之下才可能坚持，没有这么一个氛围自己在家里蹦是蹦不下去的。

5. 文化体系

涉及图书馆、博物馆、多厅影剧院、剧场等这一系列的，这种文化体系的培育也是大家现在比较注重的，尤其是博物馆。很多城市都把博物馆当作城市的一个品牌性的项目来打造，也确实产生了一些好的博物馆。当然，如果从世界来看，现在世界上博物馆真正形成体系，具有世界性影响力的，最典型的是纽约。纽约的大都会博物馆，形成了一个博物馆群，在那一片形成了17家博物馆，而且里边的东西都是世界一流的东西。之后是巴黎，巴黎的博物馆体系应该说比纽约还要发达，而且巴黎的博物馆是各种各样的，从最大的卢浮宫，一直到各种专业化的博物馆，非常突出。所以这样一个博物馆的营建确实也变成了一个城市的中心点，但是只靠大博物馆不行，所以现在我们也开放了私人收藏博物馆。北京现在已经有6家私人博物馆，北京博物馆的总量现在是93家，笔者基本上都去过。有些博物馆非常有味道，但是私人博物馆经营很艰难。笔者曾经询问过经营者如何解决这些困难，目前他们也没有更好的对策。实际上，博物馆热有一个重要的依托，就是我们现在的收藏热，有了收藏热才有了博物馆热。多厅影剧院也是这些年的一个时髦，原来那种影剧院大家觉得已经没有意思了，所以形成了一个个小的空间，但是形成了一个大的场所。一个影剧院可能有十几个空间，但是都是一体化的，这也变成了一个潮流。实际上反映的是大家对休闲质量的要求提高了，对文化品位的要求提高，同时，形成了一个性化发展的局面，也包括很多大的剧场剧院。最典型的是我们的国家大剧院。在建设的过程中有好几轮招标竞赛，一共是67个方案，最后确定了法国人的方案。据说当时工程开建，建了一半时停了，因为有几个科学院的院士联名向中央写信，认为这个项目不行，因为曾流传有一种说法称国家大剧院为"大粪蛋"。笔者对这个还是有点兴趣的，专门买了一本国家大剧院方案集，仔细浏览了这67个方案，认为的确是当前所选方案最好。很多人只会说大剧院不能如何如何，但是却说不出应该如何如何。可法国设计师说，总有一天这个大剧院会成为北京真正的标志性建筑物。就像当年的埃菲尔铁塔一样。因为埃菲尔铁塔当年在建设的过程中整个巴黎全民沸腾，大家都反对，觉得优雅、古老的巴黎怎么能产生这么一个工业怪物。当时大家就是这么看的，可是现在不同了，它变成了巴黎的一盏灯，所以那个设计师很有信心地说这句话。不过，笔者认为，其实争论的源头是建设国家大剧院这个题目出错了，49亿投资7000个座位，平均一个座位投资70万，可是在市中心这么集中的地点，这个剧院应该如何使用呢？还不如把这样的大剧院改成10个剧院，分布到城市的各个地方，对于老百姓来说更实惠，可是那就无法满足我们好大喜功的心理了。

总体来看，城市的文化体系现在在各个城市的建设过程中都变成了大家非常关注的一个内容，也由此不断地在提高市民的生活质量。比如首都博物馆，投资20亿，笔者去看了一看，感觉也是大则无大。它为什么会形成那么大的一个公共空间呢，从下一直通到上边，整个楼给人的感觉多一半是空的，剩下的才有一些展览的内容。这种设计笔者是不赞成的，这大概也是我们整个领导和设计师的思路结合的一种表现。可是对有的东西我们却没有想法，比如我们原来的首都博物馆在国子监很小的一个地方，很多精美的东西都展不出来。

文化体系的要点就是雅俗共赏，多层次多元化的，我们需要形成雅俗共赏的文化。现在所说的很高雅的东西，实际上从历史上看也无非是雅俗共赏的东西。我们现在说京剧是国粹，是高雅艺术，可过去拉黄包车的也能听戏，他们也能说得头头是道，角儿一个一个都能说出来。实际上它原来是老百姓的艺术，只不过现在新的文化不断地产生，把原来的很多东西冲击了，所以使它变成曲高和寡了。所以，历史上的文化是一个由俗变雅的过程，现在也有一个由雅变俗的过程，最终形成了雅俗共赏的一个文化。

6. 购物体系

购物体系从休闲的角度来说，它的主要体系不是大型商厦，而是商业街和精品店。当然大型商厦也可以拥有休闲功能，比如现在国际上的综合性的购物中心，位置不一定选择在核心位置，但是面积极大，不仅拥有购物功能，还集合了娱乐功能、文化功能等，这样大体上可以满足你的所有需求。严格地说，它是以商业功能为主体，以全面休闲功能为主旨，从而形成了这种特殊的商业业态。北京的世纪金源，模仿的是国外的模式，拥有40万平方米的面积，但目前经营状况不是很好。据笔者所见，国外有许多这种商业业态，有一些做成了精品，进入里面有进入了一个主题公园的感觉，体现出良好的文化主题，功能极其丰富，基本可以满足人方方面面的需求。除了这种新的业态之外，主体的形式是商业街和精品店的形式。我国的各个城市在集中的地点上基本上都出现了商业一条街或各类精品店的汇聚，而且形成的新的特点就商业街的其他功能越来越丰富，使商业街在本质上变成了一条休闲街，进一步构成了一个中央商业游憩区，大体的发展方向是这样的。

购物体系的要求是文化时尚的融合。购物体系从休闲的角度来定位，而不是从一般日常消费的角度来定位，最重要的是追求一种时尚。如很多人上街的目的，不是为了购物而只是为了了解现在的时装风尚；抑或是通过精心打扮来获得回头率，从而获得自我的心理愉悦；当然，也可能发现了一个穿着和自己雷同的人而感觉愤怒。另外，购物体系也在逐步向大众化综合化方向发展。

这样就构成了城市特有的叫作三个重点和六个体系，形成了城市的休闲体系。

三、文化追求

（一）永恒的追求

在这个休闲发展的过程中，文化的追求越来越突出，越来越形成品牌，因为文化的追求可以说是休闲发展的本质，也是一种永恒的追求。所以，可以归纳四句话：文化是休闲之基、特色是休闲之魂、环境是休闲之根、质量是休闲之本。文化是休闲之基，这是休闲的基础，也是休闲的本质。文化的表现是特色，所以特色是休闲之魂，没有特色的东西很难长久维持下去。环境是休闲之根。质量是休闲之本。这四句话凑在一起构成一个永恒的追求。

（二）发展的文化追求

总体来说城市休闲体系归纳下来应该是以下四个方面追求：

第一叫以人为本。以人为本是文化的一个本质性的东西，在工作中，人们需要克服困难，因为这是本职工作，但人们在休闲的过程中要求的更高，需要个性更加张扬，经营者要在经营的过程中，创造休闲的条件，避免在休闲中给人们制造麻烦，最终要做到以人为本。

第二叫以特为魂。在文化追求方面，一定要努力形成自己的特色，这句话怎么说都不过分。当然，过于夸张，甚至达到一种负面的效果，那显然是不行的。所以这里也有一个度的把握问题。

第三叫以新拉动。因为所有的休闲里边都蕴含着一个时尚的概念，时尚的概念要求不断地变化，不断地创新。

第四叫以繁取胜。繁荣、繁华，花样越来越多，方式越来越多，这都是繁字里包含的概念。由此构成了整个的城市休闲体系。

第四节　环城市休闲游憩带

一、形成

（一）城市化发展的促进

随着城市化不断地发展，城市生活对人的这种对立和异化也越来越严重，很自然，就需要人走出去，人自己也会产生这个概念；另外一方面城市化发展的过程之中，基础设施的建设越来越完善，很多原来制约发展的因素现在逐步地已经缓解了，有些已经从根本上解决了，这就使我们环城市的这一圈自然而然形成一个休闲游憩带。

（二）城市生活的扩展

随着私家车越来越多，有了私家车就有了跟外界交流的条件，人们生活的空间就会扩大很多，所以城市生活本身在扩展，个人的生活也要求扩展。

（三）城市休闲生活的升级

我们多数的休闲都是在城市之内，主要是解决小闲的问题。八小时以后拥有的闲暇时间叫休闲。城市休闲体系主要对应的是小闲。可是，环城市游憩带就不同了，主要对应的是中闲，就是大周末。休闲的时间增加了，休闲的需求自然而然也就要升级。

（四）周边资源的深化利用

原来对于城市周边大家关注的就是旅游，所以城市周边怎么形成旅游点，让大家来观光，这是关注的问题。但是现在消费的形态已经变化了，一定意义上旅游和休闲现在叫并驾齐驱，再进一步很可能观光让位于休闲。因为大家到这一个地方去一次，一般来说第二次去的愿望已经没有了，这是观光的一个特点；休闲则不同，休闲可以反复去，这样也就引发了深化利用周边资源的问题。除了一些可以开辟成为旅游景区旅游点的已经开辟出来了，还有很多没有开发利用，实际上使周边的资源形成了一个深化利用的态势。比如，原来一片树林，现在美其名曰森林公园；原来一个水潭，现在美其名曰某某湖，可以吸引大量的客人去，实际上大家去的目的主要是休闲，所以，很自然就构成了一个环城市的休闲游憩带。

二、特点

（一）两个重点

这是需求的重点，第一叫休闲的需求，第二叫游憩的需求，这两个方面的重点都要加以满足，而不仅仅是一个观光的需求；如果我们还用观光需求来对应环城市休闲游憩带，这个定位就是错误的。

（二）区位

环城市的概念，基本上是城市建城区 1 到 1.5 小时的范围，基本上是这个概念。当然，这 1 到 1.5 小时肯定是车行的距离，不可能是步行的距离。步行的距离一个小时 5 公里，车行的距离大体上一个小时 60 公里，甚至 100 公里，这是在城市建城区之外。

（三）产品

环城市休闲游憩带的产品总体来看都是复合型的产品，产品特点如下：

第一，以自然环境为依托。要有相应的好的自然环境，不能说只要是在城边上，是个地方就可以搞，一定要有相应的好的自然环境。

第二，以度假村为主体。现在看起来这已经是普遍性的了。基本上这个模式是伴随着城市的发展自然而然形成的，市场经济发达国家已经走完了这条路，我们现在正在走这条路。只不过我们的度假村现在有一个很大的误区，我们现在这个度假村严格地说不是度假村，只是城市宾馆换了一个位置，而没有真正按照度假村的市场需求和度假村的设计以及度假村的经营管理服务来建设经营，没有按照这一套内在的规律来做，所以我们现在很多度假村基本上都是失败的，回过头来说，经营上边未必失败。但是这么多年以来，我们城市周边的这些度假村在不断地调整，调整的过程之中也是一个深化和升级的过程，内容在深化，档次在升级。

第三，以娱乐活动为吸引。娱乐活动越多，花样越多，自然而然，这个产品就越有吸引力，九华山庄便是个典型的例子。从现在来看，温泉度假村已经形成了更猛的发展态势。

第四,以其他市场为转化。环城市的休闲游憩带,在很大程度上和商务会议休闲已经结合到一起了,因为现在会议的需求越来越多,除了在城市中心这些大的宾馆召开会议之外,现在很多会议,尤其是中小型的会议已经转移到这个领域去了,这样就构成了一个复合型产品的特点。

(四)经营

从经营角度来看,以自然环境为依托,但是绝不是原汁原味的自然,不是所谓原生态的自然。环城市休闲游憩带在自然方面是精致的自然、人工的自然,大的环境是自然的,但是小的环境一定是精致的自然。比如,草地就不能杂草丛生,就必须是芳草依依。比如说,水面就不能是纯自然的水面,而必须是人工不断清理的水面和水体。要求就是这些,依托的自然可能是山水很雄伟、壮阔,很有气势,但是小的自然环境如果达不到这种精致的自然,这个度假村也不可能成功,本质上来说是城市生活的要求,但是一定要和休闲和游憩的需求紧密结合在一起,所以有它内在的规律性,这样的话就构成了环城市休闲游憩带的基本原则,叫因地制宜,因时制宜,因势制宜。因地是指地形、地貌、地理条件、社会条件等,因时制宜要看市场的发育程度,从投资的角度和项目分析的角度来看,开发早了也会失败,即使项目很好,开发晚了错过市场机会,也会失败,所以这个时机非常重要。

(五)原则

因势制宜,这里是两个方面。第一个势是城市本身的需求,各个城市有各个城市不同的特点。比如,这个城市本身就是一个花园城市,自然环境质量非常高,环城市休闲游憩带的需求就会下降,因为很多需求城市本身可以解决了。比如,某个城市环境很差,这个方面的需求就会格外的强烈。第二个势是因市场制宜,要完全对应市场的需求,按照市场的变化来调整。

三、发展

(一)随城市外延的变化而扩大

因为我们城市的城区在不断地扩大,这个扩大的过程就是把很多环城市休闲游憩带的一些内容逐步的融合到城市的建城区了,所以又得进一步的扩展,所以这个变化应该是很突出的。比如,20 世纪 50 年代的时候北京的建城区 62 平方公里,80 年代的时候北京的建城区已经到了 320 平方公里,90 年代的时候北京的建城区 1100 平方公里，现在北京的建城区已经达到了 1500 平方公里，就是典型的摊大饼的方式，一环一环又一环。所以很自然，我们原来很多地方，比如北京第二外国语学院这个地方，原来是个远天远地的大郊区，现在完全城市化了。因为"二外"纳入到了建城区，所以原来在"二外"西边有些度假村，现在已经完全是城市了，所以很自然就要转移到通州那边去，如月亮河度假村、运河苑等很自然就需要转化。但是，城市的扩张不是无止境的，到城市发育到一定程度的时候，规模的扩张便会停止，然后需要素质的提升，水平的提高，这是第一个发展变化的情况。

（二）随流量增加而扩充

随着城市到环城市休闲游憩带的人数的增多，游憩带就会自然而然地扩充。但是，这里的环只是一个说法，有的可能是局限于一个方向，有的可能确实形成了一个环。比如，上海比较集中的不完全是环的概念，北京原来主要集中在东部和北部，现在西部已经全部发育出来了，北京的南部也正在发育。如北京大兴区搞了很多这样的度假村，也有一些森林公园之类的。北京现在大体上已经形成了环的概念。这就是随着流量的增加，随着资源的深化利用逐步扩充。

（三）随着需求的升级而提升

我们城市周围的一些度假村基本上都经历了这么几个阶段：第一个阶段是有房子就行，有房子有个自然环境，大家就认为是度假村了。第二个阶段是不仅要有房子，还要有娱乐项目，娱乐项目越多，度假村经营得越好。第三个阶段是向综合化、大型化和特色化方向发展。综合化和大型化是基本上连在一起的，项目越大，内容越多，具体的娱乐的活动也会增加，这就构成了一个综合化。但是，也有一类是向专业化特色化方向发展，如果没有条件去追求大型综合，就得去追求一下专业特色，这个也是一个发展趋势。

（四）随资源深化而丰富

这种资源深化的利用是把原来很多认为不是资源的东西，现在都已经开始利用了。比如说，有一些东西很清楚就是资源，如温泉；但是有些东西不是很清楚，比如以蟹岛度假村为例。蟹岛度假村这个地方从自然环境来说，是很一般的，没有特别之处，就是一片平原，一个村子，没有独特资源。但是蟹岛度假村把农村的物产全面转化，构造了许多休闲项目，开始的时候蟹岛只有钓鱼钓螃蟹等休闲项目，建设了少量大棚，蟹岛也因此得名，后来逐渐发展，建设房屋，进而引进水果蔬菜等一系列产品，最后形成了循环经济，这些循环经济的概念形成了，蟹岛度假村也就完成了资源的深化利用，也构成了一个品牌与典型。

（五）随竞争激烈而整合

发展的过程必然是一个竞争越来越激烈的过程，所以在这个过程之中也在逐步整合，一些度假村破产，一些度假村兴旺发展。这势必就会产生一个大鱼吃小鱼，强者兼并弱者，乃至快鱼吃慢鱼的态势，形成各种各样的整合方式和歼灭方式；同样，在这个过程中逐步会形成一些大型企业，形成一些大型的度假村，投资几十亿，步步为营，而且各种各样的资源被深化利用，开发项目的种类与花样也越来越多。

第五节 乡村休闲

一、需求的发散与选择

（一）需求的发散

当一开始我们讲空间体系的时候，乡村休闲是城市休闲需求的一个发散，也面临着多种选择，所以我们先要探讨一下需求这个概念。

1. 乡村旅游和乡村休闲

2006年为中国乡村旅游年，强化的还是旅游的概念，实际上这个概念不完全准确。笔者区分了一下，以景区观光为主要诉求的是乡村旅游，以休闲娱乐为主要诉求的是乡村休闲，大体上是这样区分的。因为很多景区都在乡村范围内，或者绝大多数自然类的景区一般都在乡村范围内，所以说乡村旅游不错。但是，乡村旅游不能涵盖乡村休闲，反过来乡村休闲可以涵盖乡村旅游。

2. 乡村休闲的需求

概括了五句话：山水画、田园诗、文化歌、生活曲、梦幻情。

山水画。到了乡村看山看水，看一幅画，这一幅画是人在画中游。

田园诗。感慨田园生活,农家乐陶陶,但是没有看到九旬的老太太正在骂她的孙子。看过鲁迅的小说吗,我这是背的鲁迅的原话。所以田园所呈现出来的诗意,所呈现出来的这种适意,应该说恰好适合我们城市人的这种可怜的疲惫的心情。

文化歌。文化歌是指乡村的民俗所体现出来的文化形成了我们的一种向往。

生活曲。乡村休闲最根本的是要体会乡村生活,如果不到民居里去住一住,那叫什么乡村休闲,那就是乡村观光或乡村旅游,所以乡村休闲最少要吃顿饭。

梦幻情。通过这种生活的反差和异质的文化,加上我们的一种向往,会使人觉得乡村休闲是一种梦幻,在这里寄托了人们的感情。

笔者自己感受最深的是,有一次到阳朔。阳朔有一条河,那条河边上一幢一幢的民居,同时,也有人在那儿建造了一些房子。所以到了那儿往那儿一坐就不想走了,坐那儿喝啤酒看山看水,还想在那儿住一晚上。在这里,人们会感觉到乡村休闲的特点,桂林的山水何其的美呀,天天就守在水边,看着清澈的河流,再加上周边的乡村环境,感觉确实很好,这就是一种典型的乡村休闲的体验,而不是乡村旅游的体验。

表 6-1 休闲的特点

乡村	都市
户外	室内
多有宽阔的场地、河流,户外游戏	多在特殊的建筑或者在家里,室内游戏
参与	观察
更多依靠自己的休闲,更多的谈话和交流	更多依靠专业学艺人员,更多大众传媒,更多阅读
非商业	商业
很多在学校、家里和公共建筑中的活动	主要为娱乐场所、剧院、商业机构付钱
以群体为中心	以个人为中心
家庭活动,教区	尊重个性,家庭约束力小
选项有限	选项丰富
居民的兴趣范围相对很小	个人的兴趣爱好和休闲类型非常丰富
普及性活动	专业化活动
很少机会发展或运用特殊的游戏技巧	需要更多的专业训练

续表

乡村	都市
源于实际活动	源自"文化"
休闲是家庭生活和劳动技艺的派生物	兴趣在艺术性的活动中迷失
自发性	组织性
几乎不需要对游戏活动的正式组织	依靠娱乐专家
以身体为主	以智力为主
体力游戏,从体力劳动中深化出来(公共建筑或者收获)	更多阅读,创造性活动
无阶级性	阶级性
与阶级地位无关	休闲是地位的标志
保守	时尚
游戏方法改变很慢	紧跟时尚

资料来源:杰弗瑞·戈比.《你生命中的休闲》.云南人民出版社2000年,第49页.

(二)模式的选择

1. 世界性的现象

因为乡村休闲是一个世界性的现象,这种世界性的现象的发生,有几个方面的原因。

(1) 乡村凋敝的普遍性

随着经济的发展,城市吸引了越来越多的人口,容纳了越来越多的就业岗位,这是很自然的。之所以形成城市的一个根本就在于,它是一个集约化的利用。通过这种集约化的利用,提高了效率、创造了优良的条件,所以全世界都存在这个问题。乡村的凋敝,只不过各个国家表现的情况不同。比如,美国的乡村基本上是一个农场的方式,规模很大,所以还保证了农业产业的兴旺,但是这种兴旺也是靠政府的一系列的政策支持才能实现。欧洲的乡村的凋敝体现得比较强烈,所以乡村旅游最早从欧洲产生,大家也感觉到这个问题,城市越来越繁荣,乡村越来越冷落,形成一个乡村的风情化,年轻人都走了,只有老人和孩子留下来,这样一个村有的甚至就维持不下去了,其中涉及公共设施、乡村教育等一系列的问题。所以由此引发了一个怎么重整乡村的问题。重整乡村并不意味着乡村所有产业的发展,所以大家不约而同选取的一条路就是发展乡村休闲。

(2) 乡村休闲的吸引力

随着城市化的发展，乡村休闲的吸引力越来越大，也使很多人对于乡村产生了一种新的感情，比如把第二居所放到乡村等，这些方式都产生了，这就构成了由乡村的凋敝构成了城市的繁荣，由城市的繁荣又进一步构成了乡村休闲的吸引力。

(3) 乡村重整的必由之路

全世界都是如此，除了前工业化国家，前工业化国家都是乡村，没有城市概念，就像我们老话说的，一个街，两座楼，一个警察看到头，这就是城市，实际上现在很多前工业化国家都是如此。但是对于工业化国家，尤其是对于发达国家来说，乡村重整必然要走这条路，有些地区也是这样，比如中国台湾。台湾现在基本上已经没有传统农业了，就是观光农业，观光农业已经变成了它的农业的支柱。

2. 几种模式

(1) 苏格兰乡村：崇尚自然

苏格兰的乡村模式应该说在世界上是一流的，苏格兰也在到处贩卖它的经验。笔者听苏格兰旅游局的局长讲了两次，他们乡村旅游的特点是崇尚自然，有一个很简单的原因，人口少，对自然的侵害就少，很多大自然的东西就可以表现得很充分。在我们这里是不可想象的，这种模式在欧美一些发达国家都有比较充分的体现。比如，笔者有一次到瑞典，在一个海湾的边上，有一个华人在那儿住着，他让我去一下，结果一去第一件事是起网，早晨的时候他在河里边放上粘网，大家一块起网，网上全是鱼；第二件事是把鱼从网上弄下来，一弄一个小时，弄鱼的时候经常鱼肚子里的子就跑出来，一溅一身，一个小时起了无数的鱼，好几大盆子，在中国是见不到这种场景的，因为中国人连鱼苗都会捞起来，而在那里只有这个规格的鱼才可能捞到，小鱼从网眼里溜出去了，大鱼粘不上网，所以也是一个环保的措施；第三件事是把鱼剖了开始烧烤。就这样非常愉快地度过了一个假日，周边是大片的森林，前边是波澜壮阔的海湾，现在想起来仍然感觉很好。

(2) 西班牙古堡：模式创新

西班牙古堡形成了一个模式的创新，因为西班牙的古堡很多，这些古堡基本上都是处于乡村的，凋敝、残破、坍塌，怎么办呢？为了拯救古堡西班牙想了一个办法，把古堡按1欧元的价格卖出去，低价诱惑了人们，很多日本人、美国人纷纷将古堡买下，这也可以说是当地政府的一个圈套，买下之后，政府便提出了要求。第一要求古堡一定要整修，而且一定要修旧如旧，其实这需要大量的资金；第二古堡至少要有二分之一的面积对公众开放。这是西班牙拉动乡村旅游发展的重要措施。西班牙专门成立了一个古堡协会，最多的时候古堡的数量成百上千个，古堡通过这种方式在不断地整修，而且整修出一个古堡就形成乡村休闲的一个俱乐部，在这个过程中古堡也有所分工，如有些古堡以葡萄酒为主，有些古堡以公益性为主，有些古堡以传统文化为主等，由此形成了体系。

(3) 日本北海道：突出优势

日本37.8万平方公里，将近两亿人口，可以说人口密度是非常大的，可是北海道那个地方叫地广人稀，因为日本的人口主要集中在本岛，工商业也在此聚集，所以就产生了一个现象，日本人对乡村的需求格外地迫切，这样北海道的优势便体现了出来。

第一是冰雪优势。冬天的时候滑冰滑雪是主要的产品。第二是草场的优势。在夏季，这种草场的优势也是非常突出的。第三是文化优势。北海道那地方传统文化保留得比较好，这个优势贯穿了北海道的发展过程。北海道全面突出自己的优势，全面挖掘自己的资源，最终整合成非常有吸引力的乡村旅游产品。

(4) 大巴黎：一体化

巴黎也是一个特大型的城市，而且整个巴黎大区基本上集中了法国三分之一的人口，所以在这种情况之下大巴黎就形成了一个城市和乡村一体化的模式。离开巴黎城区马上就会感觉到这种乡村的氛围，很方便地就可以进行乡村旅游。巴黎环城市休闲游憩带这个概念并不浓，更主要的是乡村旅游和城市的结合。这种一体化的模式首先取决于这种自然环境的整治，巴黎保留了一个非常好的自然环境。第二取决于文化特质的不断提升，比如离开巴黎到一个皇家园林去，相当于我们的圆明园，在去的路上会时刻感到乡村气息，路上可以看到一些庄园、一些城堡，最后到达了那个园林，会让人感觉到极致的乡村气息。这与我国的情况不同，我国现在基本上就是城市带，城市和城市之间没有什么距离，甚至城市和城市之间也基本上是用一个小工业体系来构成。严格地说，我们已经没有多少乡村了，我们只有大量的乡村人口，所以大巴黎这种一体化的模式很可能形成我们很多特大型城市的一个发展过程。

所以这几种模式反映了面对乡村凋敝这样一个世界性的现象，各个国家都在探索不同的乡村休闲发展之路，而且都在按照自己的特质来形成自己的模式。没有一种模式是普世的，但是任何一种模式里边都有它特有的长处。

比如说，有一次笔者参加一个乡村旅游国际论坛，其中一个法国人讲了30分钟，就讲乡村旅馆怎么建，一直到用什么样的毛巾、香皂，地板铺成什么样的，桌子要用什么样的，谈的都是细节，但是听完了之后，就觉得人家这个乡村旅游真正做到位了，因为很简单，这套体系人家培育了几十年。

二、乡村旅游在新农村建设中的地位和作用

1. 促进调整农业经济结构
2. 增加了农业的功能

原来农业就是种植业和养殖业，由于乡村休闲的发展，使休闲的功能和观光的功能全面地开拓出来。

3. 提高农产品的附加值

原来乡村是把农产品收集上来运到城里去卖，现在是城里人到乡村来买，所以附加值自然提高了。很典型的是北京怀柔。怀柔大概150多条山沟都养虹鳟鱼，饲养虹鳟鱼开始于20世纪70年代，原来的方式就是运到城里去卖，可现在不同了，一到了周末，城里人都跑来钓鱼，所以他们的经验是从星期四开始鱼就不能喂食，星期四饿一天，星期五饿一天，客人来了一钓一个准。在城里，这鱼卖八块钱一斤，可现场钓起来的鱼卖十块钱一斤，所以一开始有很多人有意见，说在城里才八块。怀柔人的解释很简单，"一块钱是自然环境，你到城里买鱼有这么好的自然环境吗？一块钱是你买了一个钓鱼的体验过程；一块钱买环境，一块钱买体验，我们这两块钱都卖便宜了"，大家觉得有道理，也接受了，鱼钓上来就地加工制作，就地吃。所以很自然，这样就提高了农副产品的附加值。

4. 增加就业渠道

这是我们农村现在最大的一个问题。随着乡村旅游的发展，就业渠道全面地拓宽了，只不过这个就业渠道是一个阶段性的，它不是全年工作，是阶段性的，而且有高有低。

5. 形成系列服务设施

就现在来看，乡村休闲的发展不但产生了一批乡村酒店、乡村休闲设施，同时，也使一大批民居可以充分地利用，增加了农民的收益。

6. 推动了农民观念的转化

农民观念的转化在这个过程中可以说是翻天覆地的，原来认为自己的产品就是产品，现在知道自己的产品就是商品；原来认为自己就是在这儿活着

的，现在知道自己的生活形态也变成了一种商品，生活习俗也变成了一种商品。当然全面的商品化必然有它负面的作用，原来我们认为山里人很纯朴，他们确实是很纯朴的，因为见不着外人，他不纯朴行吗，现在乡村旅游发展起来了，大家说村里人很狡诈，实际上这也是一个自然的过程，而且在这个过程中会不断地提高。

7. 培育农村的市场机制

这种市场机制的形成，大概是乡村休闲所产生的最大的一个作用。大家知道了什么叫市场，知道怎么来适应这个市场，怎么来经营我们的产品，怎么来获得更好的效应，这都是很自然的事情。

8. 综合效应

乡村旅游的发展带来方方面面的效应，在某些方面的效应体现得比较突出，有些地方的效应体现得还很不足，但是总体来说富民功能是第一位的。乡村旅游的一个特点是立竿见影，其他的旅游设施建设与品牌推广都需要几年时间，而乡村旅游当年就可以见到效果，所以这个立竿见影、迅速致富的产业值得我们大力提倡。更何况这个市场还在逐步地培育过程之中，最终是可以调整农业的经济结构的。有些地方现在提出了六大农业的概念，科技农业、精准农业、定购农业……观光农业也是其中的一个重要内容，这样就使我们传统的农业经济结构在现代化的发展过程之中形成了一个比较完善的，而且是有前景的一个农业体系。

三、担忧与对策

2007年以来，乡村旅游变成了一个热潮。笔者多次参与乡村旅游论坛。大家都在研究乡村旅游的问题，都想借着这个题目说一点更积极的东西。但笔者的思维习惯是，越是热的时候，越需要冷化。所以笔者对乡村旅游发展的担忧，主要有以下十个方面：

（一）资源同质化

1. 问题

目前存在的问题是，乡村旅游的资源雷同，形成了非常严重的同质化的问题。具体表现在以下三个方面：

一是自然资源看山水。各地的山水资源区别都不大，只是南方的山秀丽一点，北方的山雄伟一些。

二是人文资源在生活。把乡村生活作为一种资源来看待，而且作为一种资源来开发，这是很不错的事情，但也确有这个问题，这些资源给人的感觉都差不多。

三是近距离、低水平的重复建设。现在的乡村旅游还局限在农家乐这个基本的产品模式上。各地都在建设农家乐，又由于乡村旅游本身，地理环境差不多，人文环境也差不多，历史传承也基本相似，就形成了一个严重的近距离、低水平的重复建设。即使是高水平的建设，这个问题也是不可避免的。由于乡村旅游的主要市场是针对本地市场，这种近距离、低水平的重复建设问题表现得就更加严重。乡村旅游发展的普及使这个问题非常突出，现在很多地方已经比较清晰地意识到了这个问题。

2. 对策

第一，深入挖掘当地的文化底蕴和生活资源。只有深入挖掘才能够避免一般化的状况，才能形成差异化的发展。

第二，丰富乡村旅游的生活内容。这种生活内容要从一般性的只是吃农家菜、睡农家炕这种状况里摆脱出来，要把乡村各个方面的资源都当作乡村旅游的内容来整合。

第三，突出特色。很简单，这一个村和那个村相距可能五里路，最多相距十里路，两个地方都做乡村旅游，就涉及同质化问题，特色化何在？更何况在这种状况之下，现在已经形成了一种拦截的行为。比如，甲比乙离城里近五里路，甲就开始拦客人，丙比甲又近五里路，丙又开始拦客人。在资源同质化的情况之下，如果不深入地研究对策，不深入地开发资源，形成自己独有的特色，这条路是走不下去的。

(二) 产品初级化

1. 问题

产品初级化问题，一是以农家乐为主题，二是以吃和住为主体，三是形成了一些初级娱乐。这些初级娱乐基本都是村里的人组织一点小表演，让大家来看一看。总体来看，对应资源同质化所形成的必然是产品初级化，在这种情况下虽然已经有了一些收入，已经尝到了发展乡村旅游的甜头，但长此以往能不能可持续发展，这是一个更大的问题。

2. 对策

第一，形成多样化的产品。即使现在档次还不够高，但是要研究产品的多样化。这种多样化的体现也是靠挖掘资源，只不过这个资源更多地涉及当地的文化资源的挖掘。一些乡村旅游点所处的区位比较好，或者所处的资源条件比较好，拥有好山好水，本身能够解决一些问题，但更多的问题还要通过产品的多样化来解决。平原地区有平原地区的优势，山区有山区的优势，水区有水区的优势，怎么把这些优势发挥出来，同样是到山沟里来钓鱼，这个钓鱼就应该钓出特色来，进一步解决产品初级化的问题。

第二，精品化。这种精品化绝不是城市意义上的精品化，而是要把初级化的产品逐步地提升。最基本的是要解决卫生问题，这是城市休闲者的一个最主要的顾虑。其次是研究特色。现在各地都差不多，谁要有一个地方做出点彩来，马上大家都来学。这就要求乡村旅游的发展过程中要不断地创新，不断地提升自己的水平。

（三）建设标准化

按理来说标准化不是坏事情，但是这里强调的是建设标准化。建设标准化就是新农村建设的样板化，尤其是这种舆论的宣传，使不好的状况进一步发展。

1. 问题

第一个方面是外力形成的新村庄建设。新农村建设是中央提出来的国家级战略，中央提出了"生产发展，生活宽裕，乡风文明，村容整洁，管理民主"二十个字，这二十个字是新农村建设的总体概念。新农村建设不等于新村庄建设。但现在形成的状况是一提到新农村建设，就感觉要投入大量的资金。有专家做过测算，如果要解决新村庄建设的问题，中国要花6万亿元，问题是6万亿元能解决何种问题，对中央的二十个字要全面地理解。中央还专门提出来，要保护当地的文化，要形成特色发展。现在值得担忧的问题是新农村建设迅速演变成一个外力形成的新村庄建设。原因很简单，这是各级政府的一个政绩动机。这种政绩动机甚至会产生一种状况，不考虑到底农民需要什么，逼着农民把现在的房子拆掉，来修建一排排整齐的房子，甚至出现扛着锄头坐电梯，牵着耕牛进别墅这样的状况。

第二个方面是内力形成的模仿性建设。看人家这么做了，我也要跟着做，跟来跟去就变成了一种标准化建设模式。再加上样板引导的影响。近年在新闻媒体上看到的引导的样板，基本上都是一个农村城市化的样板，都是一个建设标准化的样板。这样的样板恰恰抹杀了农村的特殊性，抹杀了农村生活的吸引力，形成了排排坐、吃果果的局面。这样的村庄已经不是村庄，这样的农村已经失掉了建设新农村的本意。

2. 对策

第一，特色化的建设。要强化特色建设，很多农村在这方面已经走了一段弯路。农民的追求是城市化的追求，农民有了钱第一件事是要盖房子，盖了房子外边贴上白瓷砖，再加上卷帘门，就认为进入了城市化的水平。这是一个极大的心理安慰，但恰恰是这样的情况破坏了农村朴实的风貌。由于旅游的发展，引发了特色化的需求，很多农村抠下了新建房子上面的白瓷砖，然后根据旅游者的需求来进行建设。这是市场引导形成了特色化建设的局面，但目前多数人还没有觉悟过来。

第二，差异化的发展。在这个过程中，要寻求和其他地方的差异。首先要突出和城市生活的差异，既要按照城市生活的基本要求来改造农村，又要突出与城市的差异。比如，北方的农村很多农家乐现在已经改成了继续睡炕模式，即使是夏天炕也要烧一下，让人家体会一下什么叫暖炕，到了冬天就是热炕。很多地方已经在转换了。比如，山西的农村就提出来红红火火过大年，吸引城里人到农村去过大年。农村的民俗比城里要热闹得多，丰富得多，具有更大的吸引力，自然形成了差异化发展的格局。

从现在来看，值得担忧的是建设的标准化。有些地方一做就容易过头，有些地方采取的方式相应的好一些，提供若干套图纸，让农民来选择。但这里有一个最大的问题，建筑师所提供的这些图纸并不适应农村生活，甚至农村生活的一些基本要求都没有达到。在这样的选择之下，农民叫不愿意选择，或者叫不得不选择，从根本上是对农村的一种破坏。

（四）模式单一化

1. 问题

首先是开发模式单一，借助一点资源就开始做。其次是经营模式单一。资源同质、产品初级，在经营方面也是最普通的经营模式。最后是市场模式单一，招呼点客人，就开始做自己的事情。市场模式的单一使城市人只是简单地去体会一下农村生活，这种简单的体会造成了一个更大的后果——很难有后续的市场。因为大家觉得来一趟就行了，再看也没什么新鲜的。但从乡村休闲的角度，需要吸引的是回头客，客人每次来都有新鲜的感受，或者每次来都有深刻的体验，这样才有可能吸引客人一次、再次地前来。现在开发模式、经营模式、市场模式三个单一，进一步强化了我们前三个问题，很容易形成一种恶性循环的态势。同质化的资源、初级化的产品、标准化的建设，形成的结果只能是模式的单一化。

2. 对策

第一，挖掘自身的优势。在客观条件局限的情况下，充分挖掘自身的优势。每一个地方都有每一个地方特有的优势，就看是不是认识到。在这个问题上往往容易产生一个误区，人同此心，心同此理，人多什么就烦什么，人缺什么就想什么，这是常理，但恰恰是这个常理形成了很多误区。比如，农村人追求城市化的生活，就要把他的村子搞得像城市一样，靠这样的东西来吸引城里人。城里人恰恰是厌恶了城里面的生活，才来追求乡村旅游。再比如，我们的传统都是好客，自己最喜欢的东西希望拿出来给客人吃，恰恰是你喜欢吃的东西是客人已经吃腻了的东西，这是一种差异化的需求。对这种差异化的需求认识得还不够，都是从自己的角度出发。比如，很多地方，包括河南、山东都有一个习俗叫作端酒，吃饭时拿一个盘子给客人端上三杯酒来，请客人喝，应该说这是一个好客的表现，但这恰恰是一个陋习。这个习俗的形成是在贫困社会时，喝酒是很难得的事，所以宁可自己不喝，也要让客人喝，叫作省酒待客。可是现在大家都怕喝酒，再按习俗给客人端上三杯酒来，谁受得了？这就是没有考虑到差异化的需求。反过来说，正是因为没有考虑到这一点，司空见惯的事情并不认为是自身的优势，自己想追求的东西倒觉得是自己的不足，这就普遍造成了一种误区。如果换位思考，就能够认识到自己的优势，没有这种认识就谈不上对自身优势的挖掘。

第二，培育多元化的模式。首先，借助自身的地理条件、文化条件、生活条件，这是一个依托。在这个依托的基础上，进一步研究多元化的发展，形成体系。对于一个村子是一种模式，但是若干的村子汇总起来看，就形成了一个多元化的模式，形成一村一品，一户一特。一村一品这个词是日本人发明的，也是日本当年为了解决自己的农村发展问题专门提出来的。我们现在已经接受这个词了，一村一品已经进入中央文件，这就是在倡导一种专业化和多元化的发展。一村一品是专业化的发展，对于一个乡来说，对于一个县来说，就构成一种多元化的模式。从农户来说，每户形成一个特色化的发展，就使整个村形成一个百花齐放的局面。

（五）文化低俗化

1. 问题

乡村的文化有悠久的历史传承，有自己的文化积淀，是一种活生生的、充满吸引力的文化。但现在产生了以下几个问题：

一是迎合。牺牲自己的文化特质来迎合城市人的低俗的文化需求，已经形成了比较普遍的现象。

二是扭曲。在迎合的过程中自然造成了一种扭曲。所谓不土不洋、不城不乡，到底哪种好，说不清楚，时间长了都会把自己的根底忘掉。比如，同样是乡村旅游，一个地方有一个地方的民俗，但现在是看到扭秧歌受欢迎，全国到处都扭秧歌，到南方的一些乡村，都能看到东北的大秧歌，通过电视的传播，使大家接受了这种文化模式。再比如，西北的腰鼓是非常优秀的文化，如果看过原生态的腰鼓表演，会觉得很震撼，感觉到自己的文化的不足。但现在腰鼓也传遍全国。这就要问一问，你的文化到底是什么。

三是错位。进一步地演变下来，会变成一种文化的错位。这种文化的错位丧失了自己的文化本体，形成了一套对应城里人的庸俗的文化，东一榔头西一棒子。这些状况构成了文化低俗化的问题。

2. 对策

第一，增强乡村对自己的文化自信。这样的文化自信，各个地方都存在，关键是对自身的文化怎么看。如果随着乡村旅游的发展，农民看不起自己的文化，显然不行。文化自信是一个根本性的问题，各地都在研究如何提升这种文化自信心。这种自信除了靠村里的一些文化传承者维护以外，更重要的是要在商业化的过程之中来突出自己的文化。"无价之宝"这种说法，笔者从来不认同，是宝就得有价，哪怕是天价，一定意义上无价之宝就不是宝。在市场经济条件下能够形成商业价值的东西就是东西，这些形成了，自然而然就会增强自己的文化自信。另外，对乡土文化的传承能力，要有充分的自信。即使村里的青壮年都出去打工了，他们也是要回来的，回来后仍然要遵循这一套传统文化，只是在这个过程中有些东西会有所创新，有所变化。

第二，增强文化吸引。每一种文化都有它历史的因素，需要研究这个文化的来龙去脉，包括每一个习俗的来龙去脉。在这个过程中，特色发挥得越充分，所产生的文化吸引力就越大。

有一次，笔者到福建龙岩山区的一个村子考察。那个村子很有特色。一是村里的建筑95%都是明清两朝的建筑，保护得非常完整。二是那天正好是八月十五，每一个宅子堂屋里地上都是血迹，那是他们的风俗，八月十五要杀鸡祭祖，堂屋正面都是祖宗的排位，看到一种活文化。三是这个村子有非常深厚的文化根基，敬惜字纸，只要是字就不动。看到一个最典型的墙壁，墙壁的上边是清朝的进士捷报，左下是十九路军起兵围剿的标语，右下是红军反围剿的标语，再往下是抗日标语、土改标语，一直到"文革"的标语，改革开放的标语，整面墙上都有，让人非常吃惊。笔者问了一下，街道的墙上还都有十九路军和红军的标语，一共 73 条，有的是很大的字，有的是很小的字。村里的文化传统极好。比如，村里有一个宅子叫容期堂，这就是当年的女子学校，村子的女子要嫁出去，首先在这儿培训，培训完了再嫁出去；外村的媳妇要进来也要在这儿培训，培训完了才能当媳妇。几百年的文化活生生地展示在你面前，不能不感慨。还有一个祠堂，祠堂里钉了两排竹钉子，是当年红军反围剿朱德总司令在祠堂召开全体干部会时，大家挂手枪用的。

这个村现在已经发展起来了，形成了极强的文化特点。当地人对文化的尊重无以复加，原因一是历史上这是出过文人的地方，所以在村子里走，都是大牌匾，状元第、进士第的牌匾。二是很有钱，地域又偏僻，所以经历历次的战乱和运动，保存下来了，形成极大的文化吸引。很多古村落现在这样的吸引力都是天然的，这比农业新村的吸引力要大得多。

第三，文化提升。在现有的文化资源之上，研究怎么提升自己的文化，而不是贬低和破坏自己的文化，这个提升过程就是文化自信的恢复过程，也是文化吸引的增长过程。当然，提升要通过一系列的方式，如有些民俗完全依照传统也不行。旧民俗在新时期要有新表现，这种新表现也产生一种文化的提升，在这些事情上要慎之又慎。文化提升的一个重要方式就是强化活文化。如果到一个村子只有一点生活文化，而没有当地的这种民俗文化的表现，甚至节庆文化的表现，自然还是觉得不足。可是在乡村旅游的发展过程中，只有赶上节日，才能感到民俗的强烈凝聚和提升。平常的时候就需要适度的表演，这种表演本身就是把一些节日的状态转移到日常的状态，形成活文化的集中体现，也是文化提升的重要方式，避免文化低俗化的现象。

（六）环境沙漠化

1. 问题

第一，自然环境的破坏。由于来的人太多了，就构成了对自然环境的影响，但不是说来人就要破坏，当地老百姓在这儿生活也要破坏。核心是相应地控制流量，更重要的是在乡村旅游的发展过程中，首先要注重保护。

第二，原生物产不足。一说到农家就是吃笨鸡、笨鸡蛋，当地的老玉米等，来的人多了村里没有那么多鸡供给人吃，这就像《甲方乙方》的故事一样，把村里的鸡都吃光了，一个人吃光了一村鸡，来的人多了怎么办？在原生物产不足的情况下，也产生了一种替代，这种替代有时候是一种劣质性的替代。客人来了希望吃农家鸡，但没有农家鸡可以吃，就弄了一堆工业化生产的鸡，来假装替代农家鸡。这是能够判断出来的，口感不同，味道不同，所以在一定意义上砸了自己的牌子。

第三，人文环境的紧张。原本乡村的环境是比较悠闲的，人与人之间的关系相对来说简单一些。这个简单有一个前提，都是一村的，谁都知道谁怎么样，想复杂也复杂不起来。可是由于外来的人多了，再加上商业化因素影响，就造成一种人文关系的紧张，包括当地的乡风民俗的一些变化，也包括外来者和本地人的文化上的冲突。

以上三个方面的问题总体上构成了环境沙漠化的担忧。比如，到这儿吃鱼，本来就想吃野生鱼，现在没有野生鱼了，又加激素，又吃化肥，各种各样的招数都使，弄得鱼就是不好吃，这是非常普遍的问题。再比如，阳澄湖大闸蟹原来只是少数人的需求，或者说只能满足少数人，现在一定意义上变成一种大众需求了，阳澄湖就那么大，大闸蟹不可能成十倍、成二十倍地增长。现在的做法是辽宁生产蟹苗，养到软壳运到江苏，在江苏其他的湖再养一段，养成硬壳的，最后一个月再放到阳澄湖去，取蟹的时候都是从阳澄湖里取出来的，但品质上已经差了很多。

2. 对策

第一，强化环境意识，强化原生意识。这种强化不是靠宣传，靠教育，而是靠市场的波动，使农民增长教训。作为一种利益的追求，采取恶劣的方式，只能满足短期利益，不能满足长期利益，农民自然会调整。当然还要辅之宣传和教育，也要辅之一些体制。

第二，形成共建。这种共建既包括本村村民之间的共建，也包括乡村旅游者和乡村旅游的提供者之间的共建。这种共建主要体现在对环境的珍重和保护上，同时，也需要研究一些其他方面的措施，如与固定客户之间的挂钩等类似的方式形成共建。

第三，创造机制。创造有利于可持续发展的机制，这样的机制首先是一个利益机制。由于有了一个利益机制，才会形成一个动力机制，要把环境的保护，文化的保护，包括农村社区人际关系的保护，建立在这个基础之上。这儿搞得差了就没人来，搞得好了就会有人来，由此形成了这样一个利益的机制。这个机制也需要相应的组织方式。比如，河南栾川有一个景区叫重渡沟，在沟外面有一个相当于旅游村的村子。村子农户开旅馆的很多，起名字都起不过来了，开始编号。笔者看到编的最大的号是135号。过去因为当地很穷，几年以前要研究旅游开发，就提出来农民自己拿一点钱，乡里拿一点钱，县里再补一点钱，让农民把自己的房子改造成农户旅馆，一开始大家都不接受，所以村干部带头。结果搞起来之后，因为人太多了，大家都在争客人，所以村里自己搞了一个调度中心。凡是客人想住宿需要到调度中心，调度中心统一调配。调配的规则有两个：一是哪一户最卫生，哪一户安排得最多，通过一个机制来强化卫生；二是哪户有特色、有文化、有吸引力，安排的客人也多。这种做法大家没有什么不同意见，也别抱怨，因为自己没做到位。村长说得很清楚，只有这样安排，客人才会最满意，客人越满意，住的客人才会越多。通过利益机制使大家形成保护的动力。

（七）市场饱和化

1. 问题

这个问题现在还没有发生，但应该有足够的担心，表现在三个方面。

第一，需求的限度。究竟有多少乡村旅游才能够满足需求，按照我们的情况，很容易在短期内形成供过于求的局面。比如，成都郊区5700多个农家乐，还需要搞多少，搞一万个行不行，搞两万个行不行？现在还是自发增长的局面，但是如果供给短期内快速增长，马上就涉及这个问题。供给发展余地非常之大，但需求有没有一个限制，相信是有的，只是现在市场还没有饱和，现在还感觉不到这个问题。

第二，市场的分流。现在的旅游方式，尤其是休闲方式已经越来越多，大家并不认为乡村旅游是其中唯一的一条路。随着其他方面的发展，自然会产生需求的分流，这也是发展乡村旅游的机会成本，需求的分流可能在未来的几年内形成比较突出的态势。

第三，消费的成熟。一个地方第一次去会觉得很好玩，第二次去可能就觉得一般了，第三次可能就不想去了。消费者越来越成熟，要求也就会越来越高，这就需要引发我们的思考了。

2. 对策

第一，形成新变化。如果总是维持在原来的状况下，很难形成稳定的客户，更难形成持久的需求，所以乡村旅游也需要相应的变化。当然要不断地变化、不断地出新花样，很难做到，也没有这种必要，但适度的变化是必须要形成的。

第二，培育分工体系。尤其是关于原生物产不足的问题，这就必须把很多东西延伸出去。比如，这个村乡村旅游开展得比较好，其他的村没有开展，但其他的村可以通过一村一品发展，形成一个原生物产比较充足的局面。这个村就是养鸡，但不是工业化养鸡的方式，而是整个村漫山遍野地放养鸡，放完了就抓，抓完了就卖，这样就解决了类似的问题，这当然需要培育一个相应的分工体系。

第三，创造新的需求。很多需求都是潜在的，需要挖掘这些潜在的需求，进一步要创造新的需求。比如，有的村子乡村旅游原来只局限于村庄本身，现在逐步地开拓，旅游者来了之后可以爬山，可以在树林里散散步，可以去采蘑菇。这些需求都是存在的，需要认真引导。与其让村民自己干这样的事，不如让客人来干，这样客人的参与感觉就深了，体验也深了。从长远来看，有一个供给和需求之间的衔接关系。理论上是总供给等于总需求，可以达到一个供需之间的平衡，不过这只是理论。进一步分析，在变化过程中，要研究如何创造新的需求，如何解决需求与现状的一系列的问题，要从现在开始研究，应对下一步市场危机的发生。

（八）竞争恶性化

1. 问题

第一，围追堵截。几乎到每一个地方都会发生这种现象，有的还只是给客人示意一下，有的是直接围追堵截，从火车站就开始拽，或者在公路上就开始不断地招呼，使客人还没到这个地方，或者刚刚进入这个地区，就产生了一种极坏的感觉。甚至有的客人一看围追堵截，掉头回去了，所以围追堵截之后，未必有好的结果。

第二，削价竞争。市场竞争本身就会产生价格的下降，但要说的是恶性的削价竞争。所谓恶性的削价竞争就是低于成本产生的价格。因为就乡村旅游自身的经营来说，成本效益的概念并不清楚，本来就是自己的房子，现在多几个人来住一住，没有更多的成本概念，对于经营者来说基本上收入就等于利润。只是近年来，有些农户规模扩大一些，添置家具，自己产的东西也不够吃了，也要去买东西，成本的概念才形成了。但总体来说，很难严格地按照企业进行成本核算，进行效益分析，所以也就意味着乡村旅游恶性削价竞争的空间很大。

第三，假冒伪劣。削价必然削质，所以在恶性削价竞争的情况下，假冒伪劣的产品会不断地产生。在一定意义上就是在侵犯消费者的权益，最终造成质量的下降和品牌的下降。这种竞争恶性化在各地都已经发生，如果不采取相应对策会迅速蔓延，也就会严重地影响乡村旅游的品牌。

2. 对策

第一，成立协会。有些地方已经开始做了，专门组建了乡村旅游协会。以县旅游局为发起单位，以乡政府作为组织单位，以村为主体。协会的形成主要是代表利益的协调。比如，有一群乡村妇女，每天要到火车站去抢客人，乡里乡亲的抢得都不好意思了，但不抢又没有办法，最后大家商量，何必十几个妇女天天堵在火车站，今天你们俩去，后天他们俩去，大家分分工，研究一个利益机制尽可能地公平。这是协会产生的自然条件和基础。

第二，开拓市场。开拓市场的方式有很多，很多地方已经开展起来了。第一种方式也是最基本的方式是广告营销。第二种方式是与城里的一些单位建立合作关系。平时以合理的价格和良好的质量向合作单位提供农副土特产品，保持良好关系，如果合作单位有乡村旅游的需求，可能选择长期的合作伙伴作为旅游目的地，这是很自然的。第三种方式是网站的方式。农户开设自己的网站，公布各类信息如自身情况、价格等，进一步建立预定系统，为顾客提供便利，为自己提供了留住客人的保障。目前，很多农户已经建设了自己的网站。

第三，注重乡规民约。乡规民约在乡村里起着重要作用，仍然比法律还要重要，因为乡规民约是靠宗法关系、社区关系、血缘关系等形成的。凡是在农村生活过的，都能体会到这种乡规民约，很多是不成文的，不成文的东西有时候产生的约束力量更大。

（九）公地悲剧化

1. 问题

公地悲剧化，基本概念是大家都按照自己的利益诉求，开展相应的行为，但是所构成的公共性的结果是一种悲剧性的结果，被称之为公地悲剧化。公地悲剧化现象已经在乡村旅游的过程中普遍发生了，其表现有三：

一是乡村旅游的分散。这样的分散使大家不顾别人的利益，只考虑自己一亩三分地的事。一家一户的行为必然构成了集体行为的扭曲，构成了总体形象的扭曲。

二是公共设施的匮乏。很多乡村进了院子很像样子，进了屋子更像样子，但整个村子在公共设施方面是非常匮乏的，基础设施基本不存在。夏天村里的路上泥泞有一尺厚，走不了路，最后大家只好贴着墙边走，贴着墙根窄窄的一点还可以走，路就不能走，这是一个非常普遍的情况。除了公共基础设施外，一些公共性的、文化性的东西也缺乏管理，自然构成了公共设施普遍匮乏的状况。在这一点上，笔者比较赞成农业新村。农业新村追求城市化发展，注重公共设施管理，修建柏油路，搭设路灯，放置垃圾箱。但是，农业新村在某些地方做得又有些过分了，这一边也有些过分了，所以这两个过分应该在对立面上达成统一。

三是生活质量的不足。最大的问题是卫生设施的问题。家庭卫生设施直接涉及村里的公共设施,如果没有上下水管道,没有垃圾处理设施,没有污水处理设施,卫生永远好不了,这样就构成了生活质量问题。游客在睡暖炕或是吃农家菜时,都会要求卫生状况。即使表面上觉得农家菜的卫生条件很好,但从根本上卫生设施没有完善,卫生就好不了。

2. 对策

第一,政府的分工。现在提倡新农村建设,首先各级政府要通过分工来解决农村的公共设施和基础设施的建设问题。首要问题是水、电、路,上下水、化粪池、污水处理等一系列的问题。例如,在一些能源的配置方面,现在有些地方已经开始运用沼气,通过沼气解决了污水和垃圾的处理问题,又解决了农村自身的能源需求问题。但是,有些地方确有困难。比如,修一个沼气池花1200块钱,这个政策自己拿600元,村里给拿600元,现在有的农户这600元都拿不起,拿不起这些问题就解决不了。所以政府应该通过分工首先来解决这个问题,县和乡两级政府有不同的职能,在村里没有政府,只有村委会,也具有相应的公共职能。

第二,公共产品到位。这种公共产品到位在乡村旅游方面一方面是公共设施匮乏的问题需要解决,另一方面是公共服务的一些问题需要解决。比如,涉及全村的宣传促销问题,各家各户不会有自发的积极性,这就需要村里,甚至乡里共同解决。

第三,公益性产品的提供。一系列的公共性产品,比如,乡村的公共卫生问题,即使公共设施解决了,还有日常维护的问题,这是一种公益性的提供。再比如,在秩序的维护上,在乡村旅游者权益的保障上,涉及一些纠纷,处理这些问题,这都需要政府通过公共服务来解决相应的问题。这也是在乡村旅游发展中面临的共同的问题,也是新农村建设的一些根本问题。

(十)管理过度化

1. 问题

现在面临着一个问题,缺乏管理,又过度管理。所谓缺乏管理是公共性产品没有提供者,甚至是没有提供的主体,按说应该有主体,但是主体不接受,或者主体不认账,或者主体在这方面缺位、错位,这是一个方面。另一方面也产生了一些管理过度的问题。管理过度问题具体的表现是,乡村干部的利益在乡村旅游的发展过程中起到了一个关键性的作用。有好的一方面,在乡村旅游发展过程中很多农民一开始没有觉悟,乡村干部带头示范,但是带头获得的利益迅速转变成一种个人性的利益。比如，进村路口的第一块地是最好的地，在这块地上谁最有资格来盖房子，毫无疑问是村干部，但是如果这么做村民会不服气，所以就引发了相应的纠纷。就目前来看，很多本质上的利益纠纷是通过管理的形式体现出来的。比如，某户乡村旅游发展得好，产生嫉妒心理，通过管理来限制发展。所以现在面临着管理过度和管理空白同时存在的状况。当然，有一些地方管理能够适度，确实做得比较好，也能够避免公益悲剧的发生，也能够真正切切实实地促进发展。

2. 对策

第一，政策组合支持发展。所谓政策组合是农村的一系列政策，如土地政策、资金扶持政策，还有相应的一些其他的政策，如小额贷款等。这些政策形成一个政策组合，通过这样的组合，来支持一村一品的发展，同时进一步推动乡村旅游的发展。只不过这种政策的组合很多时候农民不了解，官员又不积极，很多人试图在政策实施的过程中多打一点埋伏，给自己多留一点利益。

第二，培育产业链。不是只集中在第一个环节，即接待客人这个环节，要通过接待客人所形成的市场，构成一个比较强的产业链，来推动发展。

第三，适度管理。管理空白叫政府缺位，管理过度叫政府越位，总体会形成一个错位的现象。从以下三个方面理解适度的管理：

（1）规划

从乡村旅游的开发方面来说，主要的管理手段是规划，通过规划来引导和指导。

（2）经营

主要的管理手段应该是引导、培训和培育，尤其是要培育领袖型的企业。领袖型的企业培育出来，对于乡村旅游的发展会产生积极的作用。比如，已经被命名的叫"中国乡村旅游第一县"，即成都的郫县，又命名了一个中国乡村旅游第一户——徐家大院。这个徐家大院正面的牌匾是吴邦国副总理题的词，进去第二道门又有一个牌匾是邹家华当副总理的时候题的词。这个院子里有三种房子，第一种房子是80年代农家乐刚刚兴起时的房子，现在还保留着，也还在运营；第二种是90年代的房子，这是第二代的农家房子，已经变成了白房；第三种是主体，即第三代别墅式的。这一个院子三代房子都存在，展示了中国农家乐的发展历史，所以被命名为"中国农家乐第一户"，这就是一个领袖型的企业。它的主业是花木栽培，通过花木栽培来获得收益。原来这些内容只是副业，现在变成了农家乐的一个主业，所以那个院子里都是花木，这些花木都可以买，都是它的经营内容。

（3）管理

研究如何创造一个好的环境，如农业旅游示范点，这是一个服务方式，是一种引导方式，也是一种管理方式。通过这种引导作用、示范作用和乡规民约等，共同来推动乡村旅游的发展，同时避免过度化的发展。

四、新理念、新发展

（一）新乡村主义

什么事情一提到主义层面上，就显得很严肃、很正义，甚至具有一种信仰的概念。其实不然，这主要是倡导一种理念，这种理念包括几个方面。

1. 平等的视角、均衡的发展

城市旅游者到乡村去体验乡村生活，寻找一种休闲的感受，但首先应该是一种平等的视角，不是一种恩赐的视角，不是一种居高临下的俯视。反过来说，农民作为经营者，也应该持一种平等的理念，谋求均衡的发展。这个均衡的发展在一个村落、一个社区、一个乡，甚至一个县，都应该努力地追求。

2. 生活的新体验

人们到乡下感受到休闲，感受到诗意随意，形成一种新的生活体验，这种新的生活体验不但有别于人们的日常生活，也有别于城市的那种压迫，目的在于寻求人休闲的本质。

3. 城乡的互动

城里人下乡，乡里人也要上城，在这个过程中，感受到城乡的互动，达到一种新的均衡。同时在这个过程中，有了更多的交流，也会有一种推动，包括理念的推动，观念的变化。

4. 体系的建设

乡村旅游中农家乐只是一种模式，它是比较普遍的，还有其他若干模式，最终会构建成比较完整的体系化的发展，同时也需要一步一步地升级。比如，郫县从农家乐的提供模式，发展到县里建了 11 个乡村酒店。县长专门写了一篇论文，即乡村酒店的发展。实际上，乡村酒店意味着规模更大，也意味着企业化经营的模式更大，而不完全是一种家庭化的模式。反过来也要问，乡村的这种形式与城市的形式，包括度假村的形式的区别在哪里？乡村酒店、度假村、城市宾馆要研究自身的特点，要形成独特的文化感受，所以乡村酒店一般来说都是小酒店，规模不会太大。

5.庄园文化的培育

进一步的提升，需要培育一种庄园文化。这种庄园文化是乡村旅游、乡村休闲达到的一种极致，达到的高端的境界。在欧洲，这样的庄园文化是非常普遍的。因为它在历史上作为领主经济，每一个领主都有自己的一个庄园，所以培育了自己一套独特的文化。有的庄园专门有自己的葡萄园，有自己的酒厂，很多庄园持续经营下来，形成品牌性的庄园。比如形成了庄园咖啡、庄园酒、庄园雪茄，形成了一套非常独特的东西。比如，法国90%的红酒生产商都是庄园的，一年可能就生产5000瓶红酒，生产者自己消费几百瓶，剩余的进行销售，越是这样的庄园酒，它的价格就越高，质量也越好，这样就形成了一个庄园体系。

庄园文化在中国还没有培育出来，所以进一步要培育一套新型的乡村旅游的庄园文化。这套庄园文化培育出来，就会达到一种极致。

现在欧美各国，包括其他发展中国家都有一个概念，叫乡村俱乐部。乡村俱乐部也是在展示一种极致，但是它和庄园不同。乡村俱乐部一般来说，没有这么深厚的文化底蕴，也不是家族传承，而是一种现在会员制的方式，但培育的也是高端的文化。

（二）新发展措施

主要是差异化经营、特色化竞争、体系化发展。要从市场入手，围绕需求促进旅游，围绕旅游形成市场，围绕市场开发产品，围绕产品组织产业，围绕产业合理分工，围绕分工全面发展。

第六节 异地休闲

一、休闲城市

在休闲需求产生和休闲产业培育的基础上，进一步研究休闲城市。

（一）城市在休闲发展中的作用

城市在休闲发展中的作用，基本上表现在以下五个方面：

1. 休闲需求产生地

就目前来看，农村比城市闲，但是农村的闲，只是传统的农业社会的闲，而不是现代休闲，真正意义上的现代休闲，需要培育休闲产业，应该首先从城市开始。城市是休闲需求的产生地，而且城市化的进程越快，休闲的需求就越强烈，城市化使生活节奏加快，使人产生了一种压迫，这种压迫逼着人逃离日常生活，所以就形成了一个需求的产生地。

2. 休闲设施聚集地

休闲聚集地并不意味着休闲设施都在城市中心，而是大城市大区域的概念，有时会形成一个专门的设施聚集地。比如，环城市的休闲带现在已经普遍产生，这个休闲带客观来看，也是形成了一个聚集地，而且和城市有了比较明确的分工。比如，城市的中心酒店一般都是商务酒店，但城乡结合处的酒店一般都是度假酒店。度假酒店往往选择生态环境较好的地区进行建设，但现在存在一个比较突出的问题，就在于还缺乏真正的产品分工。很多度假村，不是真正意义上的度假村，实际上只是把城市酒店换了一个地方，这样的度假村是不符合市场要求的。可是这些年以来，我国也有了一批基本上达到国际水平的度假酒店，主要体现在海南，那里实际上在引导着国内度假酒店的发展方向。

3. 时尚弘扬地

现代休闲是在经济社会文化发展到一定基础上产生的，所以它本身就是一种时尚，也代表了一种时尚，在城市生活发展的过程中也会弘扬这种时尚。

4. 城乡统筹地

休闲的需求更多的不是体现在城市自身。城市自身尤其是城市的中心区域满足的是日常性的休闲，如八小时工作之后或吃完晚饭后的散步，看电影，泡酒吧等，这些是都市生活的延伸，但还不完全是休闲概念。休闲概念实际上是城市资源和乡村资源的结合，这样构成一个城乡统筹的过程。休闲需求的自然产生，对乡村旅游的发展已经产生了很大的作用。为了乡村旅游的发展，贵州专门召开了一个"乡村旅游国际论坛"，论坛邀请了爱尔兰的旅游局长和西班牙、法国的一些专家，这些国家的乡村旅游发展得很好，论坛上他们介绍了很多经验。他们认为，随着城市的发展，及其中心凝聚作用的形成，城市的吸引力越来越强，这样形成了一种世界性的普遍现象——乡村凋敝，然而通过发展休闲度假，提供一种差异化很强的产品来满足现代人的需求，可以以此来振兴凋敝的乡村。

5. 休闲工业发展地

福建石狮能够成为休闲服装名城，首先源于国际上的休闲需求，然后是国际休闲需求向国内传导，这样便创造了这个休闲服装名城，这也是市场发育的过程中自然而然的结果。当然，休闲服装名城的培育也少不了石狮人洞察市场的敏锐眼光。从这个过程也可以看出下一步的一个发展方向，即是打造休闲名城。

（二）休闲在城市发展中的作用

休闲在城市发展中的作用主要体现在以下几个方面：

1. 树立城市品牌

一个城市如果树立了休闲城市的品牌，就会产生非常大的吸引力。休闲也包括观光旅游，旅游品牌的建立也可以产生地方的品牌效应。另外，现代人追求城市的更高质量的发展，如果能够创造出休闲品牌来，就意味着这个城市的环境质量和生活质量基本上可以达到一流。

2. 提高城市生活质量

一方面，休闲满足了外来人的需求，提高了外来人的生活质量；另一方面，随着休闲产业的发展，城市的环境越来越好，也会提高本地人的生活质量。

3. 形成发展导向

我国现在还处在工业化发展的中期，在这个时期大家追求的只是大高楼、大马路、大绿地，都是工业化时期的标准。从休闲产业的发展来说，城市需要体现后工业化的标准，一个城市如果在休闲产业方面培育得比较早，就会形成一个城市的发展导向，使这个城市能够尽快从工业化阶段进入到后工业化阶段。休闲反对高楼，休闲一定要轻松愉悦、一定要使建筑感觉有亲和力，如果一个城市都集中建成高楼大厦，那么这个城市可以让人到这儿来做生意，但是很难让人在这儿生活。一个好的城市必然是一个生活高质量的城市，必然倾向休闲。

4. 产业聚集作用

随着休闲需求的产生，一系列新的休闲产业都会不断地发展，尤其是后工业化时代需要发展的一系列产品，这样就会形成新兴产业的集聚。比如，上海前几年形成了一个创意产业园区，实际上不是园区，就是一条马路，主要包括规划、设计、策划、出版、广告等内容。由于这个地方环境良好，产生放松的感觉，宽松的环境可以激发创造力，这样自然而然使一些企业集聚过去。再比如，国际上现在有一个新的潮流，很多大型跨国公司研发基地和生产基地分离，或者是研发基地和总部分离。选择研发基地的基本条件是环境要好，自然环境、人文环境和社会环境都要好，只有在这样的环境里，人才可能有最大的创造力。如果还是在摩天大楼里，人的创造力就会萎缩，一旦萎缩就不能再搞研发。一个城市休闲产业的发展，会产生更重要的作用，促成一系列新兴产业的聚集，这些产业聚集起来了，很多连带的作用就会发挥出来。

5. 创造一种休闲文化

休闲是非常从容的状态，这种非常从容的状态就会培育一种非常宽容的心态。人如果一天到晚总是处在紧张的过程之中，就会使人有"动不动就要发火，动不动就想吵架"的冲动；如果上班虽然紧张，但是城市的休闲文化培育得不错，很自然，从容和宽容的文化氛围就会建立起来，整个城市给人的感觉就不同了。比如，在中国香港，路上走的时候，当地人会撞外来人，因为外来人走的速度一般比当地人慢；可是去云南的丽江、广西的桂林，就会觉得生活非常从容，当地的总体生活态度都很从容，在那些地方可以完全放松。这是很自然的比较，这也就意味着，要打造休闲名城，就要先培育休闲文化，这种文化不光是宽容和从容，也包括自身形成的文化特点，以及如何按照文化特点来进一步培育产业。

（三）休闲城市

1. 基于休闲的城市类型

休闲城市大体上分为以下三类：

（1）休闲城市

所谓休闲城市，就是树立了休闲品牌的城市。这个城市的休闲设施完善，休闲氛围浓厚，人们去的目的就是休闲。现在国内若干城市，如杭州、成都已经提出了这种口号，要打造中国休闲之都。但相比之下，成都的休闲氛围比较浓厚，休闲的历史传统较好，川西坝子地区自然灾害很少发生，历史上大规模的战争也很少发生，所以成都人的消费心态和消费行为非常突出，"哪怕有十块钱也要把它花掉，没关系，第二天再去挣钱"，在那个城市就觉得非常从容，那种休闲的氛围对人产生了一种吸引力。杭州现在还有很多不足，杭州紧张的程度很高。国内现在有一批城市都在向这个方向发展，这就构成了城市本身的一个品牌，也在促进城市形成新的产业。当然多数城市还是工业立市，也要研究在工业化的城市里，如何形成休闲性的园区，即使在其他地方感觉很紧张，但是一旦到了休闲的特定区域，就很放松。比如，西安的曲江旅游度假区借助历史资源，在西安这样一个大型城市，形成了一个放松的氛围，这在西部城市来说是比较难得的。但对于多数城市来说，还没有时间考虑这些问题，现在关注的是GDP如何增长、财政如何增长、如何招商引资，实际上对这些问题过于关注，降低了城市的生活质量，也降低了城市的吸引力。

（2）休闲产业城市

休闲产业城市就是在休闲工业的发展方面已经比较发达，但本身未必是休闲城市。石狮作为休闲服装名城，定位就是休闲产业城市，还不能称为一个休闲城市。如果泉州进行海湾型的发展，同时厦门也进行海湾型的城市发展，在一定意义上会培育一个大的休闲城市群的概念，对于石狮的发展可能就会产生质的变化。比如，到美国的旧金山，就觉得旧金山非常从容，那个城市很有吸引力，既有文化品味，又有好的风景，更主要的是觉得那儿的生活质量很高；但到洛杉矶感觉就不同了，洛杉矶作为一个工商城市的感觉太强烈。再比如，到法国，马赛是一个工业化的城市，马赛给人的感觉就不好；可是如果到尼斯，休闲城市的氛围铺天盖地，到了尼斯就想懒洋洋地待着，什么都不想干，可是这种懒洋洋地待着，就会产生很多火花，觉得有很多新鲜的感触。

（3）复合城市

从休闲名城角度来说，第一，休闲在这个城市要占什么样的位置；第二，要培育出什么样的文化氛围；第三，如何打造品牌。这才能构成休闲名城的总体概念。

目前，一部分休闲城市正在向这个方向发展，一部分休闲产业城市也需要逐步调整。比如，北京的首钢。首钢这几年在经营工业旅游，改变自己的公众形象，因为北京市民希望保护环境，再加上北京的学者还提出了一个尖锐的问题，"要首钢，还是要首都"。这几年首钢设计了很多环保工程，最后达到了一个最高点，污水处理池里可以放养野鸭，很多北京市民去参观钢铁是怎样炼成的，看到了这么多的野鸭，觉得这儿环境是比较好的。说起来是一个工业旅游产品，实际上也是在培育一种休闲氛围。再比如，大庆是一个石油城市，现在也需要转型，转型的第一件事是要恢复一片湿地，通过恢复湿地来扭转大庆的品牌，让外界知道，大庆不光是一个石油城市，也是一个湿地城市。湿地是最好的观鸟的地方，观鸟是一种专项旅游产品，这种专项旅游产品很大意义上也是这个城市的休闲品牌的一种体现。

从休闲名城的角度来说，最终的体现应该是一种复合型的城市，也就是说，很多城市在这些方面都有很多发展的余地，既有工业、商业的发展，同时又有旅游的发展，又有休闲产业的发展，培育出一个复合型的城市体系。这种体系对于城市的发展至关重要，而且它也会引导城市的产业导向。

2. 休闲城市的基本要求

城市的规划过程中要下功夫研究城市的分区布局问题。如果城市形成一片休闲区域，再形成一片中央游憩区，这个城市就有味道了。就像上海一样，现在大家去了上海，都要看一看新天地，新天地基本上就是一个日常的休闲区，但是对于外来人口来说，就是一个品牌性的休闲产品。一个城市如果培育出这样的产品来，这个城市的面貌就会改变。所以像闽南金三角这样的地方，应该变成中国休闲名城的培育基地，提到厦门、漳州、泉州这些地方，大家第一个概念是这个地方好，这个地方有味道，这个地方很从容。闽南金三角具备相应的地理条件、气候条件、历史条件、文化条件，应该成为中国第一个休闲城市群。在这个城市群里，首先是一个休闲产品城市群，同时包容了休闲产业，最后形成一个复合型的城市群，当然也具有充分的条件使这个城市群持续发展。进一步对这些城市提出深入的要求，分为以下几方面：

(1) 宜居城市

最适宜人居住。厦门现在已经有了这个国际头衔——"国际上最适宜人居的城市"。北京这样一个特大型的都市，由于发展已经不适宜人居住，北京前几年作出规划，提出培育宜居城市的目标。

(2) 人文城市

人文城市要具有自己的文化，同时更重要的是要有一种人文主义精神，这种人文主义精神欢迎外来者，使外来人到这儿来感觉到亲切，感觉到温暖，没有被排斥的感觉。

(3) 特色城市

本地的传统文化要挖掘到位，进一步的发展需要挖掘各个方面的特色。可是现在城市发展恰恰违背了这些。这些年城市化的高速发展，已经形成了千城一面的状态，除了有些城市确实有特点，一般的城市无非是新房子很多，大马路很宽，然后大广场、大绿地若干个。游览了很多城市，发现除了一些特色景区外，很难找到城市本身的特点。这就需要在城市化的发展过程之中，尤其对休闲名城的培育，必须要把自己的城市建成一个特色城市。

(4) 和谐城市

如果一个城市治安不好，天天看见打架的，这个城市没人敢来；如果一个城市到哪儿都能看见老头老太太很悠闲，小孩很欢乐，对这个城市感觉就不同了。所以，和谐城市的营建，是打造休闲名城比较重要的一项工作，这也是贯彻落实科学发展观，建设和谐社会的必然要求。

休闲城市自己可以这么定位，但要想真正达到目标还有相当大的距离。就目前来看，我国有一批中小城市已经具有休闲城市的感觉，但为了休闲名城的目标，尚需努力。珠海比较典型，桂林正在转化，丽江也在转化，西双版纳、三亚的感觉还都是不错的，可是名气上还差一点。桂林现在是有名的观光城市，丽江现在基本上也是以观光取胜，实际上这些城市要想升级发展，需要在休闲二字上下功夫，多做文章，不能只依靠观光路线来发展。

由于市场需求的变化，现在这些城市已经开始意识到这些问题，开始研究如何应对新需求，适应新变化。在若干年之内，中国一定会有一批休闲名城产生，而且也会有休闲城市群产生，既包括休闲的产品、复合型的休闲方式，也包括发达的休闲产业。

3. 城市休闲体系

休闲城市必须培育完善的城市休闲体系，这个体系的建设，首先是以市民日常休闲为基础，即首先满足本地人的休闲。其次是以外来人为主导，即满足外地人和外国人的休闲需求，并形成文化的主导性。这样，就需要培育社会休闲氛围，以培育需求；同时，要加强体系建设，以满足需求。

城市休闲体系，包括各种产品：一是城市公园，作为城市公共产品，也是比较典型的休闲产品；二是中心商业游憩区，集中了各类休闲元素，也形成城市文化的集中表现区域；三是夜景营造，创造浓郁的休闲文化氛围；四是主题餐饮，体现城市特色；五是特色娱乐，形成夜生活的高潮；六是购物体系，以商业街或大型商业设施为代表，形成购物、娱乐、休闲一体的经营方式；七是文化馆、图书馆，满足文化休闲需要；八是各类运动场所和设施，满足运动健身和娱乐需求；九是多厅影剧院，既是消磨时间的良好方式，也是社交场所；十是酒吧、茶座等场所，已经成为休闲的重要地点；十一是水疗、桑拿、按足等保健场所，已经是普遍性的消费；十二是网吧，成为年轻人的重要休闲方式。

这个系列还可以开列下去，其共同点如下：一是贴近生活，二是花样百出，三是变化较快，四是市场细分。

也可以从多个角度进行分类。一是从市场主体划分，可以分为以外来人为主和以本地人为主。二是从地点划分，可以分为城市内和城郊。三是从类型划分，可以分为户内和户外。四是从内容划分，可以分为文化、体育、购物等。每一种分类都涉及总体布局和产业规划，也涉及具体项目的市场定位和经营方针。

仔细观察一下，中国现存风光优美的城市，或者是祖宗留下的，或者是洋人留下的，可以说我们这五十多年的建设，基本上没有建设出优秀的城市来。比如，平遥古城，这是祖宗留下来的。我们有一批城市都是当年五口通商之后形成的，大连、秦皇岛、青岛一路数下去，基本上都是这个过程。之所以我们这五十多年的建设没建出一个优秀城市，一个根本的原因是我们工作伦理至上，原来是政治压倒一切，后来是经济压倒一切，但是就没有一条，生活压倒一切。这两年也开始进行根本性的调整，正是因为这样的调整，使我们城市的风貌产生了一些大的变化，城市变得有人味了，原来的城市叫没有人味。

4. 面积、景观、地形，形成玩的自然条件

作为城市来说，都要有这样的地点，甚至有些城市为此发生了一些大的变化。比如，伦敦由于产业结构调整，需要拆除一个占地面积很大的工厂。对于如何开发大家进行了讨论，主导方案是开发房地产，形成城市亮点。另一个方案是建设城市湿地。后来采取了后者，以城市湿地的概念来改造这片区域，按照自然湿地的标准进行改造，改造后效果很明显，形成了一个极其特殊的景观。城市中有了自然湿地，湿地内也有鱼、马等动物，最后成为了城市休闲的一个中心区。这样就创造了一个玩的自然条件，周末的时候也有很多的成人与儿童到那里休闲。要做到这一步，是需要有点魄力的。杭州做了一个湿地，投资 20 亿，湿地的总面积大概是十几平方公里，目的就是为了做一个自然生态。当然也出现了一个问题，良好的自然环境为蛇提供了生存空间，市民开始讨论如何对待蛇类：打蛇，破坏生态；不打蛇，人们的生活受到威胁，这个问题需要权衡。这个湿地就是西湖西边的西溪湿地，被世界休闲组织授予了休闲创新奖，也是当年中国唯一的一个。距城市的一片中心区如此之近有这么大面积的湿地，让人很难想象。很多城市没有这种创意，当然要投资 20 亿，而且免费开放，这也是很难的。可是这大大提升了杭州的魅力，很多人到杭州就说，"不要去杭州西湖了，去西溪湿地吧"，"看完西溪湿地再看西湖，觉得西湖差点意思了"。

5. 城市群、新消费、大群体，构成玩的社会需求

一个叫需求的产生，一个叫供给的产生，这两个方面的产生构成了一个休闲城市的特质。

（四）城市空间的变换

因为从城市空间的角度来说，城市已经形成了若干空间，用时髦的话来说叫"现有 N 个空间，再发展成 N 加 1 个空间"。

1. 第一空间：家庭场所

这也是我们生活的根基，也是我们的重心场所。

2. 第二空间：工作场所

工作场所有的时候是我们自愿去的，有的时候是我们不得不去的。

3. 第三空间：城市休闲场所

这个现在已经构成了一个比较完整意义上的城市第三空间，现在很多人下了班也不回家，先到休闲场所去喝酒聊天，差不多了再回家；有的回到家之后再出去，所以现在城市休闲体系所构成的第三空间越来越重要了。

4. 第四空间：第二居所

第二居所在发达国家已经非常普遍了，而且不光是第二居所，也是一个第二休闲空间。比如，德国的土地很多，这些土地让城市的居民认购。笔者到德国去，坐火车的时候，经常看到很多地边上都有铁皮的棚子，就问这是干什么的？这些地都是个人的，都是很不规则的地，零零散散的地，城市的人口到了周末来这里种地，铁皮房子里放着他们的工具。现在中国也出现了这种模式，农民把自己的土地分小块，租给城里人。城里人平时委托农民照顾，有时间了就来照看一下，自己选择种的东西，农民进行技术辅导，这也是农民身份的扮演。所以第二居所不仅是在郊区买个别墅的概念了，更重要的是需要形成又一个生活休闲空间。

5. 第五空间：网络天地

网络天地虽然是一个虚拟空间，没有物理实体，但是这个网络天地所产生的网络空间、心理空间和社会空间的作用显得越来越重要，再进一步发展甚至有可能变成一种压倒性的优势，所以网络空间的开辟和发展开拓了一个新的生活模式，这样使城市空间在不断地扩展，不断地变化，而且城市自身也在转换。

6. 两个案例

（1）拉斯韦加斯

提到拉斯韦加斯，我们就会有赌城的印象，拉斯韦加斯地处内华达州沙漠之中，20 世纪 30 年代开始建设，经过七八十年的发展成为了世界上最具特质性的城市。最近十多年拉斯韦加斯发生了重大变化，从赌城向玩城转化。赌城的名称影响了消费，为了改变名声，拉斯韦加斯培育了很多儿童娱乐项目，吸引孩子们，通过孩子来吸引成人。所以拉斯韦加斯基本上在最近十多年之内完成了这个转化，这种转化也是城市空间的一个变换的过程。举例不是学习拉斯韦加斯由赌城到玩城的转变,而是学习从传统城市到新兴城市的转变,使城市的生活空间越来越大。

(2) 塞纳河的变幻

为什么用幻想的幻呢,这确实是通过想象力发挥出来的。可以说欧洲人的休闲是雷打不动的,但近些年也发现了问题,休假越来越拥挤,而且有些人无法休假。巴黎政府为了解决问题,采取了这样的对策:每年夏天,政府将塞纳河两岸铺上沙子,摆上躺椅,搭上凉棚,装饰些植物,再配备些服务设施,产生了一种海滨度假的幻觉。所以每年夏天塞纳河边躺满了来"海滨度假"的人,巴黎人崇尚自由,很多女人裸着半身晒太阳,人们也觉得这是很自然的事情,也就很少有人盯着她们看了。以这种形式为主体,每年都有变化,花样不断。近些年,文化性的内容就多了一些,这些让巴黎的夏天有了奇景,培育出了休闲文化的氛围。同时政府的行为也获得了市民的盛赞。只有巴黎人充满着这么丰富的想象力,只有巴黎这样充满浪漫气氛的城市里才可能有这样的事情发生,所以这也是城市空间的一种变幻,这种变幻把远在天边的东西拉到了眼前。

从这个角度来看,休闲城市的培育应该说越来越重要,所以现在也研究城市休闲标准的制定问题。世界休闲组织计划做这件事情,谈论多次,但由于休闲博览会事情繁多而推迟。笔者也参加了标准的制定,并对这个确实很有积极性。从目前来看,条件已经成熟。我们现在很多城市也都在打这张休闲牌,都希望能够通过一个新的品牌的产生转换城市的老面孔,产生更大的吸引力,同时提升城市的质量。所以总体来看,休闲城市的发展的确是一篇大文章,也需要一步一步地来做。

二、度假区

(一) 中国旅游度假产品的发展过程

中国旅游度假产品的概念不能只限于国家旅游度假区的范畴。从发展过程看,在度假区的最初十年(1992—2002年)时间里,实际上大体上经历了这么几个阶段。通过对当时发展过程的回顾,来为今天的发展提供借鉴。

1. 开拓阶段:1992—1993年,国务院批准试办12个国家旅游度假区

随着国务院关于国家旅游度假区46号文件的下发,从1992年到1993年,国务院陆续批准了12个国家旅游度假区,因为这是在中国第一次打出国家旅游度假区的品牌,所以,被批准试办的12个度假区当时叫首批国家旅游度假区。

从那以后，没有再批准其他的试办单位，一直到现在，国家旅游度假区的数量还是12个。这个过程可以说是一个开拓阶段。

当时，全国国民经济发展面临的一个大的经济环境是泡沫经济，这种环境可以说对12个国家旅游度假区有不同程度的影响，有的影响非常大，如对亚龙湾和北海造成了比较直接的影响；有的地方现实性的影响看起来小一些，但是，对度假区开发的思路性影响程度普遍比较深、影响的时间比较长。当时关于度假区的发展还有一个困惑，就是旅游度假的名字叫出来了，但是国内对度假旅游普遍还不了解，尤其是不了解国际上同类产品到底达到了一个什么水平？人家走过的道路是什么？切入时机如何把握？为什么要这么做？所以，对大家来说，当时的主要任务是学习、借鉴、摸索，是一个"摸着石头过河"的阶段，但毕竟是为开拓中国度假旅游产品迈出了第一步。

2. 1996年"度假休闲游"旅游主题推出

1996年，国家旅游局明确的年度国家旅游主题是"度假休闲游"，当时推出这个主题的一个重要出发点就是，希望以12个国家旅游度假区为主体，能够推出中国度假旅游产品，确立国际形象。由于当时度假产品和度假消费市场都不够成熟，客观地说，实际运行的效果并不理想。但是，从积极方面看，这个主题的推出，实际上意味着中国旅游业已经意识到要在国际上树立一个新的形象，就是开发和经营休闲度假旅游产品，这是一个大胆的探索。当时到国际上谈论这个题目，一些海外旅行商吃惊地睁大了眼睛，不理解作为旅游业起步时间不长的中国怎么可能有能力搞度假产品；还有的就直接撇撇嘴，对中国的这个举动不屑一顾，不相信中国当时有能力做好这件事。经过几年的探索，大家还是明确树立了一个方向，就是中国开发度假旅游产品这条路要继续走下去。

3. "九五"期间：市场拉动发展

"九五"期间，中国的度假旅游产品一直在发展，这种发展主要是市场拉动形成的局面。因此，给人的感觉似乎是中国的度假旅游产品在"不经意"之间发展起来了。但是，这种发展主要体现在数量上，质量普遍没有上去，总体来看档次还比较低。对打造中国度假旅游精品寄予厚望的是12家试办的国家旅游度假区，严格地说，这12家国家旅游度假区在市场上并没有起到相应的作用，自然达不到希望产生的市场影响力。这是一个客观现实，不仅是说度假区自身发展中的种种问题，还有客源市场主体的因素，就是说，我国度假旅游的市场需求因素还不成熟。特别是对于我国绝大多数区域来说，旅游大发展的过程中焦点集中在观光旅游，很多地方观光旅游的发展压倒了度假旅游的发展，度假旅游难以形成气候，各地政府在发展旅游的过程中以观光为主导的思路还比较盛行。

4."十五"期间：转换模式上台阶

中国旅游业发展进入"十五"时期，度假旅游产品面临的主要任务就是转换模式。从2000年开始，我国明确了今后20年旅游业的发展目标，就是建设世界旅游强国，培育新兴支柱产业。对此，可以有一个基本的研究和参照，主要的世界旅游强国，很大程度上都是休闲度假旅游比较发达的国家，只靠观光旅游是很难培育出一个世界旅游强国的。所以，从长远发展看，发展休闲度假旅游产品是一项具有深远意义的战略性任务，是建设世界旅游强国的一个基础和重要组成部分。从各地的发展来看，培育休闲度假产品，实际就是培育旅游业这个新兴支柱产业的重要组成部分。因此，发展度假旅游产品应该从这样一个高度上来认识，各地旅游业发展就会有持久的生命力。

（二）对培育度假旅游产品的要求

当初对12个国家旅游度假区的要求是很高的，主要如下：

第一个要求是"两个为主"，即引进外资为主，海外游客为主，也就是要求度假区的起点就是瞄着国际标准走。之所以强调以引进外资为主，实际上更重要的是要引进海外的开发模式，要达到国际化的建设水准。

第二个要求是高起点规划，高标准建设，高水平发展。

第三个要求是后来更加具体化的"三个一"，就是度假区的构成至少要有三个要素：一个中心酒店，一个高尔夫球场，一个别墅区。

以上几个要求，姑且不评价具体哪一点的合理程度问题，但是，所有要求的基本出发点和导向性原则就是中国度假旅游产品的国际化问题。严格地说，我国度假旅游产品的发展还没有达到这些要求。主要的客观原因还在于我们的市场发育程度，不管是需求市场还是资本市场，都没有发育成熟。从现在来看，这些基本要求还是应该坚持的。说到底，就是要求中国休闲度假旅游产品要和国际接轨，因为世界旅游强国必须有一流的休闲度假旅游产品作为支撑，否则就谈不上强国。当然，这些原则如何具体表述，或者是如何更具体地结合实际情况进行必要的调整，这是另外一个需要专门研究的问题。

（三）四类度假旅游产品

从现状来看，我国实际上形成以下四个层次的度假旅游产品：

1. 12个试办的国家旅游度假区

12个度假区最初十年发展的艰辛是不寻常的，在市场上也形成了一定的影响，12个国家旅游度假区也形成了一个完整的品牌概念。套用一句话来说，12个试办的度假区是共和国度假旅游产品的"长子"，从这个角度出发，国家对12个度假区发展的期望自然高一些。

2. 100多个省级旅游度假区

这100多个省级旅游度假区发展情况参差不齐，其中有一批发展形势确实是不错的，甚至不亚于12个试办的国家旅游度假区的情况。当然，其中的多数还是局限于比较低的层次，主要对应于地域范围有限和消费能力局限的国内度假市场。

3. 随着市场而形成的环城市休闲度假带

这是现在发展生命力最强的一类度假旅游产品，因为它是随着市场需求的产生而产生的。现在各个大城市的周边基本上都形成了一个环城市旅游度假带。目前，这类产品的基本特点一是规模大，北京郊区这样的度假村可能有几百家；二是花样多，从低档到高档都有。花费几千块钱的产品也有，花费几十块钱的产品也有，成都的"农家乐"产品，便宜的一天消费20元钱就可以享受。可是如果要到温泉度假区、高尔夫球度假区，就得花费上百甚至上千块钱。从某种程度上说，环城市旅游度假带已经成为我国度假休闲产品的主体。这一类度假地因为没有系统的统计，数量和规模都还不十分清楚，也没有进入政府各个部门的管理视野和范畴，但是，从旅游业发展来说，这类度假产品值得特别关注。2001年，在乐山专门开了一个环城市旅游度假带研讨会，说明大家已经注意到这类产品的开发和管理问题。

4. 其他度假旅游产品

大体上有三种类型：第一种类型就是度假村，度假村很大程度上和环城市旅游度假融为一体。第二种类型的度假产品就是度假酒店，现在我们能够达到国际水准的度假酒店就全国来说也就几家，如海南三亚的凯莱、天域酒店，深圳观澜高尔夫球场的骏豪酒店，这些酒店虽然现在数量很少，但代表了度假酒店发展的方向，国内其他的度假区范围之内的酒店基本上还是类似于城市中转型酒店或者是观光型酒店。也就是说，这类度假旅游产品的发展差了"一口气"，和国际上典型的度假酒店相比，距离还是比较大的。第三类度假产品就是专题度假项目，比如说，发展比较快的滑雪旅游。黑龙江省的滑雪场已经发展到50多个，水平也是参差不齐。亚布力的发展在一些方面已经接近于和国际接轨，硬件设施、软件服务都比较到位。低档的滑雪场就是在城市郊区农田里垒起一个土坡，然后在上面堆上雪就可以开始滑雪了，一个人收费几块钱，生意也不错，一年下来可能有个几十万的利润。这反映了我国在开发度假旅游产品中很强的发明创造能力。从我国的国情看，低档次度假旅游产品发展适应了当前数量比较大的初级市场需求，这方面不能简单地否认其存在的客观合理性。就像是说，不能因为现在彩电发展就否定当年的黑白电视。因为任何一个产业发展过程都有一个产品的更新换代和逐步提升档次的过程。以上三类产品从总量来说都不算太多，但是各有各的特色和优势，如发展比较迅速的温泉度假村、山林性的度假村，许多度假村的效益还是不错的。

以上四类度假产品现在在市场上由于水平参差不齐，市场秩序比较混乱，消费者在选择时也很难把握。正因为面对这样的状况，才需要政府出面规范这个市场，对各类度假产品的档次进行划分，防止假冒伪劣的产品充斥这个市场，促进度假旅游这个市场品牌的健康发展。政府出于对旅游者权益的保护，出于对旅游质量、秩序、环境治理的要求，度假旅游市场的规范是一件一定要办好的事情。如果一个市场上好的产品和坏的产品没有区别，这个市场上就不会形成好的高品质的产品，因为坏的不能惩罚，好的得不到表彰，得不到好处，那么好的自然就有疑问，何必还要往好处做？大家一起坏吧。这在经济学上叫劣币驱逐良币的现象。尽管在度假旅游产品市场，这种现象还不十分严重，但是在管理和市场引导上如果放任自流，就很可能产生劣币驱逐良币的现象。所以，规范度假区建设的工作主要考虑是保护、支持好的产品。即使是适应低消费水平的度假产品，也要保护。因为档次低不代表质量和市场信誉差，只是一个产品的市场适应性问题。但是质价不符、市场信誉差的度假产品必须逐步淘汰出市场，尤其是要对比较混乱的产品市场划分出明晰的资质等级和鲜明的标志，使消费者可以很从容地来选择和消费产品。这样，既是对于绩优度假区的支持和促进，也是对于旅游者的一种支持和保护。因此，从市场供需双方的角度来说，这就是政府必须要做的事，也是政府不能逃脱的责任。否则，如果按照度假区市场当前这种态势发展下去，就可能会形成像旅行社市场一样的混乱状况，鱼目混珠，价格大战，形成恶性的削价竞争。实际上，在度假区市场，这种恶性竞争已经产生，因此，规范度假区市场秩序的任务就显得非常紧迫。

(四)国家旅游度假区的发展轨迹分析

1. 三个发展阶段

阶段性问题是从整个中国度假旅游产品的发展过程来分析的,如果从12个度假区来说,基本上可以划分为三个阶段。具体到每个度假区来说,经历的发展阶段可能略有不同,阶段性的特点也有所不同;有的过程反复多一些,有的走得比较顺,但总的发展过程是一致的。

(1) 开发阶段

开发阶段在管理方面的主体特点就是政企合一,形成一个比较好的态势,之所以这么说,是因为这种体制既具有政府的资源,又是市场化的运作,各个度假区一般都具有土地、资源等方面的综合开发权,使各类经济资源得以高效集中。通过开发阶段,使12个旅游度假区初具规模。

(2) 经营阶段

经营阶段的发展模式实际上已经发生转化,就是以企业为主体,强调的是企业的自主权和效益。现在,12个度假区,有的还处于第一个阶段,有的已经进入第二个阶段。所以,一些单位的代表提出政企分开的问题,这标志着度假区的发展已经进入第二个阶段。

(3) 市场阶段

现在,12个度假区发展共同面临的是第三个阶段,严格地说,绝大多数度假区还没有进入这个阶段,这个阶段就是市场阶段。市场阶段在管理方面的特点应该说是政企合作,在这个阶段所追求的不是权力问题,而是市场竞争力,追求的目标是品牌效益。

国家旅游度假区是国家级的品牌,要充分反映出其品牌效应。第一重效应就是国际性效应,国家旅游度假区应当是第一流的休闲度假旅游产品,也是中国旅游产品向世界推出的国际化品牌。第二个品牌效应就是国内性的,就是在国内旅游市场上,让消费者有一个从容选择的余地。第三个品牌效应就是地方性的品牌效应,一个地方有一个一流的国家级旅游度假区,既是这个地区重要的产品,也是这个地方形象的代表和集中体现。在旅游业大规模发展以前,原来有一种旧的观念,认为工业性的产品、农副土特产品可以叫产品,旅游就不是产品,这是非常荒唐的观念。实际上,有些度假区的发展已经变成当地的利税大户,有些旅游产品已经变成当地的一个著名产品品牌,这样的情况现在可以说是非常普遍的。比如,一些景区的品牌效应发展到极致甚至可以推动景区所在地更名。武夷山原来是崇安县,因为武夷山的名气太大而改了地名，从发展旅游来看这是有益的；张家界的情况也类似。还有就是香格里拉这个品牌，云南、四川、西藏一直都在抢，后来云南迪庆州的中甸县抢先改了地名，这主要就是出于抢占品牌的目的。品牌效应的树立是长期追求的目标，需要方方面面付出艰苦的努力。有些事情需要国家做，有些事情应该是地方做，有些事情则必须是由度假区自己完成。12个度假区，尽管现在都面临进入市场阶段，有些地方可能发展得比较晚，前两个阶段还没有发展充分就面临进入第三阶段的艰巨任务。但是，市场阶段是各个度假区不得不进入的，因为市场在时时刻刻逼着度假区前进。我们这次规范度假区建设，实际上也是逼迫大家尽快地进入市场阶段。

2. 基础和条件

经过最初十年的努力，12个国家旅游度假区现在已经有了一个好的基础，形成了一些好的经验，同时也有一些好的思路，这是下一步发展最重要的条件。

(1) 关键要有一个好体制

在开发阶段，政企合一的体制，这是最适应发展的体制，有这个体制，工作效率提高很多，后期发展能力提高很多。前些年亚龙湾和广州南湖的发展情况不理想，大概主要是在体制上出了问题。按理来说，政企合一是多年来改革所反对的问题。但是，度假区的开发类似主题城镇的开发，体制应当创新，发展才是硬道理，能适合发展的体制就是一个好的体制，因此，不存在一个绝对化的模式。笔者到深圳华侨城调研，了解他们成功发展了十几年最重要的经验是什么。他们回答说，关键的一条就是政企不分，他们现在还保留一个建设指挥部的机构。建设指挥部是典型的政府框架下形成的机构，但是，他们的发展经验是，没有这种名堂的机构，很多事情就不好做，不能做。比如，立一个项目，指挥部自己批自己，马上就办了；要找到市规划局、市土地局，这些公文一运转，可能一年、两年都过去了，而市场机遇早就给耽误了。事实证明，体制问题解决不了，发展就可能滞后甚至是停顿。所以，有些举措过于超前恐怕也不行，因为道理很简单，政企分开的一个前提条件是政府自身的运行要到位，如果政府不到位甚至越位，政企分开的意义就无从谈起。可是，现在我们政府的运行到位了吗？我们的政府经常干越位的事，干错位的事，经常是没有到位，既然这样，就应该利用现在这种体制，把应有的效益发挥到更大，这才能促进发展，这才叫实事求是。笔者觉得这是一套最重要的经验，也是一个最关键的问题。

(2) 以开发为基础，以市场为主导，以经营为主体，以优势为主题

第一，以开发为基础。以开发为基础在开发阶段比较注重，尤其是基础

设施的建设，创造招商引资的环境促进开发是第一位的。

第二，以市场为主导。因为旅游度假区不是一个简单的开发区，和工业开发区和高新科技开发区都不同，工业开发区"七通一平"做好了，厂房盖起来了，优惠政策到位了，投资商就来了。度假区则不同，我们吸引的不是厂商，我们得先吸引投资商，然后还得吸引旅游者，这两步都得做，所以简单套用工业开发区模式或者高新科技区模式搞度假区，这件事很难做好。所以，就意味着度假区发展必须要以市场为主导，在这一过程中，很多地方既有经验，也有一些教训，比如说，一开始只关心招商引资，什么样的投资商都欢迎。但是，投资商来了，在度假区内搞了一堆乱糟糟的东西，没有对应具体的消费市场，这样的投资商来了有什么用？有些地方对投资开发把得比较严，不仅是欢迎投资商，更严格说是欢迎有质量的投资商，欢迎能适应客源市场的投资商。

第三，以经营为主体。虽然可能是政企不分的体制，但是，这个政企不分，还是和政府不同，度假区作为企业说到底毕竟还是靠经营，只不过经营方式有所不同。比如，青岛石老人度假区的体制恐怕得调整。度假区管委会这种政府性质的机构的思路和当地那个大政府的思路是截然不同的，因为度假区发展是以经营为主体。

第四，以优势为主题。从现在来看，12个国家旅游度假区大体上都形成了自己的主题，而且这种主题都是建立在自己的优势之上，发展的过程中自然而然在优势的基础上形成主题，这是12个国家旅游度假区最可取的一点，也是下一步在市场上树立品牌，形成竞争力的一个基础。今后，应该按照各自的主题再进一步延伸和扩大，否则的话，容易形成一个相互重复、相互竞争的不利局面。因为度假区的这种产品本身就有同质性的因素，在同质化的资源里要做成差异化的产品，这是有难度的，这大概也是以市场为主导这种思路下，大家自觉或者不自觉地走上特色化的发展道路，这是非常好的一种局面。

(3) 多种模式，发展为上

从现在来看，12个度假区的发展已经形成了多种模式，多种模式下的同一主题就是发展，所以，一个发展为上和多样化模式的局面，笔者觉得是件好事。假设说12个国家旅游度假区都是一个主题、一个模式，也就做不下去了。大家有一个大主题是相同的，都是度假休闲，但是在具体的操作模式上，也可以说是各有各的优势，在市场上也都有一定的适应性。适应比较强也就预示着下一步的发展前景比较宽广；有的适应性差一点，这就需要调整。

3. 12个国家旅游度假区今后的发展定位

从下一步的发展来看，在全国休闲度假产品不断发展的背景下，12个国家旅游度假区应该处于一个什么样的地位，笔者想至少有以下三点：

(1) 发展示范区

就是在中国度假旅游产品的培育和发展中，12个国家旅游度假区应该成为发展的示范区。希望能达到这样一种效果，要开发度假旅游产品，先到12个度假区来看，看完了之后就知道怎样发展。当然，12个国家旅游度假区现在还没有达到这种地位，但应是下一步达到的地位，也是国家旅游局对于12个国家旅游度假区下一步的发展要求；如果12个国家旅游度假区能够起到示范功能，也就没有辜负共和国的度假旅游产品"长子"的荣誉。

(2) 市场领头羊

12个国家旅游度假区应该是中国度假休闲旅游产品形象的集中体现，也是这个市场的领头羊，达到一定程度，一批国家旅游度假区就有可能左右市场。当然，只靠12个国家旅游度假区不行，应该靠今后一批国家旅游度假区综合起来的力量，才能够起到一个市场领头羊的作用。这个领头羊不仅是引导市场发展，同时也是市场秩序与规范的一个重要砝码，这也是在今后发展过程中需要进一步加强协作的方面。

(3) 地区增长点

各个度假区应该成为当地国民经济新的增长点，很大的投资量下去了，见不到产出怎么能行？应该说，现在的情况比笔者设想的要好。1992年国务院批面积，12个度假区加在一起是151平方公里，经过十年发展，现在上报的面积是237平方公里，也就是说，实际上发展面积大大超出批复时的面积，这是很自然的，也是发展的需要。十年来累计投资326亿人民币，其中外资20亿美元，也就是170多亿人民币，占据总投资量的半壁江山，能达到这样的投资规模，尤其是外资注入量有这么大，这应该说是非常理想的局面了。和这些年来国内的各类工业开发区和高新科技开发区比一比，度假区的发展是一个比较理想的局面，也说明国家旅游度假区在市场上是有吸引力的，特别是在资本市场上是有吸引力的，所以才可能形成现在这个局面。从经营情况看，按各地上报数字的汇总，十年来12个度假区累计经营额101亿人民币，累计利税10亿人民币，接待游客1亿多人次，其中海外游客518万。综合分析，度假区的发展在资本市场上达到的情况还是比较理想，从客源市场上说现在还不够理想，尤其是从海外客源市场上来说更不理想。

下一步，大家将一起进入市场阶段，也就意味着在发展上要从开发转向经营，转向市场。招商引资的工作还需要继续强化，但是更重要的工作应该是吸引市场客源。这两者之间也是相辅相成的，就是说，旅游市场开发得越好，对资本市场的吸引力越大，资金来得越多，发展就可以上台阶，反过来对客源市场的吸引力也会更大，这样就形成一个相互促进、相互滚动的良性发展局面。所以，在某种程度上，在度假区的第三个阶段，开发工作也要做，经营工作也要做，市场工作也要做，但是需要将相当的一部分精力转移到市场上来。市场的吸引力对投资商来说是最根本的吸引力。

4. 发展模式转换

对开发区和度假区发展要求的两个转换——从土地经营转向资本经营，从政策优势转向环境优势——是具有普遍意义的。多数度假区已经在土地经营的过程中受惠，具有转向资本经营的基础。从政策优势转向环境优势，也就意味着从计划经济进一步地转向市场经济。

当前我们面临的最大背景就是中国已经入世，而入世之后再靠政策优势，有些工作的开展就有难度了。原来提出度假区发展的八条政策，实际上可以划分为两类：一类是管理政策，另一类是招商引资政策。所谓管理政策就是关于管理体制方面的问题，即度假区有了综合管理权才能有规划权、项目审批权、税收权。12个度假区发展过程中获得的管理政策至少为其提供了原始资本。有了管理政策，招商引资的政策力度才能大，实际上这里边对于度假区发展最重要的是地价，有了比较优惠的地价，客商投资的积极性就高，有了出让土地开发使用权的资金，度假区也就有了后期发展能力，这就是土地经营转向资本经营。

现在，从政策的角度来说，当前政策优势逐步地淡化，这就需要研究如何转向环境优势，环境优势说起来有以下三个方面：

第一个环境是自然环境。从选址来说，12个国家旅游度假区都处于一个比较好的自然环境之内，不管是距离城市较远还是距离城市较近，它们至少都有一点共性，就是自然环境比较好，下一步需要把这个优势充分发挥出来。

第二个环境就是社会环境和人文环境。从这个角度来说，度假区的发展普遍都存在着不足。近些年，度假区在环境问题的整治方面也下了不少功夫，其中包括农民房的拆迁问题、度假区内的宰客问题等。

第三类环境就是制度环境。从未来的发展看，制度环境可能会成为度假区发展的根本性问题。有好的制度环境，就能形成比较强的制度竞争力。在一个差的制度环境下，实行再多的招商引资的优惠政策也是行不通的。近几年在与投资商的接触中，都提到了一种同感，就是某地的投资政策是很优惠的，但是投资商们都不敢投资，原因就是该地并没有稳定的政策，而只有稳定的制度环境才是可以让人信赖的。所以，笔者觉得，各个度假区在下一步的发展中应该考虑如何形成一个好的制度环境，这恐怕是更重要的。应该说，现在就应该培育度假区形成制度竞争力，这是入世大环境的要求。如果说在制度方面没有足够的竞争力，只讲政策是不行的，更何况现在的优惠政策是越来越多。

所以，自然环境、人文环境和制度环境都是需要注重的，其中，在这三者中更需要注重的是制度环境。在现实中有很多因为制度环境的问题阻碍发展的。12个度假区发展搞了十多年了，意识上都是比较开放的，但是12个度假区恐怕都存在制度环境方面的问题，这不全是度假区本身的问题，因为中国的国情就是如此。所以，从这个角度讲，这也是一个制度环境的培育问题。这些方面的问题，既是我们下一步发展存在的差距所在，也是我们发展的方向所在。

（五）休闲度假市场的形势和特点

这是我们不能不研究的问题，也是一个很大的问题，这里可以简单分析一下。之所以谈这个问题，是因为搞开发的时候人们容易产生误区，喜欢闷起头来自己干，主要精力也都放在土地的开发上，这样，就没有足够的精力研究市场、分析市场。当然，市场导向的把握也是最困难的事情。因此，围绕这方面，笔者想谈以下几个观点：

1. 市场形势

（1）总体来说，中国休闲度假的市场已经开始形成

我国人均国内生产总值已经达到800多美元，已经到了一个旅游需求全面释放的阶段，这是一个基本点。但是，旅游需求全面产生，初期都是观光性的需求，发展到一定的阶段才能产生度假性的需求。我们不能只看到黄金周很旺，黄金周的客源绝大多数不是度假旅游产品的客源。

（2）区域发展差异

我国还有一个特点就是各地的差异大，各地的经济发展很不平衡，以上海、广东、北京为例，按照目前的统计方式，上海的人均生产总值是4500美元，广东是3500美元，北京是3000美元，而如果按照购买力平价计算，恐怕还要高一块。这就意味着实际上国内已经形成了一个将近3亿多人口的更高层次的消费市场。这个市场上，度假需求已经产生，这也就是环城市旅游度假带的生意普遍来说都比较兴旺的原因所在。从心理需求的角度来说，城市生

活节奏过快，这对人的心理造成一种压抑。因此，对有时间、有条件的人来说，就必会产生休闲度假的需求。度假需求的市场究竟有多大，是不好做准确的量的判断，因为这个市场一直处在不断的发展中。这批人在消费方面来说是比较超前的，而消费水平比较超前就意味着他们的要求很高，不能拿对付大众观光游客那套东西来对付他们。比如，北京的怀柔县150个山沟，都养虹鳟鱼，一到周末，很多游客都去了，这当然也是一种休闲，但是层次还不够。

(3) 度假市场的范围还在不断扩大

度假市场的范围在不断地扩大，各个城市有不同的特点。比如，北京3万多外国人常驻，现在把北京郊区的各个角落都玩遍了。笔者虽然是北京人，却经常是老外跟我说，你们北京还有什么地方比较好玩。再比如上海，按照官方统计，20万台湾人移民上海；按照民间估计，可能得有40万人。昆山都出现了一个台湾街，在这个地方有很多是台湾人开的店，消费者很多也是台湾人。类似这样的例子很多，各个城市客源不同，但是每个城市都有自己的客源层。作为国家旅游度假区，不但要研究市场范围，同时也要研究客源层。国家级的品牌，其视野就应该是世界性的视野，研究度假区在国际市场上的卖点是什么，在国内市场上的卖点是什么，在区域性市场上的卖点又是什么。

2. 度假旅游产品与市场需求相适应的特点

度假需求特点要求度假旅游产品也要形成相应的特点，主要如下：

(1) 大交通便利

最好是一站式交通，如果达不到一站式交通，以度假为主体的度假目的地发展就有困难，这是一个根本性的问题。比如像泰国的普吉岛、印度尼西亚的巴厘岛，都是一站式交通，从欧洲乘飞机一站就到，不必再转机。中国康辉旅行社做春节泰国普吉岛的包机旅游，春节期间五六十个航班，班班满，价格也不贵，一个很重要的原因就是一站式交通的便捷。到了普吉岛，当地按照中国游客的要求一般还安排一点观光性的项目，但观光的项目实际和度假是掺在一起的。

(2) 一流的环境

这里面有一个误区，认为一流的环境强调的就是原汁原味。作为国家旅游度假区来说，强调原汁原味就是错误的，客人需要的是精致的自然、人工的自然，不是原汁原味的东西。比如说，要讲原汁原味，傣族的竹楼，远看很好，近看不能住，为什么？二楼住人，一楼养牲口。如果客人去了，这么原汁原味行吗？蒙古包从来没有卫生设施，你让客人就这么接受，行吗？所以，强调精致的自然和人工的自然，才是度假区追求的自然环境。在国际上看好的真正一流的旅游度假区也是这样发展起来的。

（3）多样化产品

对应复合型度假需求，产品就应该是多样化的，但是，这种多样化容易走歪。比如说，一个度假区做来做去做成一个观光区了，那还叫度假区吗？但是，度假区没有相应的多样化产品，包括一些观光性的产品，又适应不了现在的度假市场的需求。所以，这里要把握一个主从关系。现在来看，比较好的模式是度假产品、观光产品和专项旅游产品结合在一起，尤其是做好专项旅游产品，专项旅游产品很适应现在的白领。比如，在度假区建设中，同样是盖一栋楼，把外立面改造成攀岩式的，就等于增加了一个娱乐项目，这一个项目可能就吸引一些客人。类似这样的东西，市场上反映出来的特点是很突出的，比如北京郊区和其他大城市郊区，哪个度假地活动项目越多，生意越好做。度假产品需要和一些娱乐性项目更多地结合，才能够真正对应我们现在这个阶段的市场需求，而且这种需求特点恐怕也是国内度假一个长期性的特点。

3. 五层次发展

资本市场、土地市场、房地产市场和旅游市场往往结合在一起，这些年来实际上国内形成了五个层次的发展，这五个层次的发展对度假区来说，都需要深入研究，因为度假区面积比较大，包容量非常大，期望依靠任何单一内容的发展，在开发经营方面都有困难。

（1）和传统优势的结合

就是和自然资源和人文旅游资源结合，这是最早的一种开发模式，现在来看也是一种主体的开发模式，尤其是在一些新开发的地区，还是处在这个层次上。

（2）和社会经济文化各类资源的深化结合

工业旅游、农业旅游、科教旅游等，都是这种结合的产物。比如，现在有几个概念都已经被普遍接受了，第一个叫观光农业，第二个叫观赏林业，第三个叫休闲渔业，这些都是和社会经济文化各类资源的深化结合。

（3）和土地市场、房地产市场的结合

这种结合形成了一个概念，叫旅居结合，而它的现实表现形式是景观式房产，我们很多度假区成功的经验就在这儿，而失败的根本也在这儿，就看怎么把握。把握得好，旅居结合，景观房产可以使土地升值、房地产升值；把握得不好的度假区可能会变成一个房地产开发区。因此，这种结合是一个更深层次上的结合和利用，也是一把双刃剑，在这个方面上的经验和教训都值得汲取。

(4) 休闲社区、主题城镇

这是新提出的一个概念，这个概念的缘由是基于我国古人的实践基础而来，但是我们当前还没有这样的实践。这个概念对于度假区来说是很重要的一个概念，因为度假区这么大的面积内不可能没有社区性的建筑群，要形成社区性的建筑群，前提就是休闲社区，一些小城镇的建设，而这样形成的就是主题城镇。我们现在用来发展旅游的一些古镇，如云南丽江的大研古城、江西千古第一村——流坑村以及周庄等江南三大古镇等都是主题古镇，因为这些都是古人的实践而为。目前，度假区的建设很多情况下都是平地而起，并没有很多的内涵而言，所以研究休闲社区和主题城镇这个概念对于度假区开发具有重要的指导意义，这样才能够形成度假区的个性化发展，才能够形成各个度假区之间的差异化发展，才能避免打乱仗的局面。

(5) 经营城市与销售城市

经营城市这个概念已经成为流行概念，这是市长的本职。从我们旅游角度来说就是包装城市、销售城市。市长在经营城市，度假区本身也是经营城市的一个重要的组成部分，因此度假区具有双重任务，不但要经营城市，也要包装城市、销售城市。工作如果做到这一步，就不用烦恼市长对度假区的发展不重视，因为度假区发展和市长的工作直接联系在了一起。类似于市长是一个企业老总，度假区是这个企业的运营部经理，老总能不重视吗？从这个意义上来看，必须要把度假区的发展和城市的总体发展紧密地联系在一起。

以上这五个层次的发展对度假区来说现在都存在，我们要研究这五个层次在度假区发展中如何体现出来，这里面各有各的路数。比如说，旅居结合、景观房产这是一个土地升值的好路，休闲社区、主题城镇是品牌化、个性化、差异化发展的一条好路，有些东西和资本市场联系得更紧密，也会开辟更多的投资渠道。

4. 度假区下一步的发展问题

各个度假区都有一个如何扬长避短的问题，要想扬长避短，应该做到三个坚持。第一个就是坚持市场导向。因为每个度假区作为一个产品来说都有自己特定的市场，度假区所在区域不同，自身的情况不同，所以必须得坚持市场导向。第二个就是坚持度假方向，培育核心竞争力。如果不坚持度假方向，就算不上扬长避短。坚持了度假方向，才可能和这么多的景区景点区别开来，要不然没法区别。比如说，黄山是中国一流的山岳型观光景区，如果说黄山作为一个度假区，怎么开发？反过来说，作为一个度假区，非得往黄山那种模式发展，那还叫度假区吗？所以，要扬长避短，首先就是要和观光类的主体产品有明确的区分，在市场上才能有独特的形象。当然，以上说多元化的产品，复合型的需求，不是其他产品不能搞，必须得搞，但是度假方向需要坚持，树立度假的形象才能有独特的东西。假设说 12 个国家旅游度假区变成 12 个观光区，国家培育这一类产品的意义何在？在下一步的发展中，大家可能都会涉及这个问题。第三个就是坚持发展主业。之所以谈到这个坚持，就是说在发展过程中，房地产业肯定要搞，这是错不了的。度假区一般地域范围很大，出于当地经济的发展和提高老百姓生活质量的考虑，也可能要搞一些工业，也要搞一些农业，但须坚持度假旅游这个主业。也就是说，在这儿搞工业、搞农业也要围绕着休闲度假发展；搞房地产就不能雷同于城市内房地产开发，就必须要比城市的房地产开发高出一个层次来，就应该是休闲度假式的房地产开发，这种房地产在市场上才能好卖。比如，要在度假区里边搞一个学校，也同样可以，但也要研究如何和主业相结合。所以做到以上三个坚持，才能够达到扬长避短的目的。

(1) 加强信息交流

这种信息交流恐怕不单是开个会。这些年，笔者经常收到大家的一些简报，每次都觉得有所收获，至少了解了一些动态情况，这就是第一个层次的信息交流。第二个层次就是需要适时总结出一些好的经验，将这些好的经验提供给大家，这就是信息汇总和提炼的优势。第三个层次就是如果有可能的话，我们慢慢创造条件，办一个交流性的通讯或刊物，可以定期集中汇总一下国内外度假旅游的相关信息。当然，这也涉及条件问题，也要看各地发展的需求，如果说大家的需求量大，这个事就可以做起来，这也算是我们的一种服务。

(2) 加强宏观指导

加强宏观指导，首先就是市场的分析。这方面的宏观指导恐怕是大家最关注的，也是大家很难靠自身做到的。这理所应当就是我们的任务，所以这方面的工作我们需要加强一些，包括各个省旅游局也需要做一些这方面的工作。国家旅游局的指导可能比较简略，省旅游局在这一层的指导须具体一些。一些省旅游局在度假区的行业管理上有一个误区，认为在体制上没有归属关系，就可以不管，这是计划经济的思路。如果从行业的角度来说，企业归谁所有并不重要，只要在旅游行业里，行业主管部门就有义务来帮助其发展，规范其发展。第二个方面就是国际上的一些好的信息，能够及时地发现并传递给大家。第三就是项目推介的事情。在一些招商引资方面给予协助，在招商引资的渠道、招商引资的方式乃至一些具体的招商引资项目上，我们会尽量多做一些服务性的工作。这个话我不敢说满了，说满了我们做不到，但是我们会努力去做，因为平时我们的工作也经常接触到这方面的内容，其中包括一些国际上的投资商。

(3) 加强市场品牌

首要是需要树立中国休闲度假产品的总体品牌，这种总体品牌的具体体现就是国家旅游度假区。为宣传这种品牌，在国际旅游交易会中，包括平时的一些方方面面的具体工作里面应做到一些事情。我们也在研究要搞一个旅游发展全要素交易会，之所以起这个名，就是想改变原来把发展单纯地只是当作招商引资一种认识。因为我们原来总感觉在发展中什么都不缺，就是缺钱。实际上，从现在来看，除了钱，我们什么都缺。为什么这么说？因为如果有好的制度、好的人才、好的思路，就可以策划和设计出高质量的项目，而有了高质量的项目就绝不愁钱了。搞一个旅游发展全要素交易会，资金、项目、智力、人才，都会在这个平台上进行展示和交易，这就和其他的旅游交易会有所不同。其他旅游交易会交易的，仅仅是旅游产品，是旅游开发结果的交易和旅行商买卖的过程；而旅游要素交易是涉及旅游发展全过程、全要素的交易。旅游发展全要素交易会的主要目标就是要创新，就是要针对我们现在的思维误区，改变传统的模式。在这样的交易会上，国家旅游度假区就是一个重要的品牌，有可能的话，可以把这个品牌整体打出来，做一些具体的事情。度假休闲是中国旅游业发展的战略之举，要建设世界旅游强国，不强化这一方面的工作是不行的，所以这种树立品牌的任务，更多也是政府需要做的工作。旅游产品只靠企业自己促销，难度很大。因此，政府应进行形象宣传，而企业进行产品促销，将这两者联在一起进行工作。这方面的工作，具体的事情可以做很多，按照需要与可能两种考虑，可以一步一步探索。

(4) 加强精品建设

国家旅游度假区必须达到精品水平，达不到精品就称不上国家旅游度假区。这种精品化的要求也是旅游度假区长远发展的生命力所在，所以需要在这方面下大功夫。在规划上要努力设计成精品，在建设上也要努力达到精品，在经营管理服务的每一个细节上也都需要达到精品。比如，像海南博鳌水城，笔者第一次去看现状，很不满意。后来当地有关人士介绍说，这个项目是请澳大利亚的一个公司花了120万美元做的规划。现在看起来还不够，还得追加30万美元设计费。150万美元做一个规划，规划了一个精品，计划要投资50亿才能达到规划的要求。看了这个规划，笔者感觉好多地方在细节上不足，至少是有很多缺憾的。有的时候，度假区的规划和建设如果资金局限的话，少搞一点项目都可以，但是做一个项目要努力把它做成精品。一个度假区有几个精品项目摆在这里，相当于摆了几个样板，人家一看，做到这个程度，就有兴致来投资；反过来说，做了几个低劣的项目，人家一看，这样的项目不值得投资。所以，这里边也有一个产品和市场的对应问题，首先是对应投资商，然后对应旅游市场。我们往往认为项目的投资量小，吸引力就强；实际未必，对投资商真正的吸引力在于旅游市场的吸引力，投资商就要看项目能做到一个什么程度，达不到市场领先的程度自然不会投资。

三、旅游区

（一）全国旅游区（点）的现状

1. 数量与类型

从全国来看，县以上的旅游区（点）（以下简称旅游区）大体上是1.5万～2万家，分为以下四个类型：

第一类是自然类的旅游区。就是以名山大川和江河湖海为代表的自然类旅游区，在全国大体上可以占到2/3，也是现在的旅游热点，因为现在讲生态旅游，追求回归大自然，这使自然类的旅游区在这几年升温很快。

第二类是人文类的旅游区。以古建筑为主体的人文类旅游区是最突出的，多数人文类的旅游区都是依靠这样的资源在市场上生存和发展。

第三类是主题公园类。主题公园在中国的发展一波三折，从现在来看，全国投资1亿元以上的主题公园类的旅游区一共300多个，多数是亏损的，所以需要进一步研究，主题公园类旅游区的发展究竟是一个什么样的道路。在初级市场的时候需要初级产品，这是一个产业的发展过程，也是产品的成长过程，这里面确实有很多经验教训需要我们汲取。

第四类是社会类的旅游区。传统的旅游区首先要有相应的传统资源，其次要有一个围墙把它围起来，但是现在社会类的旅游区远远超越了这个概念，其中比较典型的就是工业旅游、观光农业、采摘林业、观赏林业、休闲渔业等项目。这些项目既是一个可以去参观的地方，又是一个可以去玩的地方，同时又是一个可以吃、可以住的地方，所以社会类的旅游区基本上是综合性的，具有相应独特性的，超越了传统概念的旅游区。之所以把它规定为社会类，就是因为利用社会资源来开发旅游，而且形成了相应的规模和气候。这四大类，各有各的不同情况，也可以说处在不同的发展阶段。

2. 总体判断

旅游区已经形成了一个比较好的基础。可以得出以下三点判断：

一是中国的旅游区现在以公有制为主体，这说明两个方面的情况：第一是体现了旅游区的功能多样化，尤其是社会功能现在比较强的状况。第二也说明旅游区在体制方面对于市场的发展有相当程度的不适应。

二是资产状况不错，所有者权益的情况也不错，这也反映了公有制为主体的特点，同时更反映了多种功能同时存在的特点。

三是营业收入增长率非常之高，这是旅游市场蓬勃发展的一种表现，也提供了一个非常大的旅游发展前景。另外一方面就是收入增长和利润增长同步，实际上反映了现在的收入主体和利润主体同一。只要收到门票，利润就必然包含在里边，这样就形成了一个收入和利润增长同步的现象。这说明收入和利润基本上都是刚性的，也说明了现在的景区还是以门票为主要收入和主要利润来源的基本状况。

上述三个判断，实际上也反映了现在旅游区的总体状况，即是处在发展之中，但还不成熟的状况。发展速度越快，不成熟体现得越强烈。从下一步来说，很可能造成一个结果，就是在这个市场上产生比较大的混乱。

（二）市场化的态势

1. 供给分析

从生产方来分析，下一步会产生这样几个趋势性的发展：

第一个趋势是数量急剧增加，或者说会不断地增加，这是两个不同的程度。不断增加是一个持续稳定增长的局面，急剧增加是在短期内可能产生过量膨胀，各地有所不同，但这两种情况都会发生。比如，北京市场就会产生不断增长的状况，但是很难产生急剧增长的状况。对于一部分不太发达的地区，可能就会产生急剧增长的状况。所以从全国来看，现在1.5万~2万家县以上的旅游区可能在三五年之内就翻一番。这就意味着市场的供给总量在短期内会有一个比较大的发展，就需要研究市场需求能不能同步发展。

第二个趋势是质量的提升。在之前的发展过程之中已经产生了一批旅游精品，这批精品在市场形成了领袖形象。主题公园类旅游区的典型是深圳华侨城的四个旅游区，文物类旅游区的代表是北京、西安，自然类旅游区的典型是黄山、峨眉山等。这批领袖型的企业在发展过程中，在质量提升方面起了非常好的作用。这里也有一个客观因素，就是因为旅游者现在有经验了，越来越成熟了，不仅是有国内的参照系，很多旅游者都有了国际的参照系，他们用越来越挑剔的眼光来旅游，这样自然而然就逼着我们不得不进步。

第三个趋势就是创新发展。现在刚刚露出苗头，还没有形成普遍化的趋势。

创新发展包含两个方面的内容：一个方面是从经营的主体内容来说在追求民族化、地方化、差异化，大家都在逐步挖掘自己的文化内涵，整合各个方面的资源。另外一个方面就是从服务设施、服务体系形成的综合服务质量来说，是追求国际化、现代化、标准化，现在是这两个方面结合在一起并行不悖地发展。

2. 需求分析

第一，需求总量膨胀。之所以这几年旅游区大规模进入市场，很重要的一个原因是假日旅游的冲击，假日旅游的势头不减，对于总体的扩大内需起了很大的作用。但是在市场上也造成了一种错觉，大家觉得这个势头可以永远保持下去。从发展来看，假日旅游的势头是可以长期保持下去的。因为中国人口基数大，不断有新的需求产生，城里人玩腻了，农村人又起来了，这么大的人口基数就意味着可以长期持续。但如果按照高峰需求来配置资源，就意味着高峰过去之后资源一定是浪费的。可是这一块蛋糕，大家都想多分一杯羹，是普遍心态，所以很可能造成的结果是，需求总量虽然不断膨胀，但是供给的总量在加速度发展，形成供求之间的不平衡。如果没有适当的调控，尤其是市场性的调控，很可能会形成严重的供求不平衡状况。

第二，需求在分流。需求分流这是经营者更应该关注的情况，需求分流现在大体上有以下三个表现：

一是产品分流。现在的旅游区点基本上都是观光型的产品。多年以来，中国旅游业也是靠以文化性观光为主体的资源形成的产品来运转的，但是现在除了观光需求之外，度假的需求和特种旅游的需求也在逐步产生，而且势头一旦形成，就会发展得比较快。现在市场上有相当一批消费能力比较强的人已经脱开观光旅游这种基本模式了，度假旅游对于多数中产阶层的人来说是一个必然需求，同时也就意味着观光旅游的需求会减弱。特种旅游对现在很多白领阶层来说是一个必然需求，同时也必然意味着对观光旅游的需求减弱，所以这是一个大的分流。对观光旅游来说，虽然仍不断有新的旅游者产生，其需求总量在增加，绝对量在增加，但相对量下降，比重也在下降。

二是区域分流。区域分流现在最显著的是中国公民的出国游，2002年中国的出境人数1660万人，世界各国都盯住了中国市场，我们现在开放的旅游目的地国家已经不少，实际上以公务、商务名义出访的更多，可以说走遍了全世界。外需扩大了，内需自然减少。同时，国内区域之间的分流也在逐步发展，而且竞争的态势也越来越猛。

三是区域内的分流，尤其是从省级行政区划来说，表现很突出。比如说，黄山很好,现在又开出了一个天柱山,也很好,自然就分流了。新产品不断产生,同时还有一种情况,就是同质化的产品不断产生。一个新的东西出来,势必对原来的东西会有冲击。所以从需求角度来说,这三个分流都是下一步必然要发生的情况。

(三)市场化的发展

1. 四层次竞争

一是价格竞争。价格竞争现在反映出来的是两种情况:第一种是现在还具有相应垄断性的旅游区在涨价。实际上,现在行政的垄断性已经基本没有了,垄断性主要体现在市场的垄断性,尤其是资源的天然垄断性。比如,黄山原来是 90 块钱的门票,现在涨到 120 块钱。九寨沟原来是 100 块钱门票,现在考虑要涨到 500 块钱,理由是加强环境保护。之所以各地申报世界遗产这么热门,恐怕也有这种因素在内,但这不是主要因素。另外一个趋势就是削价,而且这种趋势很快会演变成恶性削价竞争。目前的主要方式是给旅行社回扣,甚至有的旅游区说,如果不给旅行社回扣,就会没有客人。某种程度上可以说这种理由成立,但是从根本上说是不成立的。旅游市场秩序混乱是客观存在的,而且旅游工作重点之一就是治理旅游市场秩序,但是不能把责任推到旅行社头上,客观情况是什么?客观情况是旅游市场上基本都是同质化产品,这样就会造成重复产品、重复客户、重复市场的局面,为了各自分得一杯羹,很多旅游区会选择恶性削价竞争。而这样的趋势势必也会造成一个新的情况,就是会有一批旅游区倒闭,传统的旅游区很难讲破产,破产主要体现在一些主题公园上。

二是质量竞争。竞争发展到一定时期的时候,自然就会有一批企业认为只靠价格竞争不是出路,所以就会有一批领袖型的企业来研究质量,靠树立质量形象来开拓市场。质量对于旅游区来说,第一就是要强调以人为本。没有以人为本的观念很难讲质量。第二是系统化的质量要求。质量不是一个简单的服务态度问题,服务态度只是外在的表现,服务质量是一个系统化的质量概念,由相应的服务设施、服务设备、服务项目和合理的服务价格以及服务人才组成,最后集中体现在服务态度上。景区在服务质量方面,原来的概念比较单一,因为原来没有更多的服务,一张门票客人进来自己逛,其实恰恰由于服务不到位,实际上浪费了很多资源,也错过了很多形成利润的机会,所以下一步质量竞争势必会提升。

三是文化竞争。文化竞争说到底就是特色,就是差异。文化竞争的关键是特色和差异能不能树立起来，能不能形成独特的吸引力。它首先体现在硬件方面，可以占有多少资源，甚至是可以占有多少垄断性的资源。其次体现在文化方面，如果硬件不足就得靠软件来补，要形成旅游精品，就要使方方面面都能够形成文化氛围，强化文化特点。比如说，广东番禺有一个宝墨园，投资1个亿的项目，主题是仿古园林，但做得极其精致，可以说达到了无可挑剔的程度。就宝墨园本身来说，没有什么资源可言，但是它形成了一个文化精品，现在也变成了一个有名的旅游点。旅游者在看完之后，都对其赞不绝口，因为不管从园林设计到建筑到装修到包括每一块地砖，园区都是有研究的，都能看出文化，在这个园林走一圈，感觉是沉浸在很浓的文化氛围之中。但是这个文化有什么特色呢？应该说特色很不突出，是一个大杂烩，既有岭南园林的风格，也有苏州园林的风格，还把清明上河图搬过去，做了一个照壁，烧瓷砖镶上去，非常之大，可就是精致。这种精致就形成了一个文化特点。在下一步的发展过程中，也需要对每一个旅游区进行研究，尤其是北方的旅游区。北方和南方最不可比的就是气候，很多园林，春夏秋三季感觉都很好，一到冬天就一片惨淡，一年只能游三季，甚至一年只能游6个月。如果说一个地方一年只能经营半年，怎么持续？这些都确实需要研究，使其适应市场状况。

四是创新的竞争。进一步的发展，竞争更多体现在创新上。首先是在经营过程之中如何体现。很多地方有很独到的东西，但是需要挖掘。作为经营的亮点，形成利润的增长点。这就要求在经营方面要越来越细，不仅要研究全年，甚至要研究到一个时段，怎么来利用，怎么来形成品牌，这也都是一种创新的概念。

总之，从下一步发展来看，这四个层次的竞争会分阶段地发生，在有些地方也可能同时存在，越有创新，越有市场前景。

2. 四个适应性

一是体制的适应性。很多旅游区多种功能同时存在，所以体制也不可能完全是市场化的体制，但是又面对着一个市场化的环境，就需要研究这种适应性。

旅游区的体制大体上是四种类型。第一种类型是政企合一，这主要体现在一些空间尺度非常大的景区。第二类情况是事业单位，主要体现在文博院馆，因为这些单位相应来说研究功能比较重要，保护功能也比较重要，经营功能变成一种辅助功能。第三类是事业单位企业化管理，这样的旅游区可以说一只脚还在传统体制，一只脚已经踏入市场经济，在发展的过程中，对市场的适应性逐步增强。第四类是纯粹的企业体制。这样的旅游区主要体现在主题公园类，因为没有其他的资源可以借助，所以上来就必然按照现代企业制度的形式来运作。但是现在企业类的旅游区也有不适应，从目前来看，更多的是投资决策方面的问题，造成先天不足，所以产生主题公园经营效益普遍比较差的状况。

这样，旅游区的体制现状可以说是一个混合的状况，在现实中是非常复杂的，涉及各类各级主管部门，在行政管理体制上应该说更加复杂，这种复杂也使部门之间相互争斗，而很多基层单位最关注的问题反而没人来管。这样的情况也要通过政府部门的行政管理体制改革，通过职能转换来逐步完善。但是从长远来看，旅游区自身加强对市场的适应也是一个更具根本性的问题。

二是发展的适应性。从现在看也是两个趋向：一个趋向是外延式的发展，追求空间逐步扩大，有些旅游区体量大，余地比较大，但这种外延式的发展对于多数旅游区来说已经做不到了，因为开始划界划清楚了，通过外延的不断扩大来寻求发展有很多制约。另一个趋向是转向内涵式的发展，对现有的各类资源重新加以整合，经营内容逐步丰富，内涵逐步深化。要重新加以整合，首先要重新加以认识。比如，很多资源原来不放在眼里，甚至不认为是资源，但是在市场化发展过程之中，很多东西逐步被挖掘出来，挖掘的过程也是对资源认识和整合的过程。旅游区尤其是观光型的旅游区，游客去了看什么？游客其实寻求的就是一种阅历的增长，体验的深刻，所以旅游经济被称为体验经济，旅游产业被称为阅历产业。这样的发展可以说是无穷尽的，内部挖掘，内容深化和资源整合这篇文章可以始终做下去，没有尽头。随着市场需求的变化有些情况也在不断地变化，现在对应的是初级的旅游者，但是再进一步，旅游者的专业性更强，就意味着即使一个比较小的产品也能够有足够的市场容量。

三是营销的适应性。经过这几年的发展，尤其是在市场化的冲击下，旅游区营销的概念开始形成，但是从总体来说还不足。之所以不足，是因为很多旅游区还有垄断的存在。从发展的角度来说，营销的适应性很大程度上决定着景区的将来，加强营销，上上下下都要树立概念，建立相应的机构，形成相应的制度和相应的人员，最后要看到相应的成效。应做的事情很多，可做的事情也很多。现在好多单位做得已经比较到位了，很多利用网络进行搜索就可以看到，这就是一种进步的表现，包括故宫这样的世界知名的旅游区，也都设立了自己的网站。

四是结构的适应性。所谓结构的适应性，是从旅游区的产业组织体系来说的。下一步也需要集团化的发展。集团化发展大体是两种方式：一种方式是综合性集团，大多是以大型的旅游区为核心，然后进行上下游延伸。一个旅游区同时设立一个旅行社，建立一个车队，建一个宾馆等，这都是上下游的延伸，这样使现有的资源在一个更高的层面上得以充分的整合，这是一种综合性的集团化发展。另外一种方式是专业化的集团化发展，即异地连锁性的发展。国内的中山公园一共有56个，设有一个中山公园联谊会。在这56个中山公园里，申报世界文化遗产最有条件的是北京的中山公园。这实际上反映了一个行业的联合趋势。联谊会是一种最初级的形式，由于内容相同、专业相同甚至名称相同而组合。如果再进一步，还可能会产生一种新的情况，就是大旅行社、大饭店集团和大的旅游区的联合，使资源、产品和市场直接联在一起。从结构的适应性来说，产业组织逐步提升，结构逐步优化，也会逐步有所发展。但是从速度来看，不可能很快。因为旅游区的体制过于复杂，势必对发展产生一些阻碍。产业组织结构优化有一个前提，要求是企业，而现在多数还都不是企业，所以恐怕很长时期都会维持在一种初级形式。其中，争取形成跨区域的营销网络，可能是一种更现实的选择。另一方面，也会产生管理的引进和管理的输出的情况。加入世贸组织之后，有一些旅游区也会研究引进管理的问题，不仅是引进外国管理，也包括一些做得比较好的旅游区在逐步形成集团化后，实行管理输出。华侨城四个景区形成之后，再往下发展，单靠在华侨城5平方公里的土地上进行外延式的扩大，可能性已经没有了，所以他们提出了"中华锦绣工程"，把华侨城这十几年以来积累的景区开发经验和管理经验输出，现在已经做了一部分，磕磕绊绊的事情很多，也很艰难，但是毕竟迈出了这一步，实际上也展示了一个发展方向。

3. 国际化发展

目前，追求国际化发展产生了三个热点，而且这三个热点还会进一步地强化，但是其中有些东西需要研究。

第一个热点是申报世界遗产热。现在已经开始产生了，截至2014年6月，中国的世界自然文化遗产总数达47项，排队申报的还有不少，酝酿申报的恐怕有上百个。中国作为一个历史悠久、文化丰富的大国，申报遗产数量毫无疑问应该多，现在中国的数量在世界上排第二位，按我们的基础条件来说，第一位应该没有问题。但是大家都来申报，有这个必要吗？反过来说，都来申报能做得到吗？这里面主要是地方政府的驱动，申报世界自然文化遗产的根本目的是提高地方的知名度，甚至形成政绩工程。可是无论什么事情，一旦形成热，也就有了泡沫倾向。当然不可能都成功申报。所以这个热，最终也热不到哪里去，但是它引发的一些东西值得担忧。好的一方面，是强化了保护意识，但是过热恐怕也是不行的。

第二个热点是高端主题公园热。现在北京、上海、天津三个城市现在都在申报特大型影城项目。从美国人来说，实际上是一个钓鱼政策，和三个地方都谈，谈完了都签意向，实际上就是在谈判中压价。人家在投资上是极端认真、极端负责，和我们的行为方式还不太一样。以此为代表，下一步这种高端主题公园也会热起来，而且都有可能是大项目。地方的行为方式是要靠大项目来拉动发展，本意并不错，问题就是能不能达到这个初衷。类似这样的情况还会发生，大投资形成大项目，如果成功就是大成功，如果失败就是大失败。

第三个热点是博物馆热。这是非常好的事情，现在博物馆热和民间收藏热是直接联系在一起的，因为民间收藏在不断发展，大家对于文物的兴趣也越来越浓厚，参观博物馆的兴趣也越来越高涨，包括科技馆，这几年都在一定程度上变成热点。所以对很多博物馆类型的旅游区来说，就需要研究怎样使自己更适应这个市场，让大家更有收获。民间收藏热是国泰民安的一种表现，从下一步的发展来看，民间收藏势头还会越来越猛，范围越来越大，也就意味着博物馆热会长期持续，但是同时也意味着竞争越来越激烈。除了大型综合性博物馆，很多是专业化的博物馆。

以上三个热点是国际化发展的一种趋向，也是大家的一种追求。在这个过程中，也就意味着旅游区行业的国际竞争力在逐步提升，国际影响在逐步扩大。中国的好东西太多了，但是现在市场化的运营方式包括展示的方式落后了很多。在国际上，20世纪90年代以来兴起了一个新的思潮——废墟文化的思潮，体现历史的沧桑感和文化的厚重感。废墟文化要想做到位，第一新老分离，第二新老分明。他们不是绝对不修，比如一根柱子断了一半，在上面再接一节，但是下边那节绝不修，让人一看很清楚，这就叫新老分明。废墟文化如果能够展现得比较充分，给旅游者的印象会更加深刻。可是对于我们来说，强调废墟文化怎么体现社会主义建设成就呢？类似这样的东西不能把它上升到意识形态来看，我们关注的是市场，关注的是旅游者的需求。随着进一步的国际化发展，文化方面的挖掘会越来越深入，使我们的国际竞争力越来越强，国际影响也越来越大，前景是非常乐观的。

第七章 休闲产品：活动与经营

第一节　产品谱系

谱系图是比较准确的一个词，我们原来只讲一个系列，现在将它形成了一个谱，然后被分成若干类。

一、观光类

（一）休闲主体内容

我们总是习惯于把观光和旅游并列，然后又把旅游和休闲并列，进一步把休闲列为旅游下边的一个内容，如果真正从理论上来辨析，这样一个推倒过程是不准确的，应该说休闲的下边是旅游，旅游的下边有一类是观光，但是就目前来看，观光类的产品仍然是休闲产品的主要内容，也是影响最大的。

（二）长假主要时间

观光类的产品之所以影响最大，就是因为它占据了长假的主要时间，所以现在三个"黄金周"里边主体的内容还是观光，这是经过多年培育的结果。

（三）大众休闲潮流

现在也变成了一个大众的休闲潮流，这种潮流这些年有人说叫旅游让位于休闲，这个话笔者还不太赞成，因为它本身没有什么让位不让位的，这个话本身不准确，应该说其他类的休闲产品比起观光类的休闲产品，位置正在提升，比重正在加大，可以这么来解释这句话，因为它确实体现了一个大众休闲的潮流。

（四）初期发展阶段

进一步分析观光类的休闲产品，只体现了观光发展初期化的一个表现，也是一个主要的表现。

二、城郊类

城郊类的休闲产品，对应环城市的休闲度假带、休闲游憩带，对应乡村旅游这一类的产品。

（一）普遍性

具有非常高的普遍性，既然讲普遍性，本身就说明它已经推动潮流。

（二）周末行

它的主要时间是大周末。

（三）户外动

城郊类的产品，户外产品比较多，运动类的产品比较多。

（四）多样化

这种多样化产品内容比较丰富，休闲的方式也是比较多元化的。

（五）多层次

既有适应平民百姓的，也有适应高端需求的。比如，适应平民百姓的有农家乐，消费也就是十块二十块；适应高端需求的有乡村俱乐部，花钱都进不去。

三、度假类

（一）需求

1. 新兴的需求

在国外已经非常普遍了，度假基本上是第二次世界大战经济恢复以后，进入50年代以后这个需求就产生了，持续了半个多世纪的需求已经是一个比较成熟的需求了；但是对于中国来说，它还是一个新兴的需求，因为从观光的角度来说，当前中国人旅游追求的主流还是要多看多跑，不怕疲劳，艰苦奋斗，与度假所讲究的一地、从容和休闲的境界有所不同。

2. 长假支撑

目前，从度假类的需求来看，主要也是对应我们的长假时间，就是靠长假来支撑这个度假，周末两天不是一个度假的概念。

3. 中期阶段

度假需求的产生有一部分市场已经进入了一个中期发展阶段，已经摆脱了单一观光的早期发展阶段的束缚，开拓了另外一片更广阔的天地。

4. 中高端市场

在目前的市场态势之下，主要对应的还是中高端的市场。在发达国家中，度假实际上已经是大众需求，不只是一个简单的中高端的需求；但是，对我国来说，目前还是一个中高端的市场。以最典型的海南为例，中国有多少老百姓去得起海南，而在海南一住七天，甚至十天半个月，更甚者住几个月的可能性不是很大。对我们的国人来说，度假基本上是一种中高端的需求。

（二）产品

1. 同质与异质

产品同质化的程度非常之高，所以在这个同质化的环境中，我们要区分出异质来，要达到一个异质化的发展，其中的核心就是要追求文化，要形成文化主题。比如，同样是滨海度假酒店，如果只是一般般的度假酒店，生活条件很舒适，这样的吸引力是不足的；如果你能够形成异质化的、主题化的发展，就会在市场上形成相应的独特的品牌。

2. 度假区

度假区，一般来说是指大型的综合性的度假区。同样，每一个度假区都需要自己相应的主题，这也是度假产品的一个比较集中的、比较综合的体现。

3. 度假酒店

在国际上无论是度假区还是度假酒店，现在形成了既有品牌又有生活品质的一批，在我们来看，现在世界一流的度假区是还没有的，但是达到国际水平，甚至是世界一流水平的度假酒店现在已经产生了一批。度假酒店发展有三个要点。第一个要点是设计，度假酒店的设计一定要符合度假生活的需求；第二个要点是项目，在度假酒店的经营中，要研究大量的活动性项目；第三个要点是要形成一个与度假酒店相关的组合。

4. 休闲房地产

休闲房地产首先需要的是主题，要确定什么样的主题适合做休闲房地产。其次要树立自己的品牌，休闲房地产品牌的树立非一日之功，需要相应的多种积累,其中更需要文化性的积累。其三要创新,这同样主要体现在文化上,同时要体现在细节上。

5. 主要类型

度假区、度假酒店、休闲房产,这三类共同构成了度假类的休闲产品,主要类型包括滨海类、温泉类、森林类、山地类。现在市场上比较突出的,同时也形成规模的类型,主要是滨海类和温泉类的休闲产品,森林类和山地类的休闲产品现在还不足,尤其是山地类的。山地类的不是一个简单的度假,要和其他一系列的活动联系在一起。比如,阿尔卑斯山围绕着一个滑雪,现在已经形成了若干的滑雪的小镇,达沃斯是其中最著名的一个,因为那里已经构成一个完全巨大的产业,这样一个巨大的产业发展就使度假的主题城镇的发展形成了可能;再比如说法国的尼斯、摩纳哥都是非常有名的度假地和滨海度假城市。

(三)追求

人们对度假的追求主要分为三类,第一类为3S类,其分别为海水、沙滩、阳光;第二类为3N,包括自然、怀乡、解脱;第三类是3Y,有森林浴、草花浴、温泉浴。其实这三类追求反映了现在的一个市场潮流,也反映了大家的一个共同追求,实际上我们看一看,这些东西第一个是要自然,第二个是要宽松,第三个是要悠闲,基本上这是共同的追求。

(四)态势

1. 濒水持续

凡是滨水的度假都会持续发展,也是天然的一种亲水性,见着水就舒服,见着水诗情画意就出来了,所以滨水的项目一定会持续。

2. 温泉大盛

尤其是这几年以来,温泉度假村已经变成了一种比较普遍性的开发,现在也有一大批产品进入了市场,而且档次与国际化越来越高。

3. 山林起步

一部分山林度假现在已经开始起步了,而且山林度假都是呈现一种多样化发展的局面,都是与远途、一定意义上的探险以及包括森林浴等在内的一些形式联系在一起。

4. 海外时尚

现在我们相当一批度假者已经发展到海外了,可是我们也希望更多的海外的度假者到中国来,这是互动的趋势,同时也形成了一种时尚。

四、商务类

（一）衍生需求

商务类的产品和休闲沾不上边，但是实际上这些年以来也在发展和变化。商务类的休闲产品表现比较独特，总体来说是一种衍生需求，在商务会议和公务的过程中衍生出对休闲的需求，这种衍生的需求发展得很快，也逐渐变成一种普遍性的态势，比如很多人总体的出行和停留方式是在飞机上和酒店里，这些人基本上都是商务客，但是恰恰是这些人对休闲有着非常强的需求。

（二）复合形态

商务类的休闲现在形成了一个复合的形态。

第一种称商务叫休闲。这在全世界都是非常普遍的，尤其是在一些重大的谈判过程中，谈判完了觉得松了一口气，该休闲两天了，这是一种方式，这种方式在中国体现得最强烈的是东莞。东莞一个地级市有近400家酒店，五星级酒店是十几家，四星级酒店20多家，这在全世界都是非常特殊的。之所以这个地方密集了这么多酒店，一个重要原因是1500家制造业的企业云集在东莞，很多海外人士来，在这儿三天商务，然后一天打高尔夫球，一天泡温泉，这五天完了回去了。制造业托起了商务，商务又拉动了一个休闲，所以在东莞形成一个非常典型的商务叫休闲的模式。

第二种复合形态是休闲加商务。看起来是在休闲，实际上在休闲的过程中掺杂了一系列的商务动机和一系列的商务行为，即全世界最大的生意都是在高尔夫球场上完成的，最大的政治阴谋也在是高尔夫球场上形成的，这实际上是打球本身已经变成一个手段了，更重要的是要达到目的。这种情况在全世界都发生得非常普遍，韩国的总理因为打高尔夫球被贬下台了，实际上大家一说就是打球，打球还可以带一点小赌博，招致天怒人怨。

（三）综合的效应

第一，一般来说，商务休闲的模式对应的市场都是高端市场。一般的市场也不会形成这种模式，比如低端商务，那就是商务是商务，休闲是休闲，低端商务加低端休闲这种情况也会有，但是总体来说商务休闲的模式对应的市场是一种高端市场。

第二，对于商务类休闲的产品标准采用的一定是精品标准。如果是一般的产品人家根本不接受，商务休闲市场上的消费模式为飞机是商务舱或者头等舱，饭店是五星级的商务酒店，之后一定是高尔夫球场、温泉俱乐部等，构成了一个高端的消费链条，形成了一种精品化的要求。

第三，商务休闲的价格敏感度低，对这部分消费者而言，多花钱少花钱并不是很重要，重要的是能不能把产品和服务做到位，所以对于这些客人来说，如果用价格作为主要的吸引物，基本上不起作用的，但是如果能够把产品做到位，应该说作用会很大。

第四，综合效益非常突出。商务类休闲不仅对运营商会形成一些突出的综合效应，对当地来说也会形成一些比较突出的效应。这种最突出的效应主要体现在两个方面。第一个是品牌效应，因为这类消费者都是非常具有品牌营销力的，这是一个效应。第二个效应是他们所产生的一种消费拉动效应。这类人虽然人数不是很多，但是他们所产生的消费拉动作用效应是非常突出的。通过他们的消费，让大家知道了什么叫一流，在对应一流的过程之中，很多人也感觉自己变成一个富豪，形成了一个豪门盛宴的感觉。这种影响与我们看世界杯的感觉是一样的。虽然中国没有进入世界杯足球赛，但是我们看球的时候看得照样很过瘾。德国人对此很奇怪，他们认为中国作为一个非参赛国，为什么会来这么多记者呢？实际上，是因为看世界杯是全球都热衷的事情，并且我们国内有大量的球迷要看世界杯，所以不管你本国参加不参加，都会对世界杯报以很高的关注度，实际上这也反映了一种高端的拉动效应。

五、运动类

运动类的休闲产品在国际上变成休闲中非常重要的组成部分，在美国甚至变成一个主体性的休闲产品，在中国也可以说是刚刚开始，运动类的休闲产品有以下几个特点：

（一）追求时尚

在运动的过程中，虽有一类是忠实于自己的运动方式，但是更多的是在追求时尚。

（二）不断变化

即使你忠实于自己的方式，总体来说运动类的休闲产品也处于不断地变化过程中，而且现在来看，变化越来越快，方式越来越多，组合性越来越强。

(三) 中高端市场

运动类的产品还没有进入大众层面,除了城市休闲体系里边的一部分项目现在已经进入了大众层面,如打乒乓球、羽毛球、游泳、走路,这肯定是大众项目,但是这里所要体现的利用项目应该说会更高端一些。

(四) 项目多样

多样性的项目,变化性的项目,刺激性的项目,使它的吸引力越来越强。

(五) 产品体现

1. 高尔夫球

中国现在一共有300多家高尔夫球场,美国有3万多家高尔夫球场;在美国基本上是1万人口就有一家高尔夫球场,我们的距离尚远,而且我们没法和美国比,美国的土地资源我们就用不起,我们要达到美国这样的状况,我们的耕地就都没了,所以显然不可能,但是说明了一个发展趋势。

2. 滑雪

滑雪从起步就是一个高端产品,现在正逐步大众化。北京郊区的滑雪场有13个,东三省加上内蒙古等,现在滑雪场有300多个,而且进一步的滑雪这个运动还会继续普及,逐步从高端转向一个中低端,但是绝对低端是不可能的,因为它的设备需求有一定的高度,如滑雪装备、滑雪用具、滑雪服都需要一定的资本投入。因为滑雪到一定程度只租滑雪用具、滑雪服已经不能满足一个滑雪者的需求了,这样就需要投入一部分资金购置设备,而设备的价格决定了滑雪的普及不会进入绝对低端的境地。

3. 漂流

漂流形成了一个很奇怪的现象,漂流应该说是休闲发展到比较成熟的阶段才能够普遍产生的一个产品,但是国外的漂流不太多,而且国外的漂流主要形成的是一种探险式的漂流,我们国家现在有1000多个漂流,还分出逍遥流、惊险流以及各种说法,基本上有漂流资源的,现在大体上都开展起来了,这确实很有意思。漂流确实是一种比较休闲的需求,里边也分很多种形态,一类是无惊无险式的漂流,如武夷山的九曲溪,那个漂流完全是从从容容的;另有一类叫有惊无险式的漂流,如海南五指山的漂流,那就很有一种惊心动魄的感觉了;还有一类漂流叫有惊有险式的漂流,比如美国科罗拉多大峡谷,一漂漂7天,费用大概是五六千美元,每天晚上上岸结账,所以经过那样漂流的人才称之为真正的漂流，我们现在这样的产品还没有。

4. 自行车

要说自行车很普通，但是作为运动类休闲的自行车，那就是另外一个概念了。运动类休闲的自行车花样百出，笔者看过的一辆最贵的自行车为8万美元，是奔驰公司生产的。那辆自行车轻到拿一个手指头就可以抬起来，做得非常漂亮，但它的关键在于功能。我国运动类的自行车全是进口的，但是大众性的自行车都是中国出口，这就是一个产业分工的问题了。

5. 攀登：登山、攀岩

现在笔者很怀疑在中国这样的传统文化下，攀登是不是能变成一种流行运动。

6. 极限运动

极限运动应该说是体系化的、分层次的，从大众的运动、孩子的运动，一直到极限的世界比赛，这个发展前景应该说是非常之大的，甚至可以说是无限的。为了追求极限运动，会达到一种无限的状态。当然，这只是举几个例子，因为现在在运动类的休闲产品里，这几个方面是比较突出的。

六、文化类

（一）平稳

总体来说，喜欢文化的主需求属于不是大起大落的需求，是一个平稳持续增长的需求。

（二）特色

在休闲类的文化产品里，应该说特色化是非常强的。

（三）个性

完全按照自己的意思，按照自己的意志来寻求自己的休闲方式。

（四）多样

可以说文化类的休闲产品总体来说就几类，当然有一些特殊性的，如超女，这是一种阶段性的表现，总体来说这样是平稳持续的发展。

（五）几类表现形式

第一类是影视，电影、电视，这是最普遍的。

第二类是博物馆，正在积极发展。

第三类是图书馆的休闲，现在人数也越来越多。

第四类是收藏，收藏类的休闲现在也扩展得非常快。

这都是属于文化类的休闲，当然也有很多稀奇古怪的，稀奇古怪的实际上本身就构成了一股力量，并逐渐变成了一种独特的休闲形态。

七、信仰类

红色旅游是中国人的专有名词。如果从世界范围内来看待这一类产品，会发现这不是我们独有的。可以说世界各个国家都有相当一部分产品，甚至是一部分品牌性的旅游产品都是这一类的，只是说法不同。

1. 产品类型

国际上对这一类产品有各种各样的说法。大体上可以这么分类：

第一类是爱国主义产品，如美国费城的自由钟。费城自由钟和《独立宣言》奠定了美国立国的基础，也成为美国人对国家热爱的一个标志性元素。这一类可以说每个国家都有，而且这样的产品一定是主题产品、品牌产品、重头产品。

第二类是历史怀旧产品，比如滑铁卢战役纪念地。现在去看滑铁卢的战役地，大家感慨的是历史的变化，在这里能够感受一种历史的怀旧情绪。这和我们的红色旅游不能直接对应，但里面所体现的一些思路包括一些做法我们可以参照。

第三类是历史事件产品，如诺曼底登陆。因为地理位置比较偏远，基本上就是专程去看诺曼底纪念馆，而不会是顺访。按旅游的话来说，就是终极性的旅游目的地。但是，诺曼底登陆的纪念馆给人一种很强的震撼力。

第四类是历史人物类产品，如林肯纪念堂。这也是到华盛顿必看的地方，因为它体现了一种美国的建国精神，也体现了自由精神，也是美国人引以为荣的。大家到这个旅游地，除了感到震撼以外，更主要的就是体会美国精神。

第五类是政治性产品，最典型的是柏林纪念碑林。这个纪念碑林从设计思想来说非常独到，也极具震撼力。更出色的一点在于，犹太人的纪念碑林放在了柏林，这就体现出德意志民族对历史的态度。虽然德国历史上有过这样一个黑暗的时期，但他们对历史的认识可以通过这样一个形象载体体现出来。类似这样的产品在各个国家都是主流性的产品，而且产生了历史上的持续效应。

2. 产品的定性

第一是主题性。类似的产品一定有非常突出的主题，所以中央也把红色旅游定义为主题性的旅游活动。而且主题更多的是民族主义主题和爱国主义主题。

第二是经典性。凡是这样的产品，尤其是成了重点产品或者拳头产品的，都具备了经典性。什么叫经典？如果从宗教的角度来说，经典就是万读不倦；从文学角度说，经典的文学作品百读不厌；从学术角度来说，经典的理论著作常看常新。各个国家都有一批经典性的旅游产品。比如，到莫斯科一定要去看红场，到巴黎一定要去看看协和广场、埃菲尔铁塔。大家会有一种感觉，如果不看这些经典，就等于没到这个国家，而且是每次去都要看，常看常新、常看不厌，这就是经典性的产品。

第三是品牌性。类似的产品，基本上在各个国家的旅游发展过程中，而且对于整个国家来说，都是品牌性的产品，组织的一些相应的活动也都是品牌性的活动。

第四是持续性。产品本身要持续，更重要的是市场要持续。从观光旅游角度来说，观光旅游的客人一批批地来，就基本上保证了市场的持续性。如果在这个过程之中还能够不时地举办一些新的活动，形成一些新的花样，经典性和品牌性就能进一步突出。

第五是大众性。这样的产品基本上都是大众性产品，当然有些产品不完全是，可能是小众性的。比如，伦敦的马克思墓，现在去的人不太多，但是中国人去伦敦肯定要去看一次。这个产品可以说是一种小众产品。从总体上说，类似这样的产品一定是大众性的，大众性产品的性质本身也保证了它的持续性。

第六是国际性。实际上，这类产品所体现出来的精神也是国际性的精神。即使在历史上有很多冲突，但它依然是国际性的。比如拿破仑墓，德国人去看，俄国人也去看。如果从单纯的民族感情出发，他们不会去看。实际上拿破仑所体现的时代精神已经超越了那个时代，已经超越了法国的国界，变成一种普适性的文化。这种国际性的精神和这样一个国际性的品牌人物本身就构成了产品的国际性。从我们的角度也是一样，如果只把红色旅游看成是中国人的事情，这个认识就过于狭窄，一定要在世界层面上来认识，在这个层面上，我们才能够看到很多精神的伟大。比如，前年有两个英国小伙子重走长征路，大家都很关注,还有很多媒体采访。两个英国小伙子说,我们就是为长征精神所感动。实际上对他们来说,长征的历史背景、国共两党斗争到什么程度不是重要的,重要的是长征体现出的这种坚忍不拔的精神,这种为信仰可以牺牲一切的精神,这种精神是超越国界、超越民族的。所以,这些都可以上升到国际化的角度来认识。红色旅游的精神从根本来说就是这样。正是基于此,红色旅游可以超越国界,也可以超越时代。

八、复合形态

(一)分类

如果我们把休闲者分分类的话,基本上有以下三类:

1. 专注型

根据他自己培养出来的兴趣和爱好选择休闲,非常专业是这类休闲者的特点,专注到极限就达到一种怪僻的程度。

2. 漫游型

漫游型的是这类人的休闲没有什么很确定性的东西,想玩什么就玩什么,想换什么就换什么。

3. 组织型

单位的组织,包括家庭化的组织,参与者可能没有多么强的休闲兴趣,或者说他的兴趣可能就不在这个方面,但是纳入了一个组织体系,通过这种组织型,也完成了这样的一个休闲过程。

(二)终端表现

从休闲者本身来说,我们可以分成这三种类型,这三种类型对应六类产品体系,应该说复合形态成为一种终端表现。在实际状况中,很难判断一个人一次休闲的目的是什么。比如说,我们开着车跑到郊区去了,待了一天,我们可能主要目的是想过一把车瘾,这也是一种休闲方式。可是看起来开车只是他的一个工具,一种运载方式,在判断上来说,你认为他的主要目的是农家乐,实际上不然。可以说,在现实中终端表现基本上都是复合型的,这种复合型就表现出各种产品类型的交叉组合,各种休闲模式的交叉组合。所以在产品的开发上,在产品的运营上,也应该有不同的对应,总体来说是一种复合型的对应,但是对应过程必须要有一种相应性的分工,同时要有一种和市场的对接。如果说你在休闲产品的开发建设方面总喜欢对应所有的市场,实际上很可能造成的结果是，你哪个市场都对应不了。可是为什么我们常常这么说呢？就是终端表现是多方组合的，是一种复合型的，这种复合型的有时候干扰了我们的判断，使我们搞不清楚客人到底是怎么回事，这样就影响了我们的发展。

第二节　节事活动

为什么要把节事功能放在这儿，因为节事活动是休闲的另一个大类型的重要产品。上文提到七大类产品体系，节事活动放在哪一类呢？如果放在文化类里，把它贬低了，放在哪儿都不合适，所以单独把它提出来，作为另一个大类。

一、宗教与休闲的关系

说起节事活动，很多人就会想到是西瓜节之类的活动。实际上，节事活动从根本上来说一定是和宗教联系在一起的，而且这样的联系方式就构成了宗教与休闲更加密切的内在联系。

（一）宗教是休闲的基础

礼拜日怎么来的？上帝造人的时候，第六天把整个世界都造完了，第七天上帝觉得自己该休息了，所以，给人类规定的是，要有一天时间来礼拜，这就是礼拜日的概念。圣诞节是基督教文化国家中最重要的节日，这在一定意义上也变成我们一个很时尚的洋节。所以从本质上来说，尤其是从历史上来看，宗教是休闲的基础，可以说没有宗教，也就没有制度化的休闲，基督教文化的国家从文化推演渗透进这个国家之后，宗教性的节日就产生了。我们中国因为不是一个宗教性的国家，我们没有统治性的宗教，也没有政教合一的制度，所以我们的节日五花八门，基本上跟着农民走的，这就叫农工社会的典型表现。但是，这也就构成我们现在的节事活动和西方的节庆活动一个本质性的区别。

(二) 宗教通过休闲得以弘扬

宗教三个要素：信仰、组织、仪式。宗教一定要有自己的信仰体系，比如我们不会把信灶王爷、信土地奶奶就叫宗教，因为它没有真正的信仰。第二宗教需要一个组织形式，在政教合一的时代，这种组织可以说是最严格的。第三宗教要有自己的仪式，这种仪式需要一定的时间，这种时间一定要通过节日表现出来，所以很自然，这就进一步构成了宗教和休闲之间的内在联系。

(三) 休闲是宗教的集中

历史上休闲的目的是什么？是礼拜上帝，但是客观地来看，休闲起到了一系列的社会功能，所以，在宗教集中过程之中就需要有社区，需要有相应的活动。这样严格地说是找一个说法说一说，就像我们原来工人，工作一段时间，干活干累了，大家都是不说休息，而说抽袋烟，事实上说抽袋烟就是休息的意思，这个和宗教休闲目的的说法有着异曲同工之处。在基督教国家，任何一个人群集中的地方第一必须要有教堂，哪怕房子不盖也要先盖教堂，有了教堂才算有了一个社区的象征，还必须要有一个酒吧，一个酒吧、一个教堂基本上就构成了一个最主要的公共建筑，这是一个很自然的过程。

(四) 宗教节日与休闲一体化

从欧美发达国家的一般情况来看，这么多年以来它们的节日名目没有那么多，不像我们节日名目这么多，但是它们的宗教节日和休闲节日一体化，这个情况已经是非常清楚的。

从我们来看，世界各国的节日分为三类：第一类叫作政治性的节日，如独立日、建国日，这都是普遍有的；第二类叫作民俗性的节日，如我们的春节、中秋、清明、端午等，这都是民族性的节日；第三类叫作宗教性的节日。

我国的节日主要是体现在政治节日和民俗性的节日上，现在大家正在研究怎么来调整、丰富节日，强化我们的文化，强化我们的民俗，经营方面各种花样的节在不断地产生。曾经有过这样一幅漫画，讽刺我们节事活动过多过滥的程度，但是反过来说，这是一个需要逐步调整、逐步规范、逐步培育的过程。

二、节事活动：挖掘、整合与提升

中国的节事活动从 1983、1984 年开始，比旅游业的总体发展滞后了五六年时间，到现在已经有了 30 多年的时间，但是发展势头很猛，现在节事活动已经成为旅游发展中间的一个亮点。围绕着这个争议也很大，1987 年华君武先生画了一幅漫画，两个人在翻一本书，叫《中国节庆大辞典》，有一个人就说西瓜节、芝麻节都找到了，鸡毛节、蒜皮节还没有找到。漫画家确实很敏感，1987 年就发出了这样的讽刺。这些年来，形成了一个蓬蓬勃勃的发展局面，也存在着一系列的问题。因此，研究这个事物，首先要提出三个问题。

第一，为什么要办节事活动？从政府的角度来说，就是打造地方名片，打造城市名片，树立城市形象，这是主要的考虑；从旅游工作者的角度来说，尤其是各级旅游局来说，就是要培育一个新产品，扩大一个新市场；从老百姓的角度来说，基本上就叫看热闹，有好事我看看热闹，没有就算了；从商人的角度来说，他们的判断比任何人都要冷静和清醒，他要判断在这里我能不能得到好处，不管是冠名，还是其他的方式，能不能对企业的发展形成促进，但是我国目前节事活动的状况是商人在里边是最受其害的。不同的角度、不同的出发点、不同的目的，形成了一个混合的状态，也是很复杂的状态，所以在为什么要办这上面也有一些地方根本说不清楚，人家要办，我就要办，这叫傻子过节瞧街坊，过年可以，但是办大活动，光靠这样的方式不行。

第二，依托什么办？一般来说，搞节事活动首先是依托当地的资源，尤其是要挖掘当地的文化资源，但更重要的是要依托当地的经济基础，依托当地的人文资源。现在这几个依托都有，但有所偏颇，就形成了大活动策划不足，发挥有余，真正依托当地的文化内涵，形成有特色的活动也不足。客观来说，依托什么办，形成了两个模式，一个是经济发达地区叫富办，一个是不发达地区叫穷办，穷有穷的路数，富有富的路数。富的路数是财政拿钱，企业赞助；穷的方式是政府摊派，甚至一直摊派到老百姓，所以有些节庆活动办得怨声鼎沸，这种情况也是客观存在的。

第三，怎么办？怎么办就需要研究办的模式，从总体来看，经过 30 多年的积累，已经形成了很多的经验，但是与真正国际化的模式相比，还有很大的差距。重要的不是条件问题，现在很多地方条件都很成熟，重要的是心态和观念能不能调整过来，调整不过来运作模式就调整不过来，调整不过来，节庆可以办，但是未必能办到理想的程度。

（一）节事活动的概念

节事活动的概念涉及国际概念，涉及分类和一些特点，这里主要是归纳和总结一点国际经验。

1. 国际概念

国际概念中对节庆活动的概念归纳为事件旅游的概念，即由各类事件所引发的旅游活动都是事件旅游。节庆旅游是事件旅游的一个组成部分。

事件旅游的分类如下：

第一类是节日旅游。一般来说，节日有三大类：一类叫政治性节日，一类叫宗教性节日，一类叫民俗性节日。中国在历史上基本上没有政治性节日，除了皇上登基大典，宗教性节日也不太突出，民俗性节日非常多，这是中国的特点。但是西方文化里是宗教性节日非常突出，民俗性节日相对弱一点，政治性节日也弱。我国目前的状况是以政治性节日为主，宗教性节日没有，民俗性节日比较淡，"五一""十一"都是政治性的节日，春节是民俗性节日，元旦介于宗教性节日和政治性节日之间。这种状况从很深的程度上影响了我们对很多节庆活动的判断。现在旅游节庆活动挖掘的更多的是民俗性的节日，但是其他的政治性节日的强化和宗教性节日的缺乏，总体来说有影响。严格地说，节日旅游应该形成一个复合型的、比较全面的旅游才行。

第二类是活动性的旅游。这包括重大的会展活动和常规的会展活动。重大会展活动是指被奥运会、世博会和世界博览局认定的会展活动，昆明园艺博览会就是由世界博览局认定的AA级博览会。地方性的节庆活动，属于常规的会展活动的一类。很多节庆活动由于层次的不同，规模的不同和影响范围的不同，对地方性的节庆活动会有重大影响。反过来有一些地方性的节庆活动，也可以逐步提升，提升成国家级的，甚至提成世界级的。

第三类是一次性的事件。比如，其一，奥斯卡金奖就可以形成一个"奥斯卡之旅"，国际上最典型的是《甘地传》拍摄之后，印度旅游增长了很多。所以当《末代皇帝》获奥斯卡金奖的时候，国家旅游局和各地旅游局也在研究，能不能抓这个机会形成一个"奥斯卡之旅"，但是当时没有形成一个完善的运作机制，意识到这个问题的时候，市场机会已经过去了，这种市场机会转瞬即逝。其二，比较典型的叫"总统之旅"，其中最典型的是克林顿访华，五天时间跑了四个城市，也形成了世界性的影响，之后桂林、西安、上海、北京四个城市联合起来说要做一次"总统之旅"，起到了一些效果，比奥斯卡之旅时更主动了一些，抓机遇也抓得更早一些，给宣传促销打市场留了预备时间。其三，地缘政治之旅。一次性的事件非常之多，而且各类一次性的事情都可以研究如何抓住机遇，把它转化成一次性产品，或者有期限的产品。任何一件事情，抓住了机遇就都有可能有所作为。当然，机遇有大有小，有的机遇可能是很小的机遇，可是很小的机遇对于小产品和小市场来说就够了，不是简单地说什么事情都要做出大文章来。中国人有一个传统观念，认为文章要不做大这个事做着就没意思，其实只要做到位了，做到合适了才是好文章。

2. 国际节事活动的特点

第一，宗教性节日多，政治性节日少。这和西方基督教、天主教文化是紧密相关的，现在进来的这些洋节，基本上都是宗教性的。也就是说，宗教文化在西方的社会里是一种主导文化，但对于中国来说，一直没有完整的宗教体系。中国有完整的宗教体制，但没有全面的宗教文化。所以西方的很多东西我们很难学。对于西方来说，政治性的节日只有一个国庆，没有其他的政治性节日。

第二，小活动多，大活动少。多数国家——尤其是从旅游发展的角度来看，举办的基本上都是小活动，但这些小活动做得很精致。它们的目的不是要形成世界性的品牌，而是形成当地的一个品牌，所以它们在节事活动的举办方式上也有所不同。

第三，群众性活动多，政府的活动少。这里的多和少恰恰和我国形成一个鲜明的对照。

第四，市场运作多，行政概念少。国外节事活动的运作方式是在市场机制健全的条件下，由市场来组织这些活动而不需要很多的行政干预。也就是说，除非有必要，多数情况下领导是不必出面的，或者领导以一个普通市民的身份出面。

第五，特色活动多，一般活动少。

与国际上的五多五少相比，中国的特点也是五多五少，只是多和少的方向是相反的，这就是我们和国际上的差距，这个差距实际上反映了我们发展的方向，也反映了我们发展的前景。

（二）中国的节事活动分析

1. 三个黄金周

可以说现在我国最大的节事活动是每年的三个黄金周，它们对于市场的拉动作用非常大。如果放大看，这就是国家对消费政策的一种调整，所以产生了旅游黄金周热这个状况。目前，各界对于黄金周争议还很大，但是这并不重要，关键是黄金周作为国家级节日旅游活动，拉动了整个的消费市场，尤其体现在人气上的拉动，同时它也反映了节庆活动的一般性特点，反映了高峰性需要的特点，所以如何处理高峰性需要所带来的问题是所有节庆活动都需要研究的。

2. 事件旅游

2006年的世界休闲博览会、2008年的北京奥运会和2010年的上海世博会，这是本世纪前十年的三个最大的活动。这三个大活动所产生的作用是空前的，但是也涉及一系列的问题，其中最重要的问题是资源配置问题。一般搞大活动都会形成一个活动前的高潮，活动中是顶峰，活动后是低谷，这是规律性的，包括节日旅游也是这样。因此，如果按照高峰期来配置资源，显然是最不经济的做法，也就意味着在大活动之后的资源利用就会有很大的问题，但是如果不按高峰需求来配置资源又要求在大活动期间确保质量，这显然又是不切实际的，是违背规律的。各地搞节庆活动也同样涉及这个问题，因为日常接待力量是按照常规性来配置的，但是大活动期间一定是高峰，这就很难保证高峰期的质量，因此就需要研究其他的转化方式。这就有一个怎么看待，形成什么样的观念，以什么样的心态来看待的问题。

3. 国内代表性的活动

目前，国内比较有代表性的几个大活动如下：第一，以上海F1为典型的体育旅游；第二，以广州商品交易会为典型的商务旅游；第三，以厦门投资洽谈会为典型的要素交易旅游（该洽谈会形成了一个比较完整的要素旅游，包括管理要素、人才要素、资金要素，以及其他的各类具体项目）；第四，以西湖博览会为典型的综合型旅游（西湖博览会是70年以前就有的，现在虽然恢复时间不太长，可是实际上已形成了自己的特点，综合性的局面已经产生）；第五，以博鳌论坛为典型的会议旅游，博鳌论坛现在已经超越了博鳌会址本身，形成了一个品牌，形成了一个机制。这些活动严格地说都不是旅游活动，但是作为事件旅游都引发了旅游的增长，尤其是高成本进入的上海F1。F1现在在全世界一共18站，其他的站购买举办权平均是1000万美元，最少的是700万美元，上海F1是以3000万美元购买的举办权，再加上大规模的建设投入，这显然是一种高成本的投入，但是不论如何F1已经作为一个城市品牌树立起来了。

从旅游的角度来说，F1在三天时间里吸引了20万现场观众、10亿电视观众，这个宣传促销的渠道，是其他任何方式都替代不了的。对旅游的直接效益主要体现在酒店收入上，那几天上海的房价暴涨，最贵的房子可以卖到1500美元，赛场附近一星、二星的饭店都卖到了二三百美元，这些都是历史上从来没有过的。

4. 常规性的活动

各地的常规性活动不以旅游为目的，也就是说假设没有旅游，这些常规性的活动也照样要搞。现在常规性的活动有两个大的特点：第一，以经贸活动为主体，旅游和文化只是一种包装，更准确地说文化是一种包装，旅游是一种引发效益，核心还是经贸活动。作为一个处在工业化发展中期的国家，现在这样一个状态应该说是正常的，也形成了一个普遍的态势，但是如果再进一步发展还是这样的话就不正常了。第二，媒体极其活跃。这种媒体的活跃在一定程度上使媒体本身也变成了一个主体。类似同一首歌这样的活动，看不出有什么特色，也看不出有什么意义，只看到地方大把地花钱，如果有这么多钱做其他的事，相信效果会更好。这种情况反映了媒体在各类大活动里的一个特殊地位，也正因为媒体的这种发育，使它的力量越来越强，甚至在一定程度上形成了一个媒体主导的局面。媒体主导是个双刃剑，好的一方面是宣传方可以通过媒体达到自己的目的；不利的一面是，在一定意义上的媒体主导变成了一种快餐式的文化，就把很多东西的文化价值贬低了，运作的方式变成一种快餐式的方式，真正促进发展的作用反而淡了。

5. "戴帽"活动

"戴帽"活动现在各级政府和各个媒体都在积极地搞，这类活动严格地说不是旅游节庆活动，但它涉及旅游一系列的内容，对旅游也有很大的影响。

层次性的"戴帽"活动，从上到下都有，各个部门都搞。比如：其一，国家旅游局搞的创建中国优秀旅游城市，应该说这个"帽子"戴得不错，前后十年，现在也见到了相应的效果。其二，建设部主管的是国家级风景名胜区、省级风景名胜区，乃至到县级也有风景名胜区。其三，文物局是国家级、省级、市级文物保护单位。其四，国土资产部是国家地质公园，等等。

各个部门现在都有这样的活动，这样的活动有一个好处，就是形成了相应的主题，也推动了相应的发展。但是这样的活动太多了，大家也就记不住了，这和节庆活动一样，节庆活动太多了，大家也就记不住你的节庆活动了。当然也有一批品牌性的东西产生了，现在最有影响的是世界文化遗产、世界自然遗产，这是联合国教科文组织发明的"帽子"。除了这两个遗产之外，又推出了非物质与口述遗产和人类记忆遗产，这种"帽子"适用于全世界，部门的"帽子"只适用于全国，地方的"帽子"只能适应地方。

由于不同层次的"帽子"源源不断地产生，所以品牌的效应也有所不同，这是一个非常突出的特点。现在地方形成了一个有"帽子"就戴，有荣誉就争的风气。什么样的"帽子"该戴，什么样的荣誉该争，这是需要研究的。有些"帽子"会促进发展，但有些"帽子"至少在阶段性内会阻碍发展，因此在选择"帽子"时首先要对应市场，根据市场特点看拿哪顶"帽子"合适，如果盲目地拿"帽子"往往会适得其反。

中央电视台搞的"城市中国"系列，就是盲目"戴帽"的典型例子。在这个节目中包括三个部分：城市竞争力排行榜、活力城市排行榜、魅力城市排行榜，花样很多。

"城市中国"这个题目很大，严格地说，要若干个部门联合，国务院批准，才能承办下来，但是现在中央电视台以一己之力总揽一切，魄力着实不小。魅力中国刚刚结束，很多城市已经在天气预报里出现了，魅力城市已经作为一个品牌开始宣传了。但是什么叫魅力城市？最终搞下来意义何在？都说不清楚。但是有"帽子"就戴，有荣誉就争的盲目心理，接下来还会引出无穷的"帽子"。

6. 国内节事活动的总体特点

从事件角度来说，国内节事活动整体特点主要有以下四个：

第一是种类繁多。创造力、想象力在这个领域发挥得非常大，形成了种类繁多的特点。这个特点也是个双刃剑，一般看来参与各种节事活动应该是好事，但种类太多了实际上其效果在共同贬值。这也是整个国家市场发育不成熟的一个总体表现。

第二是行政主导。各种大活动基本上都是政府要求、政府出面、政府举办、政府促销。

第三是以经济为中心。以经济为中心是正常的，也符合现在的国情，问题在于是不是达到了应有的目的。有的同志说很多地方举办旅游节庆活动就是想赚钱，但事实刚好相反。据了解，搞大活动真正赚钱的极少，基本上都是赔钱。实际上，目前的状况应该不是以经济为中心，而是以经济为出发点，以创造品牌为最终目的，但是目前这种品牌太多了也就贬值了。

第四是注意力的扭曲。在事件旅游或者在大活动组织的过程之中，往往造成一种注意力的扭曲，这种注意力的扭曲实际上是关注点在哪儿的问题。一个活动即使以经济为中心，也要找准关注点，如果这个活动以招商引资为主要目的，自然主要的关注对象就是客商；如果这是一个纯粹的旅游节庆活动，那主要的关注对象就应该是旅行社和客人。然而，现在的大活动还是以领导为主要关注点，这样一个注意力的扭曲就使很多本应办好的活动没有办好。最终就形成了一个特点，就是为活动而活动，搞一个活动的目的就是人家搞我也要搞。这样的活动不搞也罢。

（三）节事活动的发展

1. 培育的过程

（1）旅游节庆活动是一个形成品牌的过程

旅游的节庆活动与其他的事件或大活动有所不同，各地在搞旅游节庆活动时都比较注重挖掘自己的潜在资源，尤其是文化性的资源，通过挖掘整合转化成产品，所以旅游节庆活动是一种新的旅游产品，只不过这种产品不是常年性的，而是一次性的，或者是年度性的。

有一批搞得比较好的活动也形成了城市的品牌，这也是旅游节庆活动的一个历程，从一个产品进一步形成品牌。以大连服装节为例，大连服装节已举办了20多届，一开始的时候也有人怀疑和反对，但是经过这些年的培育，效果还是不错的，而且在这个过程中有一些东西也是在逐步完善、逐步调整，现在已经形成了大连的品牌。从总体来看，这是把文化性资源转化成旅游产品，最终形成了城市品牌的一个发育过程。

（2）旅游节庆活动重点在于软开发

软开发就是文化性的资源开发，不是搞建设，这是各地的一个普遍做法。软开发做得比较好的达到了一个深度开发，也就是把当地的传统文化（包括历史上的、民间的、民俗的各类东西）挖掘出来。深度开发更进一步就是特色化开发，凡是能达到特色化开发的，旅游节庆活动基本上就有了自己的生命力。

有些地方，尤其是民族地区，百姓原本就有自己的节庆活动，但是由于旅游这个市场兴起了，老百姓原来的自娱自乐也就随之转化成了旅游产品。比如，贵州的黔东南地区，当地的文化学者和人类学者做过统计，整个黔东南地区六个主体民族，每年的节庆活动上千，大的活动有几万人参加，很壮观。其中有一个苗族的姊妹节，节日期间人数可高达5万人，所有的姑娘都把最好的银饰佩戴出来，漫山遍野，所有人看完了觉得很震撼，这是当地的传统。现在把姊妹节转化成了一个旅游产品，老百姓很高兴，原来是自娱自乐，现在不但自娱自乐还能创收。这样的开发和当地资源结合得最紧密，而且挖掘得很透彻，就达到软开发、深度开发和特色化开发。当然，这也会引出一些其他的问题，有人认为商业化、表演化的成分重了，但这些问题是很自然的。

(3) 旅游节事活动的模式转换

20年以来，基本上经历了以下五种模式转换。

第一阶段，领导模式。一开始搞节庆活动最关注的是领导，是以领导为主，大家关心的是邀请领导的多少和领导的规格，后来发现这使自己陷入了巨大的被动，邀请的领导太多了，结果哪个领导都伺候不好，哪个领导都不满意。比如，有的地方搞节庆活动，请了一位国家领导人，十几位部长，结果这十几位部长没有一个满意的。所以这种模式后来发生了转换，大家就感觉请一个领导就够了，不用请那么多。可见，搞节庆活动一定要明确你针对的客体是谁，主体是谁。

第二阶段，明星模式。明星模式花费极大，但效果却不明显。笔者参加过几个类似这样的活动，发现明星模式甚至还不如领导模式。明星模式造成的结果是老百姓怨言也很大，尤其是很多贫困地区也采取这样的方式，等于是糟蹋钱，可是越是贫困地区对领导模式、明星模式越注重，这都是发展早期阶段使用的模式。

第三，"搭台"模式。"搭台"模式也就是旅游"搭台"经贸"唱戏"，这种模式形成了一个"两层皮"现象，达不到深度开发。实际上无论是谁"搭台"谁"唱戏"，关键点都在于把一个地方的资源全面整合起来，通过节庆活动的方式形成一个品牌，因此谁主谁辅都不重要。在这个过程之中，旅游应该作为一个载体，正是通过这个载体综合性强、关联度高的特点，才有可能把这些资源都挖掘出来。

第四，参与模式。这个模式正在逐步形成，在节庆活动的过程之中，当地社区居民的参与度越来越高，客商的参与度也越来越高，发展到这一步节庆活动基本上比较稳定了。从传统上来看，很多民俗性的节日和宗教性的节日，就是老百姓自己发起的活动，所以有关部门在挖掘传统文化的同时也要挖掘传统的组织模式，在群众性参与里大做文章，这个文章做好了，有些文化的东西反而容易挖掘出来。

第五，市场化的模式。很多节事性活动坚持办了多年，达到了可以自给自足的程度，这说明市场化模式已经形成了。市场化模式可以作为一个标准，如果能够达到这个标准，说明这个节事活动本身就有了自己的生命力，这个节事活动的品牌效益就充分发挥出来了。当某个节事活动有了品牌效益时，各类企业就愿意投入，群众也愿意参与，客人也就随之而来了。

2. 主要问题

目前，国内的节事活动主要存在五个方面的问题：一是节事偏多，二是内容重复，三是投入比较大，四是自娱自乐，五是可持续不足。当然像节事活动的管理问题、安全问题等，也都存在。严格地说，目前节事活动中存在的不是经验上的问题，而是组织模式上、组织环节上有疏漏，尤其是高峰期管理问题，这样的问题在平时也会出现。举例来说，某个景区以前接待两千人，今年变成两万人了，就会涉及高峰管理问题，吃、住、行、游等一系列问题都会产生。综上所述，最终的问题就归结为节事活动如何可持续发展的问题。

3. 主要经验

第一，选准题目。从各地成功的经验来看，选准题目是节事活动搞好的关键。题目的选择最重要的是要有本地的基础，这里所说的基础是指本地的历史传统、文化传统、各类民俗传统和群众基础等，其中最重要的是文化传统和群众基础。

第二，研究几个层面的市场需求。

第一层面是旅游市场。从旅游的角度看，节庆活动不仅要偏重国际市场，也要注重国内市场，而且以国内市场为主体，但是有些活动也需要灵活运用各种模式。比如，新加坡在法国搞的"新加坡花卉节"，活动持续1个月的时间，没有开幕式和闭幕式，在香榭丽舍大街上，举办方每天出来换一种花。这1个月时间让很多法国人知道了"新加坡花卉节"，"新加坡花卉节"也就成为了一个品牌。这种方式成本不高，效果却非常好。另一个影响非常大的活动是，中法文化年时北京市政府组织在巴黎的盛装游行，这个游行效果也非常好，现场50万人观看。这就是把节庆办到了国外，抓的是国外的市场。所以抓大市场，就是几个市场都要抓。

第二个层面是与当地的各类资源的结合。将旅游节庆活动与投资市场、商品市场、人才市场、管理市场等相结合，是一个更大的大市场概念。这个大市场的结合，实际上也可以演化出很多旅游节庆活动以外的新题目来，这些新题目有的可以一步到位，达到国际化的运作模式。

第三，锲而不舍。一般来说，国内搞大活动，尤其是搞旅游节庆活动，关键在前三届，前三届办不下去了，基本上就自生自灭了，可是能坚持到第四届的时候基本上也就挺下来了，这就需要锲而不舍的精神。但是锲而不舍的前提是选准题目，抓大市场。大连的服装节和青岛的啤酒节都是很好的例子。三届办下来，让老百姓真切地感受到了活动对他们生活的影响，感受到活动带来的商业机会，因此得到了百姓的认同。如果一个节事活动创造了一系列的商业机会，那它就与老百姓的生活真正联系在一起了，这对当地来说是最重要的。

第四,全面拉动。旅游节庆活动从旅游部门来说,关心的是培育产品开拓市场,但是如果只在这个范围内做文章还不够,因为凡是大活动一定是政府关注的,而政府关注的是全面拉动,所以做产品设计、做市场推广时,就需要研究如何达到全面拉动的效果。

从全面拉动角度来说,有几个经验值得借鉴:

一是活动的时间适当地长一点,这是一个比较主要的方面。比如原来三天的活动,把它延长到半个月,活动组织得就会比较均匀,客人也比较均匀,相当于一个削峰平谷的作用,就会有比较好的效果。

二是用各类小活动来支撑起大活动。这些小活动都要围绕着一个主题,如围绕一个文化形成各类的小活动,撑起大活动。

三是各类小活动的组织主要是靠群众。这样做就使群众有了表现的机会,有了实际的参与感,由于越是群众自发产生的东西越鲜活,越鲜活就越有特色越有吸引力。旅游节庆活动这个市场应该是一个比较均匀的市场,如果把两三天的旅游节庆活动办成半个月,甚至拉到一个月,全面拉动作用才能比较好。

四是把各方面的资源充分地挖掘出来,不能一张牌打到底,这一张牌涉及各方面资源的调动问题,把各方面的资源都整合出来,全面拉动作用自然也就起来了。

五是要有开放性的心态,这也是各地办节庆活动面临的一个非常大的问题。领导总是要求举办的活动万无一失,但是实际上活动越大,产生问题的概率越高,如果按照万无一失的要求,就意味着活动很难开办。这是一个普遍性的现象,严格地说,这还是一种弱势民族的弱势心理。

第五是国际模式。如何按照国际化的模式来办旅游节庆活动,这是非常值得研究的问题。

4. 可持续发展问题

第一,模式整合。首要的是挖掘传统资源。当然有些地方也在移植其他的一些成功的方式,这种移植有些也是比较好的。比如,现在国内电影电视都把奥斯卡电影评奖这个模式移植过来,这种移植虽然现在还有点生硬,但是明显地感觉到这样的模式上了一个台阶。各地的很多活动,都可以借鉴国际上类似的节庆活动,移植他们的模式过来。其次,是创造。我们还可以创造出一些模式,这个当然要求很高。实际上在整合过程中不管是挖掘还是移植,本身就是一个创造的过程,因为把历史上的文化原汁原味地拿过来是不可能的，必须要改造它，使其适应现在的市场需要。

第二，运作整合。现在举办活动的状态是节庆、展览、论坛套办，也就是说，在运作的过程中使节庆活动的外延尽可能地扩大，内涵也能深化。这种套办的方式在这些年尤其突出，大家感觉这样的一套方式比较适应现在的发展状况，而且能够进一步推动发展的方式。

第三，组织整合。组织整合是处理好几个方面的关系，一是国际与国内的关系，二是中央与地方的关系，三是政府与市场的关系，四是机构与群众的关系。总体来说，以市场为导向，以群众为基础，加强各个方面的关系的协调，形成一个整体的组织整合。同时，在具体的组织机构上也需要研究，现在各地节庆活动的组织机构，还是政府的色彩太重，政府的责任太重，老百姓有什么意见也反映不上来，所以这样的一个组织整合需要进一步地深化。其中政府、企业、群众三者怎么结合是一个关键问题，把这个问题搞好了，这个节庆活动的生命力就有了。

第四，发展的整合。这是旅游节庆活动面临可持续发展的一个很重要的问题，一个节庆活动每年都是这一套，举办方都觉得没意思了，这就是有些节庆活动自生自灭的原因，因此就需要一个主题联动专题。比如，举办旅游文化节，今年可能突出的是旅游商品，明年可能突出的是旅游景区，后年可能突出的是旅游饭店，这就是一个联动专题。再进一步也可以和其他行业结合起来形成年度专题，同样是旅游文化节，今年可能和林业部门结合搞森林专题，明年可能和农业部门结合搞农业专题，通过这种联动专题方式，年年都有点儿新题目。

另一个是主题联动地方，现在很多地方都采取了这样的方式。比如，这次在桐乡做，下次可能放到乌镇做。这种年度轮换可以起到全面整合、全面拉动的作用，放在哪儿搞，哪儿就重视。再比如，一个省一级的题目，各个市轮流搞，可以很好地调动大家的积极性，而且客观上产生了一个竞赛的作用，这样的竞赛过程也是一个深化的过程。

第五，主题的整合。现在很多节庆活动没有主题，或者很多所谓的主题不是真正的主题，这是一个普遍性的问题。比如，很多节庆活动以旅游文化节为主题，这个题目全世界都可以用，这就不是独有的题目。所以要形成一个好的主题，首要的是要形成特色，这个特色又必须在文化的基础上产生，这样来研究主题整合的问题。现在好多主题很鲜明的活动，锲而不舍地搞下来，这个主题就转换成品牌，如果是主题不鲜明的节庆活动永远也形不成品牌。大连的烟花爆竹节完全是一个创造性的节日。春节期间各个城市都禁止在城区晚上放爆竹，而大连却反其道而行，在春节期间整个大连变成一个烟花爆竹城。这个活动吸引了很多客人，北京的驻外使节包着飞机去大连参加这个活动。大连的烟花爆竹节在具体操作和安全方面规定得很细，一切按照规则办，把别人都不敢做的事情做得有声有色但又不出安全问题。过年放烟花爆竹不是当地特有的传统，而是全国的传统，但它反其道而行之，把这个活动做起来了。

主题整合可以说是最难的一个题目，但是如果能够把这个题目真正挖掘出来，那么这个活动就有了发展的生命力，也有了可持续发展的基础。再进一步要把一部分好的旅游节事活动争取上升到非物质与口述遗产，上升到人类记忆遗产，到了这一步，就是一个国际化的品牌了。我们要给后人留下一批好的文化遗产，这就需要在主题整合上更多地做一些文章，以达到可持续发展。

总之，旅游节事活动需要在这几个方面加强工作：第一是节事活动要达到特色突出，现在国内旅游节事活动资源非常丰富，也在逐步形成特色；第二是节事活动要弘扬文化，促进发展；第三通过经济的增长使经济和文化能够互相促进；第四节庆活动要转换成为群众的一个生活要素，让当地老百姓惦记，就像惦记着过春节一样，这样真正提高当地老百姓的生活质量；第五通过市场的培育整合提升。这五个方面的工作，如果做到位了，中国的旅游节事活动是大有可为的，作为一个旅游的创新产品，也会在不断地创新过程中不断地提升。

第三节　民俗休闲产品

一、理论分析

（一）民俗休闲的定义

民俗休闲是以历史传承文化积淀形成的民间风俗习惯为主体的生活活动。

民俗活动在中国主要体现在各类民俗性的节日上，也体现在各地的特有节庆活动之中。世界各国都有自己特定的节日，如美国的感恩节。感恩节严格地说并不是基督教国家普遍性的节日，而是美国自己培育的一个特殊民俗活动。其他各个民族也会创造培育类似的特色民俗活动，而且这种活动往往是和休闲紧密联系在一起的。

（二）民俗休闲的分类

城市的民俗休闲活动主要体现在地域文化和历史文化两个方面。

比如，北京的胡同游，就是一个典型的新创造的地域文化游，而且我国现在很多传统的民俗活动都在不断地更新。

山西的社火节是有几千年历史的民俗活动，是历史文化的典型代表。传承到现在，社火节已经发展得极其复杂了，现在的社火节需要专门的设计师，把烟花爆竹设计成一个架子，这个烟花架子40分钟才能放完，同时还进行各种演出和街头文艺表演。这完全是创新的。现在的社火节将历史文化元素和现代的科技有机地融合，可以算是一个很好的创新。

乡村的民俗休闲活动主要体现的是乡土的文化。有些乡土文化已经形成了一种体验。比如，山区体现的是自然多样性，平原体现的是文化多样性，水区体现的是活动多样性，各地不同的自然条件和文化培育了各类不同的民俗，而且基本上显现出来的态势都是一种多样化的态势。

（三）民俗休闲的特性

1. 传统民俗：丰富性

在中国，各种民俗活动可以说是百花齐放，不同民俗活动给人的感受也是截然不同的，尤其是在民族地区，民族文化和民俗结合在一起，那种丰富性更突出。比如黔东南地区有一个节日叫姊妹节，这个节日是当地居民自发组织的，每年"五一"前后举办，据说节日当天5万个姑娘漫山遍野，所有的人都是一身的银饰，场面之壮观可以想象。

人们常用"文化千岛"来形容贵州，贵州的文化有相应的独立性，老百姓自发的和历史上传承下来的活动上千，在贵州几乎每天都可以看到民间的各种节庆活动，有时候一天有好几个，活动内容极其丰富。

2. 新民俗：创造性

创造性的新民俗也很多，比如说日本人的风俗，一开始是传统的合婚，之后因为脱亚入欧，就变成一次合婚一次洋婚。青岛有一个地方叫小青岛，那是一个小半岛，所有人结婚都要到那儿去，在那里结婚的新娘子穿着很有特点，里边是中国的红丝绸，外边是西式的白婚纱，整体效果就是粉的。据当地人介绍，新娘子之所以这么穿是为了省去办两次婚礼的麻烦，这个风俗也是这几年才兴起的。新民俗极富创造力，也非常有意思，可是每一种民俗的形成都必有它自己的道理，所以这样的民俗，要怎么样进一步地和休闲生活来衔接，是需要好好研究的。

3. 总体：变化性

我们没有必要追求什么东西千百年不变，那是不可能的。比如说，端午节吃粽子的习俗就不是一成不变的，以前传统的习俗小孩头上先要点雄黄再吃粽子，现在人们把点雄黄的程序省略了，在粽子上大做文章。这实际上就是体现了一种变化——文化性的寄托减少了，商业性的消费加强了。

（四）利用特点

1. 社会资源的深化利用

严格地说，民俗本身就创造了一种社会资源，我们从休闲的角度需要对这种社会资源加以深化利用。

2. 活文化的集中体现

民俗文化一定是活的文化。老北京传统的民俗是春节逛厂甸，但是现在变成了逛庙会。现在北京有十几个庙会了。庙会是老民俗还是新民俗呢？实际上两者都有。以前北京城市小，一个厂甸基本上就能够满足北京人过春节的需求了；现在是无论如何不行了，自然就会有一个扩充，不仅是空间的扩充，也是活动内容的扩充，所以就形成了一个对社会资源的深化利用。

3. 突出文化，突出生态，突出产品

这样的活文化带有鲜明的历史传承性，同时也带有鲜明的时代创造性，所以不论是观者还是参与者都觉得很有意思。在这个过程中形成了一个很强的互动，这种互动培育了一个更强的休闲的氛围。在这里边要突出文化，突出生态，突出产品，来做好这件事情，把民俗旅游进一步地发展起来。

二、民俗休闲的市场基础

（一）城市化发展

城市化的发展意味着城市发展的一种同质化，尤其是在经济全球化发展的过程之中，很多城市本身已经没有自己城市的特色，千城一面，这是一个趋势。

（二）传统文化需求兴起

正是因为城市的同质化发展唤起了一个新的需求——传统文化的需求。这种需求的兴起有两方面原因：第一，城市本身也可以说是城市的居民，为了一个文化的传承，自然而然引发了这个传统文化需求的兴起；第二，随着城市物质条件的丰富，人们对文化的需求越来越强，而文化需求自然而然就要往自己的根上寻，寻根的需求就意味着寻求传统文化。

（三）对文化的注重

注重传统文化，培育和强化民俗休闲，这是下一步发展的必然。对文化的注重不仅是文化学者关注的事情，也是政府尤其是业界关注的事情。

（四）差异性追求

因为民俗具有很强的地理特点、历史特点和文化特点，把民俗的东西挖掘利用起来，是最好的体现产品差异性的方式之一，而差异化产品恰恰是竞争环境中最需要的。

（五）体验性深化

随着休闲发展的深入，旅游消费的普遍性，人们不再满足于简单的走马观花，而是希望能够在某个地方做更长时间的停留，希望能够更深入地了解目的地的方方面面，这其中就包括目的地独特的民俗传承。因此，体验性的深化自然就构成了民俗休闲发展的市场基础。

三、民俗休闲发展的现状分析

（一）发展特点

1. 资源普遍性

各类民俗都可以纳入民俗休闲的范围，资源具有相应的普遍性，就意味着进入的门槛低，开展民俗休闲比较容易，不需要资金的大投入，但是需要文化上的大投入。

2. 产品广泛性

也就意味着它的开发成本低，更具有多样化发展这种可能性。

3. 市场对应性

在民俗休闲的过程中，人均消费水平是不会高的，去逛庙会能花几个钱呀，但是形成了一种民俗休闲的氛围，尤其是节庆活动期间这种红红火火的氛围，这是非常有意思的事情，也使它有一种长久的魅力。

4. 增长速度快

我们回想一下，"文革"时期几乎所有的民俗活动都被破坏了，"文革"

之后才开始逐步地恢复，而且恢复得很快，这是因为物质条件、技术手段和市场基础都已经具备了，所以形成了现在这个民俗活动普遍化的增长态势。

（二）民俗休闲发展中存在的问题

1. 产品同质化

民俗活动虽然说形成特点比较容易，但是稍微偷一点懒就会形成产品的同质化。比如，很多地方都在做"结婚"这种活动，但是各个地方的"结婚"都如出一辙——选新郎、拜天地、要红包，客人"结婚"一次感觉新鲜，两次就会感觉厌烦了。"结婚"其实是个很好的题材，我国地域广民族多，结婚的风俗和习惯各有不同，各地如果能挖掘出各自的特质，"结婚"这种活动将会是一个很好的形式。

2. 品牌分散化

民俗活动现在没有形成真正的品牌，我们也缺乏这样的品牌意识。韩国把端午申请为世界非物质文化遗产，这一行为引起全国震惊，端午节明明起源于我们中国，为什么会被韩国盗走？这是因为人家有品牌意识，他们在这个方面做到位了，我们现在抢都抢不回来，所以在品牌营造方面我们还需要深入研究。

3. 服务初级化

各地的民俗活动现在基本上还是庙会方式，在服务方面还很不成熟。

4. 竞争无序化

想起什么干什么，整个市场竞争态势已经形成，但是市场秩序并没有形成。

5. 可持续发展弱

民俗从文化本身，从民族本身，具有长久的魅力，但是，如果我们只采取这种短平快的方式来对应，就会使我们很多民俗休闲快餐化，这种快餐化自然而然就影响了可持续发展。

四、发展分析

（一）发展模式

民俗休闲应该说是一个巨大的市场，而找到一个适当的发展模式则可以很好地促进这个市场进一步发展。首先，把民俗休闲和经济发展联系在一起。从一定意义上看，文化发展也是生活质量的提高。因此，民俗休闲和经济发展必然联系在一起；同时民俗休闲活动搞得好了，也会推动当地经济的发展，这也是很多地方政府重视这些事情的原因。其次，只从经济的意义上来看民俗休闲太窄了，我们更多地要从文化、从休闲、从生活质量的意义来看，但是不关注它和经济发展的联动关系也是不对的，一般是形成各个部门各个产业联动的局面，来推动民俗休闲的发展。挖掘文化底蕴，培育文化底蕴，使我们的文化底蕴在发展的过程中不断地积累，越来越深厚。

（二）竞争态势

现在各个方面的竞争态势都已经形成，区域竞争、城乡竞争、内部竞争都在形成。春节期间，北京十几个庙会就是内部竞争的充分体现，同时各区域之间的竞争局面也同样发生，近些年又有各种洋节也加入了竞争的行列，竞争局面更激烈了。

现在的年轻人对洋节日的重视远远超过对我们民俗节日的重视，有些人对此痛心疾首。其实这是一个很自然的过程，用不着这么紧张，过了这个年龄段他自然就会回归。就像我们十几岁的时候也相当反叛，实际上，现在对洋节的迷恋一定意义上是一种反传统的表现，到三十多岁，又开始从反传统向传统回归，从非主流向主流社会回归，这都是很自然的。事实上，洋节日的引入，丰富了我们的文化，引出了现在很多嫁接式的活动。

（三）发展措施

第一，强化保护非物质与口述遗产，我们要从遗产的角度来看待民俗，把它提到一个相应的高度上。

第二，突出产品的差异性。这种差异是从市场的需求出发，从休闲的本质性的要求出发，差异性越大，市场影响力越大。中国拥有众多的非物质与口述遗产，大家都以进入这个为荣，但是我国进入世界非物质与口述遗产的截至2005年只有3项，这对于我们这样一个具有五千年文化历史的国家，恐怕还少了一些，而且这样的活文化是不可逆的，所以对于它的保护我们更应该有这种紧迫感。

第三，形成体系化的发展格局。在一定意义上我们这种民俗和休闲的结合可以培育主题城、文化镇、特色区。实际上有些城市现在规划里面已经开始在强化这个方面，所以在一定意义上也形成了一种大的区域分工。比如，上海把周边九个区县以汽车城、教育城、生态城、休闲城等主题分别定位，其中崇明岛被定位为休闲城。

第四，创造市场的品牌体系。民俗这个东西只靠一个品牌是不可能撑起来的，要撑起整个的天空，必须靠品牌的体系，大家都在这个品牌体系之下来做自己的特色化的文章，突出产品的差异性。

第五，研究营销的渠道和方式。民俗活动中影响比较大的扩充到区域，影响比较小的就在周边，影响更小的可能就在本地区，所以这三类不同的情况需要研究不同的营销渠道和营销方式，这样来吸引更多的客人，创造自己的发展之业。

五、产品建设

一般提到建设总是觉得要固定资产才可能搞建设，实际上休闲产品也是需要建设的。休闲产品的建设大体上有三类：第一类叫作建设性的项目，第二类叫作活动性的项目，第三类叫作市场性的项目，这三类共同构成休闲产品的建设。

（一）建设性项目

建设性项目大抵可以归纳为杰弗瑞·戈比划分的 20 多种具体的商业性娱乐机构。从这 20 类项目来看，每一类又分很多种，所以有以下几个特点：

第一，项目多。基本上我们生活方方面面的内容都可以形成休闲产品建设性项目的主体。

第二，范围广。既涉及城市自身，也涉及城市的延伸。

第三，资源泛。各种资源都可以纳入这个范围，形成一个广泛的资源利用的概念。

第四，市场大。这也是一个谱系，划分成商业性娱乐机构，这个谱系对应的市场是非常广的，几乎可以说这个市场是没有边界的。

第五，壁垒低。进入这样的一个谱系相应来说是比较容易的，比如商业组织、野营地等都可以进入这个机构体系。

第六，做好难。这是一个根本性的挑战，你可以很容易地进入到这个机构体系之中，但是在这里边要把它真正做好确实很难。这就意味着在休闲的建设性项目方面，思路尽可以开阔，尽可以做大，但是要把它做好是真正需要下功夫的。更何况最后一句话："任何娱乐休闲商务活动的划分很快都会被淘汰，因为新型的商业人类每天都在产生。"这是个事实，这样就意味着做得更加完善很难。

表 7-1　商业性娱乐机构

购物场所　　传统的各类店铺　　其他零售店：订购单销售（catalogue sales），集市（markets），等等
餐饮服务　　食品店和饮料店　　快餐店　　咖啡馆　　餐馆　　酒吧和夜总会　　某些特定场合的餐饮服务（refreshment services）
大众休闲场所　　舞场　　运动场
娱乐性质的公园（amusement park）　　传统公园　　主题公园
博物馆、园林和绿地公园
展览会、观光塔和市容游览　　旅行演出（traveling show）　　俯瞰市容观光和乘车市容观光
露天大型体育场和跑道　　野营地、旅店和度假村　　野营广场和码头　　旅馆和客栈　　设施独立的（self-contained）度假村：季节性风景区　　温泉和疗养风景区　　体育度假村　　旅游俱乐部　　观光游艇　　流动性的资源：河流、湖泊、偏僻的乡村
田地和房产
土著居民的商业组织
露营地（camps）和学校
产品和服务　　娱乐产品　　专业服务　　租赁

资料来源：杰弗瑞·戈比.《你生命中的休闲》.云南人民出版社 2000 年，第 162-163 页.

（二）活动性项目

1. 流动性活动项目

流动性活动项目中最典型的就是嘉年华。嘉年华严格地说就是一个以娱乐为主题的公园，当然这个公园的特点是流动性的，它在每个城市停留不超过3个月。嘉年华在每个城市基本都能保证两亿元的收入，同时给当地带来1000万元的税收，这对于它本身和地方都是很可观的。嘉年华之所以采用这种流动性模式是因为这种模式非常灵活，它不需要在一个城市落地生根，哪里有需求它就可以搬到哪里去，这样对于各个城市来说是一个流动性的休闲娱乐项目，但对于它本身来说却是一个稳定的项目。

2. 大型节事活动

目前，大型节事活动在逐步地成为各个城市的焦点，甚至形成一个热点，所以现在世界各国都在研究这个问题，如如何争取承办一些大的活动和大型的会议等。这种出发点是好的，但是争办大型活动时要视具体情况而定，争办那些对国家或者区域发展有意义的活动。目前，我国就处于一个很盲目阶段，不论这个活动是什么、有没有意义都要去争取。有些大型的节事活动对于区域的发展、城市的发展，甚至国家的发展都会起到很大的作用，比如奥运会。奥运会对于我国的贡献重点并不在于它带来无限商机，而在于它为我国带来无限发展的机会。

奥运会最大的一个作用是标志着全世界承认中国已经进入了现代化国家的行列；第二标志着我国整体上了一个大的台阶；第三标志着我国已经形成了一个大的转型。每个国家办奥运会之后都会形成一个大的转型。比如，日本1965年东京奥运会、韩国1988年奥运会，这两届奥运会就意味着这两个国家正式转入了现代化国家。实际这是奥运会对中国最大的意义所在，那点具体的商机并不重要，更何况37天的比赛，能带来多少商机？

同时奥运还有一个大的作用，就是为中国正名。过去世界各国媒体总是侧重报道一些中国的负面消息，使得中国在国际上形象很不好，"中国威胁论"始终存在于这些媒体报道和国际市场。可是奥运会期间各个主流媒体都会报道中国的实际情况，世界各国都在关注中国，这就让全世界了解真实的中国，使中国的国际形象得以提高、得以改变。实际上，很多曾经到过中国的人对中国的评价还不错，从没到过中国的则往往评价不佳。

3. 日常性活动

日常性的活动在各个地方普遍存在，我们也要把它当作项目来看，可以说对于这一类项目的开发一定意义上比建设性的项目还要重要。我们原来总是习惯于大搞建设性项目,但是对于居民生活我们往往都忽略了,实际上不论从发展的角度还是从城市生活的角度,如果你的城市不断地有这种日常性的活动,你这个城市就充满生气。比如,新加坡在巴黎举办的兰花周,大街上都摆满了兰花,很多人都来观看,这体现了城市自身的国际化,同时更体现了这种活动性项目给城市带来新的氛围。

4. 园区性活动

现在很多主题公园在它的园区里面会定时地举行活动,比如迪斯尼每天晚上八点必有盛装游行。现在我国很多园区也在学。比如,北京世界公园也是每天晚上八点盛装游行,很多人专门晚上去看这个游行。类似这样的活动应该说也产生了非常积极的作用。

5. 活动性项目的开发要点

(1) 挖掘文化

活动性项目最重要的一点就是要体现文化,文化是休闲的基础,所以一定要从文化入手来挖掘,来形成自己独有的一些活动性项目。

(2) 创造特色

活动性项目必须要具有自己的特色。活动形式很多,要是照搬别家,虽然很热闹,但是毕竟缺乏本身的那种特色。比如,巴西的狂欢节,真是全城沸腾,中国是搬不来的;可是,我们北京文化节,也是热闹非凡,具有我们中国的特色,别人也是搬不走的。

(3) 形成联动

把活动性的项目和其他方面的发展形成一个联动关系,尤其是通过大型节事活动和日常活动这两个方面来拉动其他方面的发展。

(4) 民众参与

在活动性项目中,如果民众只是旁观者,就会使得这些活动失去人情味,同时也会失去持久的生命力,所以要努力想办法形成一个民众参与。

(5) 锲而不舍

一般来说,这种活动不可能一次成功,它需要一个摸索的过程,需要一个培育的过程,规律性的是办到第四次才能看出真正的成败来,如果能够坚持下来,这个活动也就成功了,所以这样就需要一个锲而不舍的精神。

(三) 市场性项目

这里所谓的市场性项目也就是把市场开发当作项目。目前,国内市场开发在思路、形式和运作机制方面，还存在很多不足之处。

1. 具有战略思维

做市场性项目就要具备战略性的思维。任何产品都需要一个和市场的联动，但是如果只做一次性的促销活动，从战略角度看效果未必好，要把它当成一个项目，形成一个长效机制，稳定地运行，它才有可能形成好的结果。

2. 运用多种方式

市场性的项目活动很多，方式也很多，以什么原则来评价呢？绩效评估是最好的评价方式。通过绩效评估之后来选择成本相对较低、效果较好的方式。近些年旅游促销活动搞得如火如荼，但是很多方式形成了一种重复建设，效果并不好。比如，"非典"以后，北京、上海、广州这三个城市每天肯定有一个地市级的促销团，每个星期肯定有一个省级的促销团，这些促销无非是开个新闻发布会，然后开个产品说明会，在海外也是这种方式，这样的方式劳民伤财效果却不尽如人意。所以就应该通过绩效评估来从多种方式进行整合。

3. 统筹运作计划

统筹运作涉及一个开发时序的问题，即面对一个大的市场，要研究先开发哪个市场，后开发哪个市场，采取什么样的方式来开发市场，只有计算好合理的开发时序，采取合理的开发方式，才能达到事半功倍的效果。在实际运作中，要克服大而化之的惯性思维，避免全面冲击、铺天盖地的做法。

4. 合力推广

合力推广追求的是利益主体均衡，因为在市场性的项目中涉及政府部门、开发商和运营商，甚至涉及当地的一些社区等多方面利益。各个利益主体是相关的，所以不同的利益主体达到均衡才有可能真正形成一个合理推广。但是，目前我国在市场性项目中还是政府主导，政府主导必然形成一个长官意识，长官只重排场不管绩效，比如一个300人的会，他只要求把人数凑齐了，不管这300人都是什么样的人。因此，在长官意志之下，很难达到利益主体的均衡。

5. 形成机制

要使市场性项目成为一个长远的运作模式，就需要形成相应的运作机制，如专门的运作机构，专门的经费保障，各个方面利益的协调，才能够在真正意义上构造出来一个市场性的项目，而不是一次简单的宣传促销活动，一次简单的形象推广活动。

第四节 休闲产品营销

营销有"三吹"战略，就是指"敢吹""会吹""经得起吹"。目前，国内旅游界"敢吹"一百分，都有当仁不让的魄力；"经得起吹"基本上都及格，有的还很优秀；"会吹"普遍的不及格，不知道到底怎么推销自己，不知道采取什么样的方式把自己的信息推广出去，这是普遍的。

再进一步是全面开展营销。首先要将城市营销和旅游营销与休闲产业的营销结合在一起，要创造休闲城市的形象，进一步要创造休闲目的地的形象；第二是宣传与促销；第三是营销渠道多元化；第四是营销方式多元化。

当然，这些思路主要还是在目的地营销层面上，而未来的发展需要的则是从目的地营销到客源地建设的综合发展。

客源地建设这一问题在休闲营销上体现得还不明显，但对于旅游营销来说这已经是一个非常大的问题。严格地说，目的地营销是一个以生产者为主导的营销方式，客源地建设是以消费者为主导的一个新型方式。现在存在的问题是，第一海量信息使得消费者不知如何选择，第二选择了信息不知道到哪儿去找服务，这就需要做客源地建设。

做客源地建设，就要分层次定范围，形成消费的渠道，最终要达到信息便利和服务便利。在当代信息社会之下，要达到信息便利是很不容易的。这些年之所以搜索网站越来越受到青睐，就是因为它为消费者在海量信息里面寻找有效信息提供了方便。同样，在旅游营销方面也有这个问题：第一要解决信息便利的问题，第二解决服务便利的问题，这就需要把重心从目的地营销转移到客源地建设上面来。

一、关于目的地营销

目的地营销是各地旅游资源转换成产品的过程，更是产品转换为市场的过程。各个旅游目的地之间竞争空前激烈，甚至达到了白热化的程度，正是在这个背景之下，我们格外需要研究目的地营销的问题。

(一) 新变化

这些年来,全国旅游行业出现了一系列的新变化:

第一,旅游需求空前增加。

第二,旅游供给空前提高。这也就意味着,各个旅游地之间的竞争也空前激烈。

第三,市场的结构性变化。目前来看,市场发生了一系列的变化,其中表现最突出的是结构性的变化,主要体现在:

一是旅游产品的复合程度大为提高。以前我们只强调单一的观光旅游,这几年,观光旅游、休闲度假、商务旅游和特种旅游构成了一个复合型的产品体系,这个产品体系各地侧重点有所不同,但是都在全面推进。

二是空间结构的变化。目前,全国各地都在发展旅游,我们可以看到一个新的市场现象:20 世纪 80 年代首批进入旅游市场的,都是我们一流的资源,形成了一流的产品,如故宫、兵马俑、黄山、九寨沟等;90 年代,尤其是 90 年代后半期,应该说二流资源(包括一小部分以前没有发现的一流资源)进入了市场(有的在市场上已经成了一流产品);进入新世纪以来,应该说这个现象更进一步延伸了,很多三流的资源现在也成了旅游产品进入了市场。当然,这里所说的一流、二流、三流主要是观光资源。但是现在来看,这种结构性的变化更多地体现在我们各类资源的全面开发和利用上,这样就产生了一个重大的空间变化,使得我们各地都有能力也都有条件开发旅游。

第四,时间的变化。原来我们都认为旅游的时间局限性很强,但是这些年也有了一个重大的变化。一种情况是时间在不断地延长。比如说,黄金周。一开始我们说三个黄金周,现在前后推移,一定意义上已经变成了黄金月。再比如,我们原来局限于三个月或者半年的经营,现在也逐步延长。另外一种情况是,时间的淡旺季的置换。东三省原来冬天是淡季,现在进入十一月以来是旺季,夏天反倒变成淡季了。这一系列的变化实际上都给我们以启发,那就是这个市场变化非常快,而且变化非常大,总体来看,市场也向着一个越来越乐观的前景发展。这是我们研究旅游目的地营销的一个基本背景,在这个背景之下,我们需要更进一步研究市场竞争的问题。

(二) 市场竞争

目前看来,市场竞争已经空前激烈,其中主要体现在三个方面。第一个方面是开发的竞争。现在各地都在努力完善产品,努力在对旅游者的各个服务细节上下功夫，应该说，这是一个非常好的事情。当然，粗制滥造的开发也有一些，但是这些不是主流。通过这么多年的发展，大家对旅游产品的认识已经比较充分，其中不仅是自然旅游资源、人文旅游资源这两类传统的资源，现在大量的社会旅游资源也在进入市场。比如，这几年推出的工农业旅游示范点等。我们在逐步推出更多、更细、更好的产品，这是开发竞争的一个集中体现。

第二个方面的竞争是营销的竞争。现在已经形成了一个多元化的竞争方式。在各种各样的营销竞争之中，有一些常规的方式，也有一些创新的方式。

第三个方面的竞争是品牌竞争。品牌竞争现在构成的基本概念都是争第一的名头，这不能说是坏事，但是显然有误区。所以在品牌竞争方面还是要做到"敢吹、会吹、经得起吹"。可以说，全国的"敢吹"都可以打一百分，"经得起吹"都可以打六七十分，但是"会吹"普遍不及格。这就提示我们，在旅游目的地的营销方面要下大功夫，要使"敢吹""会吹""经得起吹"能够比较均衡、比较协调。

从现在来看，市场竞争有以下几个误区：

第一个误区是范围窄。这是从产品竞争来看的，现在多数还局限于单一观光产品的开发，而且总的发展思路也是这样的思路。很多地方认为发展旅游就是开发景区，然后围绕着景区建酒店、旅行社、车队。实际上，这只是早期开发的一个模式，这种模式非常窄，不符合大旅游的状况。

第二，在营销竞争方面的误区是方式泛。竞争方式形成泛滥的态势，但是你仔细分析下来无非就是那几种。

第三个，在品牌竞争方面的误区是品牌空。我们总是希望一个地方的旅游用一句话就把它概括出来，实际上是做不到的，而且这样的概括方式本身就意味着，我们只是在追求一种空泛的品牌，而不是一种实实在在的品牌，没有把旅游目的地的营销和客源的实际需求紧密结合在一起，这是一个关键问题。

市场竞争有积极的一面，也有误区，所以需要我们进一步研究。

（三）旅游目的地营销

从中国旅游发展来说，旅游目的地营销这个概念的提出和普遍化只有十多年时间，而且在这十多年里，前五年主要局限在入境旅游的营销方面，只有进入新世纪，国内旅游才开始多元化。旅游目的地营销概念的普及和各类方式的推广，本身就说明了我们这个产业在进步，说明了全行业的观念在开放，这是非常积极的。同时，在这个过程中，大家积累了相应的经验，也在逐步改进自己的做法，这也是应该充分肯定的。营销的方式逐步丰富，而且大家互相借鉴。比如，大篷车的营销方式，从广西开端，马上普及到全国，甚至我们在海外的目的地营销过程中也采用了这样的方式，这都是很好的事情。

但是说到根本，我们现在这套营销方式的效果到底如何还不知道，缺乏真正的效果评估。如果我们有一套评估办法，有一套评估手段，最后对效果进行评估，我们相信结果是不尽人意的。所以对这个事情我们要两面看，一方面充分肯定进步、开放、提升的积极意义；另外一方面，我们也要充分认识到营销的效果总体来说不尽如人意的现状。

（四）营销方式分析

这里就需要进一步分析我们现在所采取的这些方式。总体来看，现在旅游目的地营销采取的方式主要有以下三类：

第一类方式是交易会的方式。现在已经形成了中国国际旅游交易会、中国国内旅游交易会，各个地方有区域旅游交易会，同时还有周边的景点介绍会。从入境旅游来说，我们积极地走到国外去，参加一系列的交易会，这是国际上通行的一种方式。从现在来看，国际旅游交易会主要目的是把中国旅游的品牌打向世界，国内旅游交易会主要是围绕着长线交易，区域旅游交易会是黄金周中短线以及一部分长线的交易，周边旅游的景点介绍会主要是为市民休闲用的，大体上有相应的对应性。从这些年的态势来看，区域旅游交易会非常火爆，各种各样的区域旅游交易会有几十个。所以这里边我们要研究一个问题——有没有重复建设，很多旅行社为了参加这些交易会也是疲于奔命，付出了成本，但是效果如何却是未知的。因为这些交易会都是政府组织的，作为企业不但要服从市场，也要服从政府，有的不得不去参加，所以只好给点面子。这种方式作为一种常规性的方式是有效的，但这种方式最重要的是通过交易会大家交朋友，通过交易会这个平台开阔眼界。所以有时候这些交易会会下的活动比会上的活动要更具实质内容。

第二类主要方式是巡回促销。中国走出去巡回促销，这种方式花样百出。比如，北京市旅游局借助中法文化年在巴黎促销，这种方式有些时候效果不错。巡回促销基本上是两种方式。第一，对新闻界开一个新闻发布会，记者们来参加；第二，对旅行社行业开一个产品说明会，大家吃吃喝喝一番，这是基本方式。可是这样的方式成本很高，效果好不好还有待市场的检验。笔者参加了一些地方到北京、到上海或者到广州的巡回促销会，一次巡回促销六七十万块钱，尤其是对于一些贫困地区，这样做不太实际。这些年又产生了一些新的方式，除了上面提到的大篷车这种方式之外，又产生了一种歌舞表演的方式，真正面对公众，应该说取得了比较好的效果，但是也同样涉及成本高的问题。

第三类主要方式是借助各种媒体，一方面是平面媒体，一方面是广播电视媒体。对于这种方式，笔者的观点也是效果肯定是有的，但是究竟有多大值得考虑。

所以我们需要研究评估方式、评估手段，通过绩效评估，来认真地研究一下，哪种方式效率最高，或者看能不能找到新的更好的营销方式。多年以来，从国际旅游到国内旅游，这三类方式是基本的传统方式，但是我们可以发现一个变化，从专业到公共这两者之间的相互结合。一开始我们主要是国内、行业内的互通，但是现在对公共的促销力度越来越大，方式也越来越多。比如，吐鲁番在上海做的一个巡回促销：吐鲁番在人民广场搞了一场歌舞，在一个大市场又搞了表演，载歌载舞非常热闹，同时在上海和九九零做了一次广播，一个广播下来，十几个电话打进来。这都是有意识的，不但要针对专业，针对同行，同时也针对公众，可以说，现在两者的互动和两者的共同关注已经基本形成了。但是总体来看，这几种方式我们需要坚持，也需要改进。

（五）营销方法和目标

从目的地营销来说，根本是明确方法和目标之间的关系，应该说方法为标，目标为本。我们不管采取什么样的方法，最终是要追求要达到的目标。但是现在分析一下，这个目标我们明确了吗？或者说，我们到底要达到一个什么样的目的？

1. 明确目标

要明确目标首先要把握好政府、企业、市场这三者的关系。从政府的角度来说，促销基本上是以形象宣传为主，企业跟进产品促销，应该是这样一个关系。但是现在往往是形象宣传过分，产品促销不足，这就是很多企业存在不满的症结所在。现在的营销一定意义上变成了为营销而营销、为活动而活动、为热闹而热闹。现在各地的领导都很重视目的地的营销，不管是参加交易会的，还是做巡回促销，都是当地的党政首脑出面，甚至是一把手出面。但是这样营销的性质就发生了变化，从一个经济性的活动转化为一种政治性的活动。所以这个事旅游局也矛盾，企业也矛盾，领导不重视我们不高兴，领导太重视我们也为难。党政一级有他们的考虑，旅游局有旅游局的考虑，企业有企业的考虑。在企业里边，各类企业的考虑又有所不同。比如，旅行社是想交朋友，景区是想突出自己的形象，饭店两者兼有。所以，在参加交易会的时候，旅行社最注重的是交朋友，景区最注重的是突出形象，因为不同的目的有不同的要求，也就构成了现在方法上的复杂，但是在效果上不尽如人意。

2. 克服生产者导向

实际上一个根本问题是，目前的旅游目的地营销还是生产者导向。目的地不考虑市场需求，一味地根据自己的资源开发产品去做营销，这种生产者导向的方式很难长久维持。在目的地的营销过程中，还有一个成本与效能的问题，不管我们是发达地区，还是欠发达地区，都涉及这个问题。成本和效能实际上也涉及各类资源的优化配置、优化组合，通过什么样的方式构建什么样的平台，达到成本效能的最大化，这是我们必须要提出的下一步的战略问题。

二、关于市场需求

我们营销的目的是要对应市场需求，但是如何寻找和区分市场成为很多旅游目的地和企业的难题。虽然目前有大量的市场分析性的文章，但是都是隔靴搔痒。这些文章使得我们对市场的概念很笼统，只要提到客源市场就惯性思维地想到"长三角""珠三角""环渤海"，所以我们只要做目的地营销，就奔着这三个地方来。2003年"非典"之后，北京、上海、广州这三个旅游局每个星期至少接待一个省级促销团，每天都要有市级的促销团，政府和记者都疲于奔命，资金投入也很多，但是这种事情多了也就失去了新闻价值。所以，这种所谓新闻发布会也就算不上新闻发布会，因为没有多少新闻价值可言，可是大家认为就要这么做。这就体现出现在旅游目的地和旅游企业对市场认识的几个问题：

（一）市场认识中的误区与盲区

目前，旅游目的地和旅游企业对市场的认识中存在误区和盲区，也就是对市场的判断不准确或者根本就看不到某些市场的存在。集中表现在如下三个方面：

第一，盲区——忽视某些市场的存在。比如，国内的促销，大家就认为"长三角""珠三角""环渤海"这三个地方是客源市场，除了这三个地方，其他地方没有客源市场，这显然是大错特错的。实际上每一个地方都是客源产出地，只不过这三个地方的表现比较集中而已。又如海外促销，一味地针对欧洲、日本、韩国市场，顶多再加一个澳洲，那么南美、印度、南亚、中东是不是市场？甚至印度是不是市场？大家觉得不可思议，非洲怎么能成为我们的市场？非洲怎么就不能成为我们的市场？非洲人口众多，肯定会有一些人来中国旅游的。所以，我们如果把眼光放低一点，看细一点，就会发现我们原来认为不是市场的地方也是市场。比如，河南人看海主要去连云港，每年到连云港看海的河南人达到50万，所以对于连云港来说，河南就是一个特大型的市场，甚至是一个主体市场。如果按照我们一般的市场思维，那应该是连云港成为河南的主要市场，而不是河南成为连云港的主要市场。又如，我们东部地区现在接待的主体客源是哪儿？中西部地区，只不过他提供的产品是城市旅游产品。比如，上海都市旅游对应全国，上海绝不认为只有"珠三角"和"环渤海"才是它的市场。以此类推，同等道理。所以第一个盲区的要点就是，要把眼界放宽，发现新的市场。

第二，误区——认为市场不足。现在市场竞争非常激烈，所以总感觉市场不足。我们希望振臂一呼拥护者云集，希望促销的效果立竿见影，可能吗？当然达不到。达不到我们就认为市场不足。实际上不是市场不足，而是我们对应市场的方式不对。

第三，误区——认为市场泛滥。有一种说法：北京有2000多万人，哪怕有10%的人到我这儿来旅游，一年就可以接待200多万人。这好像是个很保守的估计，但是仔细想一下就会发现，这种说法有一个严重的错误：这2000多万人里能够到你这儿来的到底有多少人？！

所以，误区和盲区是普遍存在的，也就意味着，在目的地的营销方面，实际上我们的眼界窄了，我们的方式也少了，形成简单的方式对应复杂的市场或者多样化的方式泛滥的局面，但是没有抓住市场的根本。

（二）市场认识的短视

目前，目的地营销中存在对市场认识的短视，也就是多数营销只针对眼前的市场，不能够深入地挖掘潜在市场。对这个市场究竟怎么认识？首先要考虑三个方面。

第一个方面叫适应现实需求，现在多数目的地营销都在做这方面的工作。

第二个方面叫挖掘潜在需求。适应现实需求并不错，但是问题在于，需求在不断地变化，市场本身就在不断变化，在这种情况之下，还只瞄准现实需求，很多产品就不会做到位。因此目的地在做市场营销时就要挖掘潜在需求。比如，自驾车旅游的兴起，这在前些年是想不到的，因为那时私家车还没有这么多，但是近些年，自驾车旅游已经呈现火爆的发展势头，这个市场才被重视起来。短短几年时间一种潜在需求就转化成了现实需求，所以我们与其在现实需求的市场上激烈地竞争，还不如考虑如何去挖掘潜在需求。

第三个方面叫创造新需求。大旅游、复合型产品概念的产生就意味着，很多需求是可以创造出来的。创造新需求就需要有相应的产品，但是有些人会有疑虑："如果产品出来，没有需求怎么办？"实际上不必担心这个问题，国际上已经有成功的案例。比如，特种旅游的发展。在国际上，特种旅游的每一个产品市场范围都很窄，可是只要把这个产品做出来，就有足够的市场来吸纳。因为有上面的担心，我们在特种旅游的发展方面，还没有真正做起来。

又如度假旅游，虽然大家都看到了这方面的需求，但是却不知道这种需求发展到了什么程度，培育什么产品才能对应这种需求。北京的周边有很多度假村，严格地说，没有一个真正意义上的度假旅游产品，那些度假村无非是城市宾馆换到了一个自然环境好一点的地方。正是因为我们现在没有相适应的产品，才无法创造出新需求。

市场是分层次的，甚至是可以划分为若干组群的。北京有100多个自驾车俱乐部，每个俱乐部都有自己的主题，都有自己的偏好，把有共同偏好的自驾车者组织到一起，就构成了这样的自驾车俱乐部。这本身就是一种创新，这种创新所培育出来的市场是一个单位规模很小，但是总体规模很大的市场。

在产品开发、创新上我们还需要下更多的功夫，不能笼统地使用一套模式。目前，旅游市场上经常出现打价格战的现象，这种价格战或许在短期内能够使某方受益，但是从长远来看它会严重地影响旅游产品的质量。可是，现在大家认为，价格竞争手段是最有利的竞争手段。这里涉及对市场认识的一个误区，大家认为价格对消费者选择产品有很大的影响，同样的产品如果价格低就更容易被接受。事实并非如此。实际上是旅行社产品的同质化程度太高、差异化程度太低，在同质化产品面前，消费者只能选价格。现在很多企业已经在创造差异化的产品，更重要的是创造一些特色化的产品，通过特色化的产品来挖掘潜在需求、创造新兴需求，这是一条健康的路，也是我们将来的发展方向。

（三）消费者分析不足

现在的旅游目的地和旅游企业在消费者分析方面做得非常不够，不能准确地找到自己的消费者群，不能很好地把握消费者的消费心理，因此也就不能为消费者提供高品质的服务。这是个很复杂的问题，但是最基本的是要弄清五个方面的问题。

第一，认清消费者到底是谁。笼统地谈市场，就会感觉市场很大，无从着手，如果把消费者是谁这个问题搞清楚，就很容易决定市场策略了。认清消费者是谁的关键是，明确你的产品到底对应什么，谁会对你感兴趣。

第二，消费者会去哪里。受到时间以及各种因素的限制，消费者能够真正到达的目的地是有限的，但是旅游目的地却是数不胜数，这就涉及消费者选择的问题——去哪里，通过什么方式选择？

第三，消费者选择目的地的原因。影响消费者选择某个旅游目的地的原因非常多。比如，消费者去某个地方可能是受到周围人的影响，也可能是纯粹地向往某个地方的东西。弄清消费者选择的原因很重要。

第四，消费者如何选择。消费者通过什么样的方式来选择，什么样的信息渠道，如何在海量信息里筛选，或者说如何保证我们提供给客人的就是有效信息。我们不赞成那种很轰动的品牌形象宣传，就是因为它完全是生产者导向，仅仅把自己的资源提炼和整合出来，不管消费者是否接受。我们要脱离生产者导向的营销，应该考虑到消费者是不是接受和如何选择。

第五，考虑消费者怎么去。"怎么去"是一个最实质性的问题，可是现在的营销，大多数只注重形象宣传，而忽视了这一点。旅行商尤其是旅游者，需要的恰恰是"怎么去"方面的信息。比如，前往某一目的地有几种交通方式，哪种交通方式更合适，什么时候去，去哪些景点，这一系列的具体的技术问题才是有效信息。如果不能提供这些你的信息就是无效的，顶多给消费者留一个印象。

海外的旅游营销在这方面做得很好，他们把每一个细节都想到了。宣传册或册子的开本较小，这样有几大好处：第一，放在架子上的时候，最醒目的地方一定在上边，所以你随便扫一眼就会看到；第二，这样的开本口袋书可以揣在口袋里；第三，包含各种实用性的信息。花哨的东西很少，像大幅的景区照片、各种充满诗意的语言这些都没有，它提供的全是最实用的信息，包括航班、机票、火车、酒店、餐饮等各方面的信息。我们做的恰恰相反，花哨的东西多、实用的东西少。我们口口声声说以人为本，但是在具体操作上，很多都是与人为敌。这样的问题我们必须要调整。

这里的本质问题是两个。第一，信息传递的效能。信息传递效能是指旅游供应者的海量信息，有效地以低成本传递给消费者。现在的问题是旅游供应商提供的无效信息太多,淹没了有效信息,同时有些信息没有合适的传递途径,同样达不到效果。第二,市场服务功能。消费者不但要有信息,解决上面提出的五个问题,更重要的是,有人来为其提供服务。我们现在市场的服务功能更加薄弱——这种薄弱在方方面面显现出来,造成现在的旅游目的地营销是一次性的。消费者的积极性终于被调动起来了,却找不到服务者,热情也就被打消了。这就对我们提出了挑战:如何解决信息传递的效能和市场服务的功能这两个本质问题?这两个问题解决到位了,可以说转化工作就完成了。

(四) 自身的问题

从现在来看,存在的主要问题是四个。

第一,信息链长,信息不对称。旅游目的地和旅游企业在营销中提供了大量的信息,但是传递到消费者那里只剩下少量的信息,而且这些信息基本上是二手和三手的信息。信息经过新闻媒体和旅游经营商等各个环节传递下去之后就会出现扭曲、削减,信息经过的环节越多变形得就越厉害。比如,第一手信息传递给新闻媒体,由于版面和时间等因素的限制,媒体可能削减你的信息,即使媒体如数发布,那么你的新闻稿里有价值的信息到底有多少?这就是为什么消费者真正接收到的信息是不对称的。

第二,服务不方便。这个问题主要从三个方面体现:其一,消费者很难找到有效的信息。很多旅行社都在深宅大院之中,很难找,即使找到了旅行社,产品的选择空间也很小。其二,旅行社和消费者之间存在隔阂。消费者对旅行社总是存在疑虑,害怕受骗。如果消费者对你的产品是这种心理,产品的销售能顺畅吗?其三,消费者承受风险大。旅游的产品和其他的工业性产品不同,它的购买和消费是同时进行的,消费者在消费之前不能提前检验产品的质量,因此消费者购买旅游产品时会承受更大的风险。即使购买后消费者对产品不满意也不可能退货,即使可以退钱,时间、情感和心理等成本的付出也是无法收回的。

第三,产品保障少。旅游目的地和旅游企业相对消费者来说都是处于强势地位,这就意味着消费者需要更多的保障,但是现在旅游产品的保障很少。目前,旅游目的地和旅游企业在基本的服务和设施方面都还有欠缺,这如何让消费者能够放心地去消费。所以就造成一个矛盾,目的地的政府和旅游企业都在努力地挖掘市场,但是消费者踌躇着不敢去消费。可以说,我们的目的地和客源地两者之间是隔绝的,只是隔绝的程度不同。

第四，售后服务差。以现在的旅行社为例，旅行社一味地将组团放在首位，至于售后的服务却放手不管。这种售后服务差的情况就强化了一个状况，旅游消费者对旅游企业和旅游目的地不信任。我们要建设诚信社会，可是旅游在这方面非常薄弱。造成这种状况的原因很多，比如市场机制还不够完善，我们的做法不到位，我们的观念不到位等。但是核心问题是，你到底是生产者导向，还是消费者导向，是真正地以人为本还是与人为敌？

三、关于客源地建设

对市场进行基本分析，说到底是要对应市场需求，这样就需要强化客源地建设。客源地建设的问题和目的地营销可以说是一个事情的两个方面，但是本质上是不同的。目的地营销的本质是一个白热化竞争，客源地的建设是一种建设方式，而不单纯是一种竞争方式，这就是两者的根本的区别。所以，客源地建设作为一个新的题目，我们应该深入地思考。

（一）全面转型

从目的地营销到客源地建设，是一个根本性的转变，也需要我们做一个全面的转型。转型主要涉及以下几个方面：

第一，竞争转向建设。

第二，现实转为长远。我们不但要对应现实需求，更重要的是挖掘潜在需求，创造新兴需求，瞄准这个长远的市场。

第三，把资源转化成产品。就目的地本身来说，在前两点的基础上把自己拥有的资源转化成消费者需要的产品。

第四，把产品转化为市场。要想转化为市场，关键是要对应市场需求，以消费者需求为导向，生拉硬拽的方法行不通。

第五，市场转化为资金。

第六，资金转化为发展。

第七，发展转化为品牌。

说到底要从生产者导向转为消费者导向，这就是一个全面转型的概念。这就要求目的地和客源地互动，首先是目的地要动起来，然后是强化客源地的建设。

（二）形象创新

现在目的地的形象营销基本上都是一次性营销，这就需要研究一个持久创新的机制、持久保持形象的机制。有几个方式值得研究：

方式一，结合主题餐饮。现在各地的餐饮大流行，在任何一个地方都可以吃到全国各地的风味餐，如北京就有几个山西旅游定点餐饮。这里所说的主题餐饮，其目的在于，把餐饮的功能和旅游的功能结合起来，借助餐馆的优势形成长期的形象宣传。比如，餐馆或饭店在用餐时间卖特色餐饮，空闲时间就可以用来做旅游的咨询、预订、报团等各项业务。这既是功能的深化，又是现有资源的充分配置。实际上各个旅游目的地在各个客源地都可以采用这样的方式，这样就形成了一个长效的形象机制，甚至可以变成一个营销体制。这是一个结合主题餐饮促进目的地形象的创新。

方式二，形成主题娱乐。主体娱乐与第一种方式的道理相同，用各种各样的表演在主要的客源地保持主题娱乐，通过主题娱乐的方式，形成目的地形象的持续机制和创新机制。

当然，还有一些其他的方式可以研究，如充分利用3G手机网络、博客、微博及微信等现代的触媒进行宣传。

总之，要强化目的地形象，如果能够做到让你的目的地成为家庭的谈资和生活预算中的一部分，那你的目的就达到了，但是只能说这很难。

（三）信息效能

提高信息效能的同时达到成本效能最大化，这是旅游目的地和旅游企业营销的要点，可以从以下几点来做：

第一，扩大渠道。我们现在只把客源地的旅行社当作一个渠道商，但事实上还有一系列其他的渠道，我们要不断地扩大。比如，自驾车俱乐部就是一个重要的渠道。各种媒体功能各异，每一种功能的选择、每一种媒体的选择，也会涉及成本效能比的问题。

第二，要保持真实。从客源地建设来说，真实实际上是诚信的一种效能。旅游目的地展示出来的图片往往是摄影家积累了多年的图片，都是最好的图片，但是客人到达目的地之后看到的东西却大打折扣。这就是消费者所说的看景不如听景。保持真实，你可能不是最漂亮的，但至少让消费者感觉到你是最实诚的，通过这种反常规的方式可能收到更好的效果。事实就是这样，消费者更加相信那些实实在在的宣传，反而对那些天花乱坠的宣传有些怀疑，这就是信息效能问题。资源优势和区位优势总是作为目的地宣传的口号，但是很少有人考虑这个优势是真正的优势。比如，青海说本省具有区位优势，但是这种区位优势却比不上江西，这就不能称作优势。如果大家都这样宣传就意味着信息不真实，很容易引起消费者的怀疑，效果反而很差。

第三，减少衰减。信息一般要经过多个环节才能传递给消费者，这些信息在传递过程中就可能被扭曲、削减，因此要尽量地减少信息的衰减。

这三个要点实际上是一以贯之的，如果提供的信息本身就是夸张的、扭曲的，那么这个信息不管用什么媒体、什么方式传递都是扭曲的。因此，要保持信息的原真性就要考虑多个方面的关系。

（四）服务网络

形成市场服务网络，就是强化市场服务功能，增加企业的诚信度。笔者认为，旅行社是"行商"，饭店是"坐商"。"行商"营业地点不固定，因此在消费者印象中它的诚信度比不上有固定营业点的"坐商"。比如，消费者更愿意相信有固定摊位的商贩，而不是流动的小商贩。服务网络一定意义上就把旅行社从"行商"转换成"坐商"。坐商的形象非常重要，但不意味着一定要有大的门面，要以诚信树立形象。

形成市场服务网络，可以考虑对应生活要素，形成生活性的服务网络。现在旅游已经变成人们的生活要素了，就可以考虑让消费者购买旅游可以像购买其他生活用品那样方便。既然作为生活要素，就一定要达到这种方便程度，而且通过这种方式构筑新的"坐商"的形象，而不是一个简单的"行商"的形象。可以通过以下几个方式达成这种效果：

第一个方式，旅行社的门市部要构成网络。当然，现在旅行社的门市部发展还有诸多困难。比如，审批环节、门市部自身的管理等，但是无论如何，门市部要形成网络。网络上的点可以不是正规的门市部，可以将门市部依附于某个商品销售点，也可以将门市部设在社区服务站，只要达到方便购买的便利化就可以。

第二个方式，家门口运行。现在的小区建设实际上给客源地的建设提供了最重要的硬件条件。一个小区，小的十几万人，多的几十万人，这样的人口数量在国外就是一个城市。可是在这样一个"小型的城市"中竟然没有旅游销售点，这就说明旅游的营销还是不到位的。如果在社区里设置旅游销售点，让人们出门就可以购买到旅游产品，这就真正达到了旅游的便利化，真正让旅游成为一个生活要素，也就构成了一个实实在在的服务网络。门市部网络在家门口运行，我们觉得这是很重要的销售方式，但是怎么达到这一步，还需要进一步的斟酌，也需要相应的政策管理调整。

这种营销方式的推行还需要改变我们一些固有的观念。比如，我们习惯于把脏、乱、差归为一类，经常要整治脏乱差。笔者的观点是，脏和差不能容忍，但是市场经济可以"乱"一点，不乱就不能称之为市场经济。竞争就是要"乱"，不"乱"没有人气，当然太乱也不行，这就需要把握度。比如，春节赶庙会，大家就为凑热闹，不"乱"就不热闹。很多旅游地也是这样，人多一点才显得有人气。所以不能把脏、乱、差一并否决。同样，在旅游客源地建设的服务网络之中，一定程度的"乱"必须容忍，只有这样网络建设才能逐步扩展，方便化的程度大大提升。消费者可能本来没有旅游的愿望，但是现在家门口就有旅游销售点，他可能就会选择。因为方便产生需求，因为不方便，所以没有需求。事实上很多潜在需求值得去挖掘。

目前，旅游目的地和旅游企业已经开始尝试做社区营销，但是基本上就是一些形象宣传，这样还不够到位，还没有真正深入到机制。如果把营销网点就设在社区，让消费者随时随地都能买到旅游产品，这才算是做到位了。当然，这种尝试毕竟也是非常可贵的。

第三个方式，网上营销。网上营销可以说是减少信息衰减的一种有效方式，消费者可以任意选择。现在网上营销只是局限于形象宣传，真正的销售还做不到，因为这涉及一系列的技术问题，如结算问题怎么解决，信息失真的问题怎么解决，产品质量差怎么解决等。但是我们相信，客源地服务网络的建设肯定是社区营销和网络营销相结合，这些问题一步一步都可以解决。

（五）要免除后顾之忧

要使客人免除后顾之忧，要抓住以下几个要点：

第一，购买方便，这就是我们强调"家门口运行"的意义，一定要让客人购买方便。如果一个旅游产品，甚至一个周末旅游产品的购买都那么复杂，很多人的欲望就没了。但是如果购买方便，尤其是在购买一些大件旅游的时候，让消费者有一些选择余地，这个过程之中自然会分出档次，这样就能激发消费者的购买欲望。道理很简单。比如，消费者在购买电视机时花2000块钱可以挑选、试用，如果有问题还可以退。但是一次出国游花上万块钱，这对消费者来说是一个很大的消费选择，他却没有挑选的余地，更不可能试用或者退款。这么重大的消费选择消费者不能反复考虑，没有足够的有效的信息，怎么能够放心地购买产品？所以购买方便应该是第一位的。

市场的培育是一个漫长的过程,这可以理解。比如,某国旅曾经在某个社区,聘请一些社区中的老人,帮忙推销旅游产品(包括酒店、机票),效果很好,因为这让人们感觉旅游进入了家庭。

第二,保障安全。主要是保障人身安全、财务安全和精神安全,让消费者可以放心地出游。出门很少的人,出门的时候他感觉到问题非常之多,即使在国内经验比较丰富的旅游者,对出国旅游也有安全方面的考虑,甚至有一些有比较丰富的国际旅行经验的,到新的国家、新的目的地他也有这方面的担心,作为专业化的供应商,就一定要解决这些问题。

第三,保险到位。要有一些常规保险手段,也要有一些创新性的保险方式,让他感觉到方方面面都是有保障的。

第四,家庭回访。春秋旅行社这么多年始终坚持做家庭回访,这是一种行之有效的方法。每个团回来后,有专门的质量检查员做质量回访,了解旅游者对这个团的整体意见,在某个环节上的意见,诚恳地接受意见,如果遇到合理的投诉,就现场赔款。这样一个家庭回访,实际上密切了供应商和客人的关系,沟通了感情,更重要的是建立了一个营销机制。同时这套机制对于企业来说也是一套制约机制。

第五,事故安抚。在旅游过程中出现事故是难免的,出现事故后要有妥当的处理方法。事故处理中除了一些常规的处理方式之外,更重要的是安抚,有的时候客人不需要什么物质上的补偿,只是需要一个态度真诚的道歉。实际上就是形成一个感情的慰藉和感情的联络。

这一系列的做法免除了客人的后顾之忧,客人一定会变成回头客。事实上,你不仅抓住了一个客人,而是抓住了一群客人,因为不止他会去旅游,他的亲戚朋友也要去旅游,这样顾客的群体就形成了。

可是我们现在都懒于做这方面的工作,大家满足于常规性的动作、常规性的营销、常规性的组团,一锤子买卖。很多时候明知客人有一点不满意,不去解决,一味地应付。

这些工作看起来复杂,事实上并不复杂。现在旅行社的劳动力成本不是很高,关键是你能不能做到位。能做到位,就会把潜在的客人真正转换为现实的客人,而且创造出一系列的新兴的客人,这样市场就越来越大了。

这个工作的进行只靠目的地的政府、目的地的企业是不行的,必须同时进行客源地的建设。很多事情只靠客源地的旅行社来做也是不行的,有时候必须直接操作到位。假设东北的牡丹江在这个社区开了一个东北菜馆,大家经常到这儿来吃东北菜,看的都是牡丹江的风光,耳濡目染就会引起客人到牡丹江旅游的愿望,这时餐馆就可以为客人提供全方位的旅游服务。这么一个场所,就有多种功能,餐饮是一个功能,形象宣传是一个功能,旅游的直接操作又是一个功能。反过来说,一个团回来了,这个餐馆还可以到家里去回访,这种方式是很自然的。通过客源地的建设,让客人觉得这个目的地融入社区了,变成社区生活的一个组成部分了。如果形成这样一个状况,这个旅游目的地就真正变成家庭的谈资,进入生活的预算。这些工作难吗?不难,关键是你能不能做到位。

(六)强化两地的合作

目的地和客源地之间要合作。

第一是旅行社之间的业务合作,这还是我们多年以来的做法。

第二是要形成网络。这个网络解决两个问题,提高信息效能,强化服务功能。

第三是提供专业化的服务。对游客而言旅游就是吃喝玩乐,但是对于供应商来说,一定要提供专业化的服务。因为专业化的服务,才会被做细;批量化的采购,才会有价格的优惠。所以旅行社的钱不是从游客身上赚的,而是赚的规模效益。游客如果能明白这个道理,他们就能真正变成你的顾客,否则你再怎么宣传,都达不到好的效果。通过这种网络化的建设和专业化的服务,这些事情就可以一步一步做到。

第四是最终达到利益的共赢。这个共赢应该是目的地、客源地、旅游企业和消费者的共赢,尤其要考虑消费者的共赢,考虑到他的利益空间。比如,你自己要自助游,成本很高,效果并不理想,这时你就会考虑团队旅游。对一般的客人来说,参加旅行团就是最好的方式,比如两个人,同样可以安排个性化的线路,在这个过程中旅行社不是从消费者身上赚钱,而是通过专业化和规模化来赚的。这样创造了客人的利益空间,创造了客源地的利益空间,自然就会产生目的地的利益空间。从这个角度来看,要保持客源地、目的地营销这些传统方式的操作力度,这都是很好的;但是更重要的,需要研究如何从旅游目的地营销转向旅游客源地建设,通过这个建设,开创出一片新的天地,这个天地大有可为。

第五节　新型组织方式

休闲的方式会随着经济的变化、技术的进步而变化，所以休闲组织方式也同样会产生一系列新的变化，这就需要研究新型组织方式。

一、交通

交通方式的变化，引发一系列新的休闲方式。现在我们是立体交通、大交通，是全面的交通，这种交通实际上就开创了一系列新的休闲系列，比如说汽车旅馆。20世纪30年代的美国，罗斯福总统为了解决经济危机问题，采取了一系列的新政，其中包括公共交通的建设，重点是在全国建设高速公路网，网络建成以后，与之配套的汽车旅馆系列随之就形成了。我国现在高速公路网大体建成，可是与之相配套的汽车旅馆系列却还没有形成，所以汽车旅馆系列的建设是迫切需要的。再比如，国外每一个机场附近都有与之配套的宾馆，这些宾馆都是围绕着机场的人流服务的，我国在这方面还没有形成系统，只有一个雏形。

二、自驾车

自驾车这种新型休闲方式的产生也需要一系列的配套体系，比如自驾车的服务体系、自驾车营地、自驾车的信息体系等，现在很多地方也正在积极建立这些配套设施。河北省旅游局拨款1500万建立公路边上的自驾车标志，这可以说是一个突破；黄山市旅游局针对自驾车做了一个节目，只要进入黄山境内，就可以接收到，你可以通过电话互动，如询问交通路线等；桂林旅游局采取的方式是凡是自驾车到桂林的，在高速公路口送一张地图。这些都是小事情，但是这些小事情反映了对自驾车服务的一个意识，也反映出自驾车本身产生了一系列新的需求，这一系列新的需求需要整个社会为之配套。

三、俱乐部

现在各种类型的俱乐部有很多,如登山俱乐部、远足俱乐部等,可以说是百花争艳。俱乐部这种方式在国际上早就存在,但是在我国刚刚兴起,它是围绕着个人的兴趣形成的小群体,主要是为成员提供休闲服务,这种方式可以说是一种创新的形式。

四、旅行社

为了对应休闲需求,旅行社现在也开始不断地推出新的产品和新的组织方式。以前旅行社重点做观光旅游,现在市场形势不同了,旅行社也需要改变策略,所以现在很多旅行社委托代办的业务都变成了自己的主体业务,等于把原来团队式的服务变成分散式的服务,甚至变成了分项的服务。这样旅行社就可以对应散客的发展,对应休闲需求的发展,寻找到一片新的天地。

五、网站

旅游网站所提供的服务主要是散客服务。旅游网站的服务范围很广,既包括商务的也包括观光的,同时还包括一部分休闲的。网站的这种服务应该说现在的面越来越大,也形成了几个巨无霸形的网站,在国际上是靠GDS系统。比如,伽利略一共有四个大的GDS系统,这些系统从航空服务开始,然后延伸到地面服务,一个这样的系统容纳进去的企业上10万家。日本发展到现在都没有这样的GDS系统,我国现在也没有这样的系统,这个市场基本上已经被欧洲和美国占去了,这就意味着我们需要在其他方面拓展。现在的携程网、易龙网,包括港中旅推出的芒果网,都是很成功的例子。

六、组织

在休闲的发展过程之中,我们也需要形成新的休闲组织。新型休闲组织是与传统的旅行社对比来说的,旅行社可以通过自我的改造提升,构成一类新型的休闲组织,同时我们也需要创造一些新型的休闲组织,比如房车。房车是一个典型的休闲方式,开着房车游到哪里就住到哪里,它不仅是运输工具也是住宿工具，给人以足够的自由和新鲜感，所以房车本身就是一类新的服务体系。现在国内的房车市场基本需求已经产生了，并且已经初具规模，现在国内最大的房车企业就是中天行。实际上，我们消费的进步速度远远超过我们经济的增长速度，现在的消费者什么新的花样都愿意消费，更何况房车这种休闲方式实际上并不贵，因为一辆房车一天是 1200 块钱，1200 块钱住四个人，平均一个人 300 块钱，但它不仅是住宿工具，也是运输工具，又有自己可掌控的自由度，还有一种新鲜感。若干种优势综合在一起，推动了房车这类新的服务体系的产生。类似这样的组织方式还会不断地产生，包括分时度假产权酒店等。这些新型的组织方式一旦形成，也就形成了一种商业模式，这种商业模式就会迅速推广。

七、管理

这个管理不是说宏观的管理，这个管理是在休闲经营中需要管理的体系化，这样才能够形成发展的体系化。我们现在的休闲企业铺天盖地，中小企业很多，管理一般来说不到位，企业自身的运营机制、法人治理结构、内部管理的强化等，这些问题都是普遍存在的。现在大多数休闲企业还是一种家庭经营的方式，包括农村的农家乐，也包括城市的咖啡厅和茶馆等。当然也有品牌化发展的企业，如五福茶艺馆在全国已经形成品牌了。这种状况实际上就意味着需要管理的培育和发展，将来在休闲方面应该有专门的体系，这样才能解决中小型休闲企业的管理问题，这样才能更好地推进休闲业的发展。

优秀图书推荐

活动策划完全制胜攻略
【美】朱迪·艾伦 著　卢涤非 主译　徐京
（撰写活动执行附录）
ISBN：9787563726721

本书是公关活动策划及执行领域内屈指可数的专业作品之一，既有西方活动策划的新颖灵感创意，又具适合于中国活动执行细节的参考图表。本书可称是从事活动策划行业人士的良师益友，是促成活动顺利完成的终极指南。

刘锋讲旅游
刘锋 著
ISBN：9787563726462

读其书如见其人，一如当年风云人物的睿智。
——徐京 联合国世界旅游组织亚太部主任

中国饭店连锁心经
王伟 著
ISBN：9787563725038

单体饭店是一战舰，饭店集团是一混合舰队，饭店连锁是一航空母舰。故单体或集团饭店经理不等同于连锁饭店经理，非经连锁饭店知识学习，难以统驭连锁饭店，就如同普通飞行员非经特别训练操纵不了舰载机一样。

本书旨在更快推进中国饭店人由单体或集团型经理人向连锁型饭店经理人成长的进程。

中外旅游企业财务案例分析
李伟　代冰彬 编著
ISBN：9787563727636

本书案例分析对象涵盖三大传统旅游业态——景区、饭店、旅行社，以及旅游电子商务企业，所选取的案例对象，均是国际、国内具有代表性的旅游企业。

作者以翔实的数据，分析了案例企业的资产运营情况、资本效益及企业成长性。读者可参照案例企业的财务状态分析，查找自身经营的优劣，发现企业成长机会。

案例解读《旅游法》
李娌 编著
ISBN：9787563728541

本书选取旅游行业中具有典型性、较为频发、反响争议较大、年度热点案例，紧扣《旅游法》条款予以解读剖析。案例范围涵盖旅游者文明出行、旅游规划和促进、旅行社与景区点经营、旅游电商经营、合同争议、安全管理、依法监管等专题。以2013年10月1日《旅游法》实施之日为分界线，过往案例，指明该性质案例在《旅游法》实施前后处理的区别；《旅游法》实施后发生的案例，紧扣法条释义详解。本书是学习领会《旅游法》的实用行业专著，可以作为旅游行业经营管理人员、旅游行政管理机构人士、一线旅游从业人员的业务能力提升用书。